转型期中国农民工价值观研究

陈昌兴 著

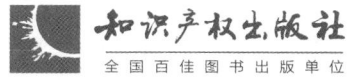

图书在版编目（CIP）数据

转型期中国农民工价值观研究/陈昌兴著. —北京：知识产权出版社，2014.4
ISBN 978-7-5130-2645-1

Ⅰ.①转… Ⅱ.①陈… Ⅲ.①民工—人生观—研究—中国 Ⅳ.①D669.2

中国版本图书馆 CIP 数据核字（2014）第 051116 号

责任编辑：王　辉　　　　　　　　　责任出版：刘译文

转型期中国农民工价值观研究
ZHUANXINGQI ZHONGGUO NONGMINGONG JIAZHIGUAN YANJIU

陈昌兴　著

出版发行：	知识产权出版社有限责任公司	网　址：	http://www.ipph.cn
电　话：	010-82004826		http://www.laichushu.com
社　址：	北京市海淀区马甸南村 1 号	邮　编：	100088
责编电话：	010-82000860 转 8381	责编邮箱：	wanghui@cnipr.com
发行电话：	010-82000860 转 8101/8102	发行传真：	010-82000893/82005070/82000270
印　刷：	北京科信印刷有限公司	经　销：	各大网上书店、新华书店及相关专业书店
开　本：	787mm×1092mm　1/16	印　张：	13
版　次：	2014 年 5 月第 1 版	印　次：	2014 年 5 月第 1 次印刷
字　数：	226 千字	定　价：	42.00 元

ISBN 978-7-5130-2645-1

出版权专有　侵权必究
如有印装质量问题，本社负责调换。

目 录

1 引 论 ··· 1
　1.1 问题的提出 ·· 1
　1.2 研究的意义 ·· 4
　1.3 研究的现状 ·· 6
　1.4 基本思路、主要内容和研究方法 ··································· 9
　　1.4.1 研究的基本思路和主要内容 ································· 9
　　1.4.2 研究方法 ··· 10
　1.5 研究的重难点和可能的创新之处 ································· 12
　　1.5.1 研究的重难点 ··· 12
　　1.5.2 可能的创新之处 ·· 13

2 农民工与农民工价值观的理论概述 ···································· 15
　2.1 农民工的概念意蕴，以及农民工价值观研究中的几个问题 ··· 15
　2.2 农民工问题的产生根源寻思 ·· 18
　　2.2.1 社会转型：农民工产生的时代基因 ······················· 18
　　2.2.2 农村的推力与城市的拉力：农民工产生的直接动因 ··· 19
　　2.2.3 价值观变革：农民工产生的深层动因 ···················· 22
　2.3 农民工价值观的基本内涵 ··· 23
　　2.3.1 价值观的内涵 ··· 23
　　2.3.2 农民工价值观的基本内涵 ··································· 25
　　2.3.3 关于价值观的分类与农民工价值观维度的探讨 ········ 26
　2.4 农民工价值观研究的理论基石 ···································· 28
　　2.4.1 马克思主义经典作家及我国领导人的相关论述 ········ 28
　　2.4.2 中国传统文化中的相关思想 ································ 33
　　2.4.3 现代化与人的现代化理论的借鉴与启示 ················· 37

2.4.4　文化学、社会心理学等学科理论视角下的农民工价值观
　　　　　问题解读 ……………………………………………………… 39
3　农民工价值观的实证研究——以浙江台州为例 ………………………… 43
　3.1　台州农民工的基本情况 ……………………………………………… 43
　3.2　调查问卷的设计与发放 ……………………………………………… 43
　3.3　筛选、编码、检验，以及统计分析 ………………………………… 44
　3.4　农民工价值观状况调查 ……………………………………………… 46
　　3.4.1　政治价值观逐步向现代转换 …………………………………… 46
　　3.4.2　经济价值观总体积极 …………………………………………… 50
　　3.4.3　道德价值观仍存在矛盾与不足之处 …………………………… 54
　　3.4.4　人际价值观逐渐走向开放 ……………………………………… 58
　　3.4.5　家庭婚恋价值观比较理性 ……………………………………… 63
　　3.4.6　职业价值观重视发展空间 ……………………………………… 65
　　3.4.7　审美价值观上缺乏审美心境与审美经验 ……………………… 69
　　3.4.8　对于幸福的看法与追求幸福的方式总体合理 ………………… 74
　　3.4.9　宗教价值观上功利性取向明显 ………………………………… 78
4　农民工价值观的多维解析 ………………………………………………… 81
　4.1　社会转型与农民工价值观的变迁 …………………………………… 81
　4.2　农民工价值观的宏观背景性影响因素审视 ………………………… 84
　　4.2.1　全球化对农民工价值观的双重影响 …………………………… 84
　　4.2.2　信息化使农民工价值观显得更为复杂多变 …………………… 86
　　4.2.3　西方社会思潮对农民工价值观的冲击 ………………………… 88
　4.3　农民工价值观的中观层面的影响因素考察 ………………………… 92
　　4.3.1　国家相关政策环境推动了农民工正向价值观的形成 ………… 92
　　4.3.2　乡村环境使农民工价值观带有深刻的传统烙印 ……………… 93
　　4.3.3　城市环境使农民工价值观具有了现代人的雏形 ……………… 95
　　4.3.4　生活境况使农民工的价值观显得有些困惑和迷离 …………… 97
　　4.3.5　工作环境变化使农民工价值观更具现代色彩 ………………… 98
　　4.3.6　家庭及其他影响因素分析 ……………………………………… 99
　4.4　农民工价值观微观层面的群体内部相关变量因素剖析 …………… 101
　　4.4.1　年龄对农民工价值观的影响分析 ……………………………… 101
　　4.4.2　性别对农民工价值观的影响分析 ……………………………… 109
　　4.4.3　文化程度对农民工价值观的影响分析 ………………………… 115

4.4.4　外出务工年限、政治面貌、收入水平等其他相关影响
　　　　　　因素分析 ·· 122

5　农民工价值观的塑造体系的建构 ·· 127
5.1　以社会主义核心价值体系引领农民工价值观的塑造 ·············· 127
5.2　农民工价值观塑造的基本理念 ·· 130
　　5.2.1　以人为本、促进农民工健康全面发展的目标理念 ·········· 130
　　5.2.2　讲求平等、注重情感体验的方法理念 ···························· 132
　　5.2.3　全员参与、贴近实际的实施理念 ···································· 133
5.3　农民工价值观塑造的力量整合 ·· 134
　　5.3.1　政府及相关部门在农民工价值观塑造中的组织力与推
　　　　　动力 ·· 134
　　5.3.2　企业要充分发挥良好企业文化的感召力 ························ 137
　　5.3.3　家庭要充分发挥自身在农民工价值观塑造中的亲和力 ··· 138
　　5.3.4　大众传媒要充分发挥导向力 ·· 139
　　5.3.5　社会风俗与社会舆论的约束力和规范力 ························ 141
5.4　农民工价值观塑造的主要内容 ·· 142
　　5.4.1　农民工政治价值观的塑造 ·· 142
　　5.4.2　农民工经济价值观的塑造 ·· 145
　　5.4.3　农民工道德价值观的塑造 ·· 149
　　5.4.4　农民工人际价值观的塑造 ·· 151
　　5.4.5　其他方面的塑造 ·· 152
5.5　农民工价值观塑造的方法选择 ·· 156
　　5.5.1　实行分层教育法　提高农民工价值观塑造的针对性 ······ 156
　　5.5.2　运用先进典型示范法　增强农民工价值观塑造的
　　　　　感染性 ·· 159
　　5.5.3　重视业务渗透法　增加农民工价值观塑造的渗透性 ······ 161
　　5.5.4　采用思想疏导法　遵循农民工价值观塑造的规律性 ······ 162
　　5.5.5　借鉴国内外相关教育方法　使农民工价值观塑造的
　　　　　方法更具多样性 ·· 163
5.6　农民工价值观塑造的实践路径 ·· 168
　　5.6.1　提高农民工的理论素养　为农民工价值观的塑造奠定
　　　　　理论基础 ·· 168

5.6.2　增强农民工的价值意识　引导他们对自己的思想与行为作出正确的价值判断 …………………………………… 170

　　5.6.3　注重实践经验的提炼与理论升华　不断创新党员农民工价值观的塑造路径 ………………………………………… 171

　　5.6.4　"破""立"结合　为农民工价值观的塑造创造良好的外部环境 …………………………………………………… 173

　　5.6.5　关注农民工的现实需求与实际问题　充分展现农民工价值观塑造中的人文关怀 …………………………………… 176

6　结　语 ……………………………………………………… 178

参考文献 ……………………………………………………… 180

附录 …………………………………………………………… 188

后记 …………………………………………………………… 200

1 引 论

1.1 问题的提出

农民工是我国从计划体制向市场体制、从传统农业社会向现代工业社会转型过程中出现的一个特殊的社会群体。农民工问题事关我国经济社会发展全局,近年来,农民工问题越来越引起各级党委、政府和社会各界的重视,在十六届三中全会上,胡锦涛总书记要求全社会要从改革发展、统筹城乡的宏观视野去认识和解决农民工问题,2010年中央一号文件又首提"新生代农民工"。❶农民工处于中国社会的底层,他们进城从事最苦最累最脏最险的工作,工作的时间长,而获得的报酬低,居住的条件也差;他们为中国的现代化作出了巨大的贡献,然而却经常受到排斥和歧视。因此,学界对农民工问题也十分重视,并且对于农民工问题的关注点也比较集中于农民工的就业、生活、子女教育和社会保障等方面。而随着对农民工问题研究的不断深入与拓展,人们开始注意到,要真正解决好农民工问题,促进农民工由农民向工人、由村民向市民转换,不仅仅是他们跨入城市、进入工厂,转变工作与生活空间,改变所从事的职业这么简单,而且也需要增强他们的市民意识和对于城市价值观的认同,培养他们工人阶级的觉悟;农民工要真正适应现代化发展的要求,也就必须不断改变传统小农意识的束缚,树立与现代社会发展相适应的现代价值观。而制度的严重滞后乃至缺失、"非国民待遇",使他们的价值观失范;社会对农民工的人文关怀的缺失和根深蒂固的漠视,无法达到农民工所要求的价值期许;农民工的从业特点使党组织和工会组织开展价值观教育存在盲点。随着这些深层次的价值观问题对农民工的影响越来越大,这也引起人们的关注,人们也越来

---

❶ 一般将出生于20世纪80~90年代的农民工称为新生代农民工;文中的老一代农民工主要是指新生代农民工的父辈们,即主要是指出生于20世纪50~60年代的农民工;而把处于老一代与新生代中间的具有过渡性质的20世纪70年代的农民工称为中生代农民工。

越认识到农民工价值观教育对于其摆脱弱势地位、实现其现代转型与自身全面发展所具有的重要意义，同时也显示了在当前开展转型期农民工价值观研究的紧迫性。

价值观是人们心中的一个深层的信念系统，人们该做什么、选择什么、追求什么，这些都是由人们的价值观所支配的。农民工从农村跨入城市，进入工厂之后，他们的活动范围也由农村的熟人社会逐步过渡到城市这一陌生的社会之中，他们的工作与生活环境发生了巨大的变化。农村社会相对简单，人们交往的对象是具有较强同质性的地缘圈与血缘圈，"在一个比较稳定的社会环境里，人们的价值观往往成了一种'集体无意识'"。❶ 而城市社会更具流动性、变化性与复杂性。在城市里，大家来自五湖四海，人们的价值观也存在较大差异，各种文化与价值观在这里有交融也有冲突。同时，不断加快的全球化与信息化进程又进一步打破了民族的局限性和区域的封闭性，大大加速了各个国家、民族、地区之间文化与价值观的交融与碰撞。农民工是我国社会转型期的特殊社会群体，在这一社会转型时期，伴随着传统的与现代的、西方的与本土的、经典的与流行的、主流的与边缘的等各类价值观的激烈冲突，传统价值观不断受到冲击与挑战，而与当前社会发展相适应的新的价值体系又尚未完全确立。在这新旧交替之际，从原来稳定的农村环境跨入城市社会的农民工，面对各种价值观的激烈交锋与冲突，他们原有的价值观受到了巨大的冲击，如果他们又难以合理地借鉴、选择与整合其他价值观，便极易会变得迷茫起来，陷入矛盾与困惑之中。这就要求我们要重视农民工价值观问题的研究，要走进他们的价值世界，重视他们价值观的塑造，化解他们价值观上所存在的矛盾与困惑，促进他们的全面与和谐发展。

农民工要真正地融入城市，要实现由传统农民向现代产业工人的转变，就需要不断摆脱封闭保守、过时落后的思维方式与价值观，增进与现代社会发展相适应的开放意识、竞争意识与创造意识，使自身在价值观上适应城市化与工业化发展的要求。城市化是一个"以人为核心的多因素、多层次、多变量的综合概念"。农民工城市化的基本含义是指农民工进城后对城市的"多因素、多层次、多变量"的认同、适应过程。农民工在城里找到一份工作后，完成了生存这一因素的适应，接着他们要适应城市新的生活方式和社会交往，以及

---

❶ 袁贵仁. 价值观的理论与实践 [M]. 北京：北京师范大学出版，2006：代序.

对城市价值观等诸多因素的认同，这是他们融入城市必不可少的环节。❶ 然而，他们与城市居民间仍然有隔阂，就如在调查中所了解到的，仍有37.7%的农民工表示"多数人有歧视，看不起外来务工者"（具体数据如表1-1所示）。当在调查中问及他们对于当地居民的态度时，有13.9%的人表示"各管各的，井水不犯河水"，还有20.7%的人表示"一般不愿和他们多打交道"（具体数据见第59页的表3-13），农民工市民化过程中，在深层的价值观层次上依然存在不少的困惑、障碍、矛盾与冲突。"只有消解农民工在城市适应过程中文化震撼或文化焦虑，切实改变农民工狭隘、保守、封闭、恋土等传统惯习和市民对农民工积淀已久的偏见，才能在制度和行动上改造农民工，从而使农民工在适应城市生活的基础上尽快融入城市。"❷ 同时，我国正处于由传统社会到现代社会的转型之中，而现代化不仅是物质技术层面的现代化和体制层面的现代化，其还包括人的价值观念、心理意识、文化态度和生活方式层面上的现代化。正如英国学者英格尔斯所指出的那样："如果人们自身还没有从心理、思想、态度和行为方式上都经历一个现代化的转变，失败和畸形发展的悲剧结局是不可避免的。再完美的现代制度和管理方式，再先进的技术工艺，也会在一群传统人的手里变成一堆废纸。"❸ 因此，在我国社会现代转型过程中，也要更加重视农民工价值观的现代化，在改变他们"日出而作、日落而息"的劳作方式之后，还要引导农民工把民主法制观念、平等意识、竞争意识等逐渐融入他们的意识之中，帮助他们摆脱封闭保守、过时落后的思维方式与价值观的束缚，增进他们与现代社会发展相适应的开放意识、竞争意识与创造意识，使他们在价值观上适应城市化与现代化的要求，这样才能促使他们更好地实现从传统农民向现代产业工人的转变，才能更好地促进他们融入城市。

在当前我国社会转型期间，各种价值观念激烈冲突，而"价值观念的冲突是对人的争夺"，"转型期不同价值观的冲突实质是对人的争夺，不同价值观导向实质是培养什么人的问题，人们选择什么样的价值观也即人们如何做人的问题"。❹ 而农民工是中国社会转型期出现的一个特殊的、庞大的群体，转型期各种价值观间的激烈碰撞与冲突在他们身上得到了集中的体现，本土与西

---

❶ 张兆远. 农民工缘何难成市民 [EB/OL]. http：//www. zgxcfx. com/Article_ Show. asp? ArticleID =6518.
❷ 吴业苗. 农民工市民化的观念障碍与调适 [J]. 理论与改革, 2008 (1).
❸ 殷陆君. 人的现代化 [M]. 成都：四川人民出版社, 1985：4.
❹ 陈章龙. 论主导价值观 [M]. 南京：南京师范大学出版社, 2004：111.

方的、现代与传统的、城市与乡村的等价值观在他们身上都激烈地冲突着，价值观念的冲突是对人的争夺，那么，各种价值观念对农民工的争夺那也是异常激烈的。在这种情况下，如果不注重农民工正确价值观的塑造，不积极地引导他们对于我国主导价值观的认同，那么，他们就极易会被错误的、消极的价值观所俘虏。这也更显示出了加强转型期中国农民工价值观研究，促进农民工树立起科学的、合理的价值观的重要性与紧迫性。

表 1-1 农民工觉得当地人（指台州人）对待外来务工人员的态度

		频率	百分比	有效百分比	累积百分比
有效	大多比较公正、友好	313	38.9	39.5	39.5
	多数人有歧视，看不起外来务工者	299	37.2	37.7	77.2
	说不清	181	22.5	22.8	100.0
	合计	793	98.6	100.0	
缺失	不愿填、漏填等造成的缺失	11	1.4		
合计		804	100.0		

1.2 研究的意义

转型期农民工的价值观状况影响着农村社会与农民工自身的现代转型，促进农民工价值观的现代转型是我国现代化进程中的一个重要课题，转型期农民工价值观的研究具有十分重要的价值意义。

研究转型期中国农民工的价值观，有利于了解转型期农民工群体整体的精神面貌。面对转型期农民工价值观上存在的困惑与迷茫、矛盾与冲突，在调查研究的基础上，了解转型期中国农民工这一群体对于政治现实与政治理想的态度与评价，了解他们在理想、信仰上所存在的问题与困惑，了解他们对于人际、婚姻、审美的看法与态度，并分析社会环境、国家政策、家庭环境、性别差异，以及同伴效应等对农民工价值观的影响，然后在此基础上探讨有效的教育与引导策略，可以更好地化解转型期农民工价值观上的冲突与矛盾，促进他们的和谐与全面发展。

转型期中国农民工价值观的塑造也是构建社会主义和谐社会的需要。建设社会主义和谐社会是时代发展的要求，是历史发展的必然，是中国社会的发展方向，也是当前我国人民正在为之奋斗的宏伟目标。而和谐社会是一个团结友爱的社会，而不是一个情感冷漠、人际关系紧张的社会，帮助农民工树立起科学、合理的价值观，提高农民工对于现代价值观的认同度，增强他们的自信心与对于城市的归属感，逐渐消除传统的落后的价值观对他们的影响，这无疑有助于他们在价值观上更好地融入城市，使他们与当地居民在情感上能更加融洽，生活上能更加融合。同时，农民工价值观直接影响到其在社会生活中的价值选择和行为取向，通过转型期中国农民工正确的政治、经济、道德、审美等方面的价值观的塑造，能为农民工的日常生活提供价值坐标，使他们能在生活与工作中对事物作出正确的价值判断，进行正确的价值选择。

研究转型期中国农民工的价值观，是在当前复杂环境下增强农民工对于社会主义主导价值观的认同的需要，也是事关他们灵魂的塑造与精神家园构建的重要问题。价值观是人的理想、信念、信仰的集中表现，社会心理学上说，价值观与兴趣有关，但它强调生活的方式与生活的目标，牵涉更广泛、更长期的行为，价值观的最终点就是理想。价值观是人的思想与行为的根源，价值观的问题涉及人的灵魂的塑造与精神家园的构建问题。进行转型期中国农民工的价值观研究，是更好地支撑起他们精神大厦的需要。可见，价值观问题事关人的灵魂问题，转型期农民工价值观的研究，有助于促进农民工的灵魂塑造，有助于他们精神家园的构筑。同时，加强农民工价值观教育也是引导农民工学习践行社会主义核心价值观的重中之重，是更好地落实农民工社会主义核心价值观教育的需要。

当前，我国农民工问题的研究较多集中于农民工的概念、属性、社会保障、农民工流动等问题的研究，而对农民工价值世界的关注则相对较少，因此，加强农民工价值观问题的研究，能丰富和拓展对于农民工问题的理论研究，弥补农民工问题研究中对于深层次的农民工价值观问题的研究相对不足的问题，也能为更好地解决农民工价值观问题与促进农民工价值观的现代转型提供理论指导。当前，思想政治教育学术界也十分重视从人的视角开展思想政治教育研究，研究转型期中国农民工的价值观，走进他们的价值世界，了解他们的价值观状况，关注他们的价值冲突与困惑，努力促进农民工价值观的现代转型，这体现了思想政治教育的人文向度与价值关怀。同时，通过研究，对于农民工价值观塑造的理念、主要内容、力量组合、实践路径等进行了较为完整的建构，能更好地促进价值观教育理论的完善与系统化，也有助于丰富和发展思想政治教育理论，因此，也具有重要的理论意义。

1.3 研究的现状

农民工群体是中国社会转型期出现的一个特殊的、弱势化的群体,国家统计局公布的"十一五"经济社会发展成就系列报告显示,农民工这一群体2010年总量达到了24223万人。近年来,农民工问题越来越引起各级党委、政府和社会各界的重视,学术界的专家、学者也对农民工问题开展了广泛的探讨与研究。就目前研究情况来看,对于农民工的研究主要集中在以下几个方面:一是关于农民工社会属性、社会地位、历史意义与作用的研究。自农民工出现以来,学界对于其阶级归属的争论莫衷一是,但学界大多数学者认为农民工是我国产业工人的重要组成部分。2003年9月召开的中国工会十四大鲜明地提出:"农民工已经成为我国工人阶级的新成员和重要组成部分。"杨云善教授就在《中国农民工问题分析》一书中,分别就逻辑上、农民与工人的概念上、收入来源和法理上、工作上,以及思想观念和行为上这几个方面论述了农民工已具备工人阶级的主要特征。同时,学界就农民工在城市化、工业化、新农村建设、经济结构重建等方面的作用与问题做了广泛的探讨。二是关于农民工的就业与社会保障问题的研究。主要是关于农民工在就业中受到的歧视和非正规性,有研究者就农民工非正规就业的影响因素作了一些分析❶;有关农民工在城市中的生活状况的调查研究与分析,呼吁社会关注农民工,提高农民工待遇,研究建立农民工迫切需要的工伤保险、大病医疗保险、失业保险和养老保险这些救济、救助性质的保险制度以保障农民工的合法权益等。三是关于农民工子女教育问题的研究。由于中国户籍制度的存在,农民工子女的教育会衍生出很多问题,像农民工子女能否进城读书,上什么学校读书,如何应对高额的"借读费"等问题。四是关于农民工流动问题的研究。有学者从著名的"推拉理论"对农民工流动原因进行了解释。安徽社会科学院的林斐研究员也对农民工流动进行了解读,其论述了流动的演变、流动的社会问题、大分流中的农村,以及农民大分流的趋势等方面。❷ 当然,我国农民工问题的研究还涉及其他很多方面。有的学者还专门就农民工越轨和犯罪问题进行了研究,也取得了不少研究成果。例如2001年中国公安大学出版社出版了王智民的专著

---

❶ 谢敏. 农民工非正规就业影响因素分析 [D]. 华中科技大学, 2006.
❷ 林斐. 中国农民大分流 [M]. 合肥: 黄山书社, 2008.

《当代中国农民犯罪研究》。还有一些学者就农民工非法维权的"自救式犯罪"进行了研究❶，如此等等。学界对农民工研究已经扩展到了人口学、经济学、社会学、政治学、文化人类学、教育学等学科，而多学科不同视角的交叉联合研究也无疑会进一步推动对这一问题的深入研究。

同时，学界关于价值观与价值观教育的研究资料也很多，有学者就社会转型时期的价值观作了研究，主要涉及转型期价值观念的冲突、价值变迁、价值选择、价值标准等问题。❷ 有的学者就主导价值观、集体主义价值观问题作了研究。❸ 不少学者就价值观教育问题开展了研究。❹ 还有许多关于各群体的价值观与价值观教育的研究资料，如华东师范大学出版社早在1991就出版过《大学生人生价值观述要》一书，就大学生群体的人生价值观开展了调查与研究，而安徽师范大学叶松龄教授就当代未成年的价值观开展了研究❺，其他还有关于青少年价值观特点，以及珠江三角洲人的价值观等的研究。❻

此外，我国有研究者认为，在小农的文化心理结构中，价值观处于核心地位。并对如何破除小农意识，促进农民意识的现代化进行了研究。❼ 其认为要破除小农意识，实现农民意识的现代转型，需要消除小农意识得以生存与发展的社会土壤，并认为应从四个方面着手：一是发展社会主义市场经济，奠定农民意识现代化的社会经济基础；二是发展科学技术，实现工业化，奠定农民意识现代化的物质技术基础；三是改变农村社会宗法社会结构，促进社会交往与社会流动，奠定农民意识现代化的社会结构基础；四是加强精神文明建设，提高农民思想文化素质，奠定农民意识现代化的文化基础。这些研究成果，对于如何消除小农意识对农民工价值观的束缚与影响，帮助农民工树立起科学的价值观，有着重要的借鉴意义。

以上这些丰硕的研究成果的取得为我们进一步开展农民工价值观的研究提供了翔实的资料与其他许多可资借鉴的东西。同时，当前我国学界也越来越认识到转型期农民工价值观研究所具有的重大价值意义，艾鹤、李德在《农民

---

❶ 沈立人. 中国农民工 [M]. 北京：民主与建设出版社，2005.
❷ 兰久富. 社会转型时期的价值观念 [M]. 北京：北京师范大学出版社，1999.
❸ 陈章龙. 论主导价值观 [M]. 南京：江苏人民出版社，2006.
❹ 刘济良. 价值观教育 [M]. 北京：教育科学出版社，2007.
❺ 叶松龄. 当代未成年价值观的演变与教育 [M]. 合肥：安徽人民出版社，2007.
❻ 这方面的有关研究可以参见：张进辅等2006年在新华出版社出版的著作《青少年价值观的特点·构想与分析》和张书琛2002年在人民出版社出版的著作《体制转型时期珠江三角洲人的价值观》等。
❼ 袁银传. 小农意识与中国现代化 [M]. 武汉：武汉出版社，2000：37，228-239.

工价值取向的变化》一文中指出:"试图在我国社会转型、变迁的背景下研究我国城市农民工价值观取向的微妙变化,这种变化对农民工的行为、思想具有很强的指导作用,因此,加强对我国城市农民工价值观念的引导,对于提高我国整个国民的素质,促进农村经济可持续发展,构建和谐社会,建设社会主义新农村,实现社会主义现代化具有积极的意义。"❶ 因此,越来越多的专家、学者也开始关注、参与农民工价值观及其教育问题的研究。但是反观研究现状,在关于农民工价值观方面的研究却依然相对滞后,在中国知网网上数据库中以"农民工价值观"为篇名检索项,通过模糊查询,至 2014 年 5 月 1 日,总共只检索到论文 68 篇。目前很难看到关于农民工价值观方面的学术专著。

从可以查询到的有关农民工价值观方面的研究材料来看,有的学者就农民工价值观的现状、变迁与特点做了研究,艾鹤、李德在《农民工价值取向的变化》一文中,还从城市的经济环境、文化环境、组织环境等几个方面就城市对农民工价值观的影响因素做了分析,同时还探讨了城市农民工人生价值观、道德价值观、婚恋观、法律意识等方面所发生的变化。❷ 有的学者就农民工市民化过程中价值观念上存在的困惑、障碍做了研究,并对如何进行教育引导做了一些探索。❸ 有的对农民工价值观的具体方面做了研究,如就农民工婚恋观、子女教育观、就业观等作了探讨。❹ 有的就农民工特殊群体价值观做了研究,特别是关于新生代农民工价值观的研究较多,如何瑞鑫、傅慧芳在《新生代农民工的价值观变迁》一文中就对传统型农民、老一代农民工、新生代农民工的价值观状况进行比较的基础上,总结了新生代农民工在价值观上呈现出价值主体的自我性、价值目标的务实性、价值观念的多元性等特点。❺ 还有的学者就农民工价值观的矛盾与冲突做了分析,并积极探讨有效的引导与教育策略。❻

但目前学界在农民工价值观研究上,仍缺乏对现实社会中农民工价值观念现状和农民工价值观教育的真实把握,缺乏对农民工价值观进行基本理论上的

---

❶ 艾鹤,李德. 农民工价值取向的变化 [J]. 求实,2006 (3):257 – 258.
❷ 同上。
❸ 吴业苗. 农民工市民化的观念障碍与调适 [J]. 理论与改革,2008 (1):49 – 53.
❹ 相关研究可参见:贺飞发表于《青年研究》2007 年第 4 期的《转型期青年农民工婚恋观念和行为的社会学分析》和《榆林日报》. 2009 年 3 月 27 日《农民工就业观念需转变》的报道等。
❺ 何瑞鑫,傅慧芳. 新生代农民工的价值观变迁 [J]. 中国青年研究,2006 (4):9 – 12.
❻ 傅慧芳. 青年农民工价值观的矛盾透析 [J]. 福建师范大学学报(哲学社会科学版),2006 (2):44 – 49.

深入思考，缺乏对农民工正确价值观塑造问题的系统构建与科学评价的研究。总之，目前学术界对转型期农民工价值观及正确价值观的塑造的理论与实践研究还不能满足现实社会的强烈需要，这一研究现状，更进一步显示出深入开展转型期农民工价值观的理论与实践研究的重要性和紧迫性。

1.4 基本思路、主要内容和研究方法

1.4.1 研究的基本思路和主要内容

本研究的基本思路是：坚持以马克思主义理论为指导，以构建社会主义和谐社会为出发点，借鉴现代化与人的现代化理论、文化学、社会心理学等各学科相关理论，对转型期农民工价值观问题进行深入的研究与探讨，并且积极进行转型期农民工价值观的塑造体系的建构，以提高农民工的思想道德素质，更好地帮助农民工实现价值观念现代化，促进他们的和谐与全面发展，这是本研究的主旨与基本思路。

本研究具体分为六个部分：

第一部分为引论。这一部分首先就提出了转型期农民工价值观这么一个值得探讨的时代课题，并从实践意义与理论价值两方面对研究的意义做了阐述。其次，就我国学术界对于农民工价值观的研究做一个回顾与分析。然后，阐述了本研究的基本思路与方法。最后，就研究的重难点与创新之处等做了说明。

第二部分为农民工与农民工价值观的理论概述。该部分从分析转型这一农民工产生的时代背景入手，对农民工的产生做了理论分析，对价值观与农民工价值观的内涵进行了探讨。同时，从多学科的理论视角对农民工价值观进行深入剖析，这也是该部分的重要内容之一。该部分在阐述了马克思主义经典作家、我国主要领导人，以及我国传统价值理论的一些观点及其在研究中的意义的同时，还借鉴现代化与人的现代化理论、文化学、社会心理学等其他多学科的理论知识，对农民工价值观进行多维度的理论透视。

第三部分为农民工价值观的实证研究。这部分的研究主要以浙江台州为例，通过问卷调查、访谈等多种形式，对农民工的政治价值观、经济价值观、道德价值观、家庭婚恋价值观、人际价值观、职业价值观、幸福观，以及宗教价值观进行调查与研究，力求真实把握转型期我国农民工的价值观状况。

第四部分为农民工价值观的多维解析。该部分对社会转型与农民工价值观

的变迁，转型期农民工价值观变迁的时代背景，以及转型期国家政策、乡村文化、城市文明、家庭环境等因素对农民工价值观的影响进行了分析。同时，十分重视农民工内部相关变量因素对农民工价值观所产生的影响。对此，笔者以翔实的数据，通过具体的比较和分析，来研究与探索代际差异、收入差异，以及文化程度差异等因素对农民工价值观所产生的巨大影响，并对他们因此而在价值观上呈现出的差异性进行了研究。这也有利于更好地了解农民工不同子群体间的价值观状况与异同，有助于更进一步对不同性别、收入、文化程度等的农民工采取有针对性的教育与引导策略，以提高农民工价值观塑造的有效性。

第五部分为农民工价值观的塑造体系的建构。该部分主要就转型期如何帮助农民工树立科学、合理的价值观进行了研究，并从转型期农民工价值观体系的塑造理念、主要内容、塑造的力量整合，以及具体的实践路径这些方面，对转型期农民工价值观塑造体系进行了建构与研究。

第六部分为结语。主要包括：本研究的总结，本研究需要补充说明的东西，以及其他有待进一步深入研究的话题等内容。

1.4.2 研究方法

在研究方法上，本研究坚持以马克思列宁主义、毛泽东思想、邓小平理论和"三个代表"重要思想和科学发展观为指导，将综合利用系统科学的方法、历史与逻辑相统一的方法、宏观审视与微观剖析相统一的方法，以及调查法等进行研究，力求做到定性与定量相结合、理性分析与实证分析相结合。

第一，多学科交叉研究法。转型期中国农民工价值观研究所要涉及的知识面很广，涉及的学科众多，如果不综合利用思想政治教育学、价值学、文化学、社会学、政治学等多学科的理论与方法进行研究，便会限制研究的开展。例如，本研究第二部分便需要借鉴和运用马克思主义基本原理、文化学、社会学、价值学等众多学科的理论对农民工价值观进行多视角的透视与审读；在第三部分的调查研究中，则涉及政治价值观、道德价值观、宗教价值观等各类价值观的调查与研究，这就必须借鉴和运用政治学、伦理学、宗教学等学科的相关理论来开展研究；而如何运用农民工价值观的调查与分析结果，采取有针对性的教育内容、方法与手段，以更好地帮助农民工树立起正确的价值观，促进他们的全面与和谐发展，这是本研究的落脚点，也是本研究最后一部分所探讨的话题，而其中所涉及的东西便离不开运用到思想政治教育的理论与方法。可见，只有充分借鉴和利用相关学科知识，对转型期中国农民工价值观进行多学科的交叉研究，才能更好地把握转型期农民工的价值观状况及其发展变化规律，才能更加有利于本研究的深入与开展。

第二，社会调查法。要更为真实、准确地掌握转型期农民工价值观的实际状况，获取第一手研究资料，就需要深入实地，在农民工中开展调查研究。本研究以浙江台州为例，采取访谈、问卷、座谈会等方式，对转型期农民工价值观状况及其教育实践情况进行了调研，以更加详细、真实地把握转型期农民工价值观的状况。通过社会调查，可以更好地听取意见，吸取有关方面在农民工价值观塑造实践活动中的经验，广泛地征求建议，以更好地了解和掌握转型期农民工价值观塑造中亟须解决的主要问题。同时，再通过 SPSS 等统计分析工具对转型期农民工价值观的调查结果进行统计分析，为进一步对其进行深入剖析与进行转型期农民工价值观塑造体系的构建提供第一手翔实的资料。

第三，比较研究法。不同年龄阶段、收入、文化程度的农民工在价值观上也呈现出了巨大差异性，例如新生代农民工与老一代、中生代农民工之间，他们在对很多事物的看法与评价上都存在差异。那么，这就需要对农民工不同子群体间的价值观进行比较研究，看哪些方面是相同的，哪些方面存在差异，对于有差别的地方则需要进行进一步的分析，探寻造成差异的影响因素，以便能更好地掌握农民工不同子群体间的价值观状况，使我们能够依据不同子群体间的特点，采取更具针对性的教育引导策略，克服消极因素的影响。

第四，文献法。文献法主要是指对现存的有关文献资料（包括报纸、期刊、图书、档案、统计数据等）进行搜集、鉴别和整理，从中选取有用的信息，以达到某种调查研究目的的方法，这是社会科学常用的研究方法之一。研究转型期农民工的价值观，除了通过调查研究获取第一手资料外，还需要广泛查阅相关资料，以更好地掌握这一领域的科研动态、前沿话题，了解和借鉴前人已取得的相关研究成果，使我们在研究中少走弯路。虽然当前直接研究农民工价值观方面的资料相对较少，特别是学术资源就更少了，但各界对于农民工问题十分关注，有大量关于农民工问题的专著、论文、统计数据及报道等，还有关于其他群体（如青年、大学生、少数民族等）的价值观问题研究的资料也很多，这些都为研究转型期农民工价值观的研究提供了可资借鉴的研究资料与经验，对于这些文献资料都需要进行搜集与梳理，以获取本研究所需要的相关资料。

1.5 研究的重难点和可能的创新之处

1.5.1 研究的重难点

本研究的重难点主要集中在以下几个方面：

（1）转型期农民工价值观问题的研究必须关注农民工价值观与中国传统文化、西方文化、乡村文化，以及城市文明之间的冲突与融合问题。中华民族传统文化源远流长，博大精深。中华民族优秀传统文化是中华民族宝贵的精神财富，弘扬中华民族优秀传统文化，在帮助农民工树立科学的价值观中有着巨大的作用。而中国传统文化中故步自封、重农抑商、害怕变革等思想则对农民工价值观产生了极为消极的影响。除了中国传统文化以外，当今世界，全球化步伐不断加快，各文化间相互激荡，中国农民工价值观的形成与发展必然也会受到西方文化的影响。同时，农民工来自农村，其思维方式和价值观念必然深受乡村文化的影响。而其在城市务工，同时又会受到城市文明的熏陶，在这种情况下，必须重视对乡村文化与城市文明双重影响下的农民工价值观的冲突与融合问题进行研究。中国传统文化、西方文化、乡村文化，以及城市文明对农民工价值观有何影响，哪些是积极的，哪些是消极的，这些问题都必须厘清，并且还要倡导其中积极的方面，消除其中消极的因素，以更好地促进农民工与当前我国社会现代化相适应的价值观念的形成，这是一个很值得研究的重要问题。

（2）要研究农民工价值观问题，必然要进行理论的架构，为研究打下坚实的理论基础。如何以马克思主义价值观为指导，汲取中国传统价值理论的精髓，借鉴其他相关学术资源，以更好地促进和服务于农民工价值观及其塑造问题的研究，这是一个值得思考的问题。我国学界关于价值观问题的研究成果十分丰厚，如果掌握和运用好这些研究成果，那么对于农民工价值观的研究将会起到事半功倍的效果。例如，有学者指出，价值观有很强的社会性，这里的社会性是指它不是一个人的追求和愿望，而是一定社会群体的共同追求，是一定群体的人们头脑中共有的观念。并且群体的价值观会对所属这个群体中的个体的价值观产生影响，会不断渗入他的精神世界，影响他的价值选择与价值观的生成。[1] 价值观的这一特性对于农民工价值观研究有很大的启发，对于了解农

---

[1] 陈章龙. 论主导价值观 [M]. 南京：江苏人民出版社，2006：46-47.

民工群体价值观和农民工个体价值观之间的关系有很大帮助。可见，如何掌握和运用好价值观理论，并将其与农民工群体的价值观研究有效的结合起来，是农民工价值观及其教育问题的研究中必须解决好的一个重要问题。

（3）价值观是现实生活的反映，人们的价值观也往往受到所处时代的社会经济、政治等的影响和制约，那么转型期的政治与经济环境，农民工的成长经历、家庭与工作环境等对农民工价值观有何影响，这些都很值得探讨。同时，转型期农民工价值观呈现出了怎样的特点，价值选择与价值标准又发生了怎样的变化等，这些问题都是需要探讨和深思的。

（4）对于转型期农民工价值观问题的研究，不仅要从农民工群体整体的视角进行研究，而且还要关注农民工内部不同群体间的价值观状况。农民工群体人数众多，这一庞大的群体内部出现了显著分化和不同的群体性特点，这一庞大群体内不同特殊群体间的价值观可能有着较大差异。因此，在研究中，既要关注农民工群体整体的价值取向，又不能忽略群体内不同子群体间价值观所具有的差异性。因此，把新生代农民工的价值观与老一代、中生代农民工的价值观、男性与女性农民工的价值观等农民工内部不同群体间的价值观作个比较，研究这些子群体价值观有哪些差异，各有什么特点，这个问题也是很值得关注的。

（5）转型期农民工价值观问题的研究必然要对如何帮助农民工树立起科学、合理的价值观，促进农民工价值观念现代化这个问题进行研究和探讨。对此，首先必须进行转型期农民工价值观塑造体系的建构，并就农民工价值观塑造的基本理念、主要内容、力量整合，以及实践路径等问题进行探讨，探寻社会转型背景下我国农民工价值观教育新模式，为当前我国转型期如何进行农民工价值观的塑造提供参考。

1.5.2 可能的创新之处

在现有研究的基础上，本研究创新之处主要有以下几个方面：

第一，研究视阈的创新。长期以来，对农民工问题的研究，主要集中于农民工社会属性、社会地位、历史意义、就业与社会保障、子女教育，以及农民工的社会问题等方面，而对于转型期农民工的价值观这一深层次问题的研究则较少，对农民工的价值世界的关注还不够，加强转型期农民工价值观的研究，以农民工价值观为视角探讨农民工问题，走进他们的价值世界，了解他们的价值观状况，有助于突破农民工问题研究中的视阈局限。

第二，在研究内容上，构建了较为完整的农民工价值观的塑造体系。对农民工价值观的塑造理念、主要内容、塑造力量的整合、塑造方法的选择，以及塑造路径等问题进行了较为系统与深入的研究。

第三，在研究方法上，本研究既对转型期农民工价值观进行了现时态的调查研究，也对农民工价值观的变迁进行了历时态的纵向分析；既重视从整体上通过背景性因素等剖析来宏观审视农民工群体的价值观状况，也注重对农民工价值观中内部相关影响因素，以及政治价值观、经济价值观、道德价值观等很多具体的方面进行微观剖析。

2 农民工与农民工价值观的理论概述

转型期中国农民工价值观的研究需要有相应的理论作为基础与支撑，需要认真地学习和研究马克思主义经典作家，以及我国领导人的相关论述，对于中国传统价值理论要进行深入挖掘，并且充分地借鉴文化学、现代化与人的现代化理论、社会心理学等相关学术资源，努力为农民工价值观的研究提供理论支撑。同时，研究中所涉及的"农民工""价值观""农民工价值观"这些核心概念与农民工的产生这些基本问题也必须厘清，为此，在这一部分中，对这些问题也做了理论上的探讨与追思。

2.1 农民工的概念意蕴，以及农民工价值观研究中的几个问题

农民工群体是伴随着我国社会转型而出现的一个规模庞大而有特殊身份的群体。"农民工"这个词汇最早是由社会学家张玉林教授等在20世纪80年代初期提出来的，而对于这一概念的界定至今仍然存在着争论，并且这一概念本身也处于不断的丰富与发展之中。在城乡二元格局与城市经济发展的进程中，这一概念也曾被赋予了一些特殊的色彩，甚至在很长一段时间里，"农民工"被认为是"苦力""没文化""低素质"的代名词，被认为是转瞬即逝的"过客"，他们让人看不起，受到歧视。而随着农民工问题越来越引起各级党委、政府和社会各部门的重视，学术界的专家、学者也对农民工问题开展了广泛的探讨与研究。随着农民工问题越来越引起各界的关注，他们对于城市发展所做出的巨大的贡献也逐渐被认可，特别是在2004年的中央一号文件中进一步明确指出，"进城就业的农村劳动力成为我国产业工人的重要组成部分"，明确将农民工纳入产业工人的范畴之中，使得农民工作为产业工人的地位进一步得到确认。在2006年3月，又出台了《国务院关于解决农民工问题的若干意见》，这有利于促进农民工的合法权益得到更好的保护。但农民工中的很多人

仍然认为自己受到了当地居民的歧视（调查数据占 37.7%，具体见第 4 页表 1-1），他们的合法权益也还常常会遭到侵犯，他们的很多问题仍然需要进一步的关注与解决，他们的弱势地位还未完全改变，因此，也需要我们进一步地关注与研究这一群体。

对于"农民工"的概念，最早提出"农民工"这个词汇是对"民工潮"这一社会现象进行思考与总结的结果。而在当前，农民工是指具有农村户口身份，且在城镇从事非农职业或以非农为主要职业的劳动者。从制度安排上来说，虽然他们进了城，入了工厂，但是他们的户口仍在原籍，还是农业户口，在法律上享有农民的权利，也拥有农村土地承包经营权，并承担农民的义务；从他们所从事的职业来看，他们在城镇从事非农职业或以非农为主要职业，并以在城镇务工所得为主要谋生手段与生活来源；从地域上来看，他们从农村进入城市，长期在城市中工作与生活，但他们的居所具有很大的不稳定与流动性，常常随着他们务工场所的变化而变化。

在这里，结合转型期农民工价值观问题，在研究中，对于农民工这一概念的理解上，认为有三点非常值得我们重视。

第一点是农民工的过渡性。农民工是社会转型期出现的一种特殊现象，在这一个社会过渡时期，社会价值观正处于剧烈的变动之中，各种价值观念彼此相互缠绕与碰撞，"若在社会转型时期驻足观察一会儿，便可发现价值的变迁令人吃惊，以往认为合理的事情变得不近情理了，以往拼命追求的事物现在毫无价值了，过去的标准受到了怀疑，传统的准则受到了挑战——这些均是社会转型时期价值观念变化的结果"。❶ 而伴随着我国社会由传统农业社会向现代工业社会、从农村社会向城市社会过渡，农民工这一社会阶层也正在由农民向工人、由村民向市民的过渡之中。叶南客把处于新旧社会形态转折点的人，特别是代表了新时代取向的弄潮儿称为"过渡人"。农民工这一群体即是与处于"过渡期社会"相适应的"过渡人"，他们是社会过渡与农民工这一社会群体自身过渡的集合，与社会过渡期各种价值观念的激烈交织与碰撞一样，在农民工这一群"过渡人"的身上，身跨传统文化与现代文化、乡土文化与都市文化、本土文化与西方文化，不同程度地接受了多种文化价值观和意义系统，我国社会过渡期各种不同的文化矛盾与价值观念的冲突在他们身上集中地体现了出来。他们持有多重价值标准，多种价值期望与价值冲突在他们身上交织重

---

❶ 兰久富. 社会转型时期的价值观念[M]. 北京：北京师范大学出版社，1999：37.

叠，这使他们自身成为包含着分裂和冲突的角色。当这些价值的力量激烈交锋时，"过渡人"则可能会因此而感到无所适从，产生困惑与不安。

值得我们重视的第二点则是方向性。在上面已经提到了"过渡"，方向性的问题也就是往哪儿"过渡"的问题。对于转型期的中国社会来说，是从传统农业社会向现代工业社会转型、从农村社会向城市社会、从计划经济向市场经济的过渡。而对于农民工来说，则是由农民向工人、由村民向市民、由传统人向现代人的过渡。"农民工，无论是'农民＋工'或'农＋民工'，不同程度地兼有两种身份和双重角色，并且以'农'为起点，以'工'为归宿。"❶ 也就是说，对于农民工这一概念的理解，要侧重于"工"，随着我国户籍制度改革和现代化进程的推进，"工"将会是最终归宿。虽然说，当前社会也有"非转农"的存在，但只是支流。在当前，一些高校毕业生不能及时就业，或者是出于农村比较现实的土地、政策等利好，一些大学毕业生选择了"非转农"，浙江省台州市在全国最早出台了大学生"非转农"政策，本文这次问卷调查的样本也便是取自浙江省台州市。据《中国青年报》的报道："2006年冬季，浙江省台州市所属椒江、路桥、黄岩三个区，有近5000名大中专毕业生，包括名牌大学毕业生，办结了'非转农'手续，跳进'农门'。"❷ 而之所以在当地刮起"非转农"，想摆脱城市生活压力是一方面的原因；而另一方面则是比较现实的土地、政策等利好，一些村除了划分的宅基地外，村民还能享受到养老保险、医保等福利，一些集体经济发展较好的村子还给村民每个月发放生活费，而这些都与户口直接挂钩。大学生"非转农"之后，他们也是农村户口身份，并且这些人很少在农村从事农业生产活动，一些人在当地民营企业工作，还有很多人进入城镇从事非农职业的工作，并且以此为主要收入来源，不管从制度层面还是从他们所从事的职业来看，都与农民工无异。但总体来说，这些现象只是支流，当前，我国正处于工业化中期，工业化进一步带动了城市化与农业现代化，我国社会的现代化、城市化的步伐依然会向前推进，社会主义市场经济也会进一步地深入发展，农业富余劳动力依然需要转移，因此，农民工的最终归宿也还是"工"，这是大方向。本文在了解和分析农民工价值观的基础上，所要帮助农民工树立的价值观是与社会主义市场经济发展、与现代化建设要求相适应的价值观，研究农民工的价值观，也是为更好地促进

---

❶ 沈立人. 中国农民工 [M]. 北京：民主与建设出版社，2005：52.
❷ 浙江台州出台大学生"非转农"政策 [N]. 中国青年报，2007-01-10.

农民工价值观的现代转变，促使他们能更好地摆脱传统小农意识的束缚，摆脱传统农民自由散漫等特性，使他们能更好地适应现代社会的发展要求，是为他们更好地过渡到市民、过渡到"工"清除价值观上的阻碍因素而努力。

第三点是过渡的长期性。要求农民工价值观的研究与塑造工作必须长抓不懈。不管是从传统社会向现代社会过渡，还是农民工由"农"向"工"过渡，都是一个漫长而艰巨的过程。在这个过程中，各种价值观的激烈争斗与交锋的局面也将会长期存在。如果在这个过程中，忽视了农民工积极的、正确的价值观的塑造，一些消极的、错误的价值观有可能就会乘虚而入。因此，对于农民工价值观的塑造也是一项长期的工作，这点需要正确认识。

2.2 农民工问题的产生根源寻思

2.2.1 社会转型：农民工产生的时代基因

农业人口随着工业化与城市化的发展必然会大量地向非农产业和城镇转移，这是各国都需经历的历史阶段。在十六大报告中也指出："农村富余劳动力向非农产业和城镇转移，是工业化和现代化的必然趋势。"而由于各国国情不同，具体转移方式也会有所不同。在始于15世纪、历经数个世纪的英国圈地运动中，英国的贵族地主使用暴力手段将农民从小块租地上赶走，并且霸占了原来公用的草地与山林，使得大量农民被迫离开土地，颠沛流离，许多农民流入城市，成为雇用工人。我国是一个有着悠久历史的农业大国，小农经济也一直占据着统治地位，直到新中国成立后，在中国共产党的领导下才开始了工业化的进程。其中，第一个五年计划的提出并开始实施，标志着我国开始向社会主义工业化迈进。而在我国，由于新中国成立后实行严格的城乡分割的户籍制度，农业人口难以改变自己的身份向非农产业和城镇转移，使得农村富余劳动力向非农产业和城镇转移非常缓慢，甚至于在1961－1968年这一段时期城乡人口倒流，出现了逆城市化趋势，在1961－1963年，为解决城镇失业问题，就有2000万城市职工被遣返到了农村原籍，在1968年又有2000万学生上山下乡。这便使得中国的工业化、城市化和现代化的进程大为减缓。

十一届三中全会后，随着我国经济体制改革的展开与深化，限制农业人口向非农产业和城镇转移的政策开始得到逐步放松与调整；农民公社体制的解体使农村社会组织对农民的控制力减弱；而家庭联产承包责任制的实施，调动了农民的生产积极性，促进了农业生产的发展及农业劳动生产率的提高，使得农村富余劳动力大量涌现，农民开始大量自发地向城市和非农产业转移。特别是20世纪90年代以来，随着我国工业化、城市化步伐的加快及城市就业政策的日益放开，大量的农村富余劳动力从农业加速转移到非农产业和城市，形成了一支新生的劳动大军，并成为我国产业工人的重要组成部分。据国务院政策研究室2006年发布的《中国农民工调研报告》，农民工在我国第二产业从业人员中占58%，在第三产业从业人员中占52%，已成为支撑我国工业化发展的重要力量。然而，虽然这些农民进入城市与工厂中，从事非农工作，从企业获取工资收入，他们的职业身份也理应是工人；可是由于户籍制度的限制，使得他们的农业户口、农民身份又得不到改变，这就使得他们最终成为我们所说的进城从事非农工作，却未改变农民身份的农民工。可见，农民工是我国从传统农业社会向现代工业社会转型、从计划经济向市场经济转型过程中出现的一个特殊的社会群体。农村富余劳动力向非农产业和城镇转移是工业化和现代化的必然趋势，但具体转移方式会有所不同，农民工便是我国农村富余劳动力向非农产业和城镇转移过程中所特有的问题，具有浓厚的中国色彩。中国农民工进城务工与以英国为代表的西方各国为发展工业而进行的圈地运动有着本质的区别。英国圈地运动其目的是掠夺农民的土地以满足工业发展的需要，由于农民土地被侵占，致使许多农民倾家荡产，被迫背井离乡，这是非常血腥而残暴的；而我国农民工在农村仍然保有土地，进城务工是他们为了摆脱贫穷、追求幸福生活的需要，是主动的、自愿的、有选择的流动，党和国家对他们是高度重视和关心的，并将他们视为我国产业工人的重要组成部分，如此等等，这些都说明了中国农民工进城务工与西方以英国为代表的各国为发展工业而掠夺土地致使农民被迫转移到非农产业是有着本质区别的。

农民工价值观的研究也必然离不开对于转型这一农民工产生背景的分析。同时，他们从乡村进入城市务工，从原来的农业文明跨入工业文明，从原来熟知的社会走到了陌生的地方，他们的价值观念、思维方式与行为方式也随之发生着剧烈的变化，转型期各种价值观之间的冲突与碰撞在他们身上得到了集中的展现，这同时也进一步凸显了转型期农民工价值观研究的重要价值意义。

2.2.2 农村的推力与城市的拉力：农民工产生的直接动因

推拉理论是研究人口流动与迁移的重要理论，西方古典推拉理论认为，劳动力迁移是由迁入地与迁出地的工资差别所引起的。现代推拉理论则认为，迁移的推拉因素除了更高的收入以外，还有更好的职业、更好的生活条件、为自己与孩子获得更好的受教育的机会，以及更好的社会环境。但改革开放前，在计划经济体制的约束下，我国更多地采用指令式的方式配置人力资源，"推力—拉力"在那里失去了效力。改革开放后，我国逐步过渡到以市场方式配置人力资源，从而加快了劳动力流动的速度，农村与城市的"推—拉"作用得以显现。

（1）农村推力。农村推力主要有以下几个方面：第一，我国是人口大国，人多地少是中国的基本国情，加上农业劳动生产率的提高，大量农村剩余劳动力涌现，需要进城解决就业问题。第二，与二、三产业相比，农业的收益差，效益比较低，2009 年我国城镇居民人均可支配收入为 17175 元，而农村居民人均纯收入仅为 5153 元，城乡居民收入比是 3.3：1。城乡收入差距大，仅靠种地难以致富，促使农民外出找出路。第三，农业生产还易受气候与自然灾害等因素的影响，风险较大，进城务工能帮助农民工更好地规避这方面的风险，使他们能够获得稳定的经济收入。第四，农村较穷，基础设施建设较城市落后，发展空间有限。农村在交通运输、文化娱乐设施、医疗卫生，以及子女教育条件等方面都不如城市。正如在调查中，有农民工便说道："家乡道路太差，一到下雨天路上就到处是泥泞，不好走路。这边的路真好，不管大路、小路都是平整的水泥路。"农民工特别是新生代农民工，希望进城务工，改变农村传统的劳作方式与生活方式。以上这些因素是农民工选择进城务工的主要推力因素。

（2）城市拉力。城市拉力主要有以下几个方面：改革开放后，随着我国工业化与城市化步伐的加快，城市特别是我国东部沿海地区经济的高速发展，对劳动力的需求大增，特别是对体力劳动者的需求出现了较大缺口，这为农民工提供了很多就业机会。同时，城市有着更为广阔的发展空间，收入高，挣钱机会多，这些也是影响农民工外出务工的主要原因。在对农民工外出务工原因进行的调查中，对于"为什么外出务工"这一问题的回答上，我们可以从表 2-1 中看到，选择"为寻求更大的发展空间"这一选项的人占到了 41.4%，是当代农民工进城务工的最为主要的原因。特别是在新生代农民工中，表示"为寻求更大的发展空间"的比例更高，"80 后"（即 1980 - 1989 年出生）、"90 后"（即 1990 - 1999 年出生）的新生代农民工中分别有 49.4% 和 40.3% 的人选择这一项，明显高于"60 后"及以前（即 1970 年以前出生）的 24.6% 和"70 后"（即 1970 - 1979 年出生）的 38.0%（具体数据见第 105 页的表 4-11)。同时，表示"出来见见世面，增长见识"的人所占的比重也很大，达到了 15.2%（见下表），处于第 2 位，也属于城市的拉力因素。从调查数据来看，农民工进城从整体上来说，城市"拉力"因素比农村"推力"因素更为有力，处于前几位的"为寻求更大的发展空间""出来见见世面，增长见识""城市收入高，挣钱机会多"这些都是属于城市的拉力因素；而"待在家里没事干""反正务农没前途，出来再说""农村太落后，希望到城市生活"这些则是农村的推力因素，但所占比重没有城市的拉力大。可见，农民工进城，大多是带着自己的梦想，努力追求新的生活方式与工作方式。

表 2-1　对农民工为什么外出务工的调查结果

		频率	百分比	有效百分比	累积百分比
有效	为寻求更大的发展空间	328	40.8	41.4	41.4
	出来见见世面，增长见识	121	15.1	15.2	56.6
	看别人出来赚钱了，我也出来务工	80	10.0	10.1	66.7
	城市收入高，挣钱机会多	62	7.7	7.8	74.5
	跟着家人出来务工	59	7.3	7.4	82.0
	跟着老乡、朋友外出务工	45	5.6	5.7	87.6
	待在家里没事干	38	4.7	4.8	92.4
	反正务农没前途，出来再说	25	3.1	3.2	95.6
	农村太落后，希望到城市生活	18	2.2	2.3	97.9
	村里年轻人都出来务工了，我也就出来务工	17	2.1	2.1	100.0
	合计	793	98.6	100.0	
缺失	不愿填、漏填等造成的缺失	11	1.4		
	合计	804	100.0		

此外，结合关于不同出生年份的农民工对待生活的态度差异的调查结果（具体数据见第 105 页的表 4-11），还可以发现，表示"看别人出来赚钱了，我也出来务工"的在"60 后"及以前、"70 后""80 后""90 后"的农民工中分别为占 15.3%、16.9%、6.3%、5.7%，表示"跟着老乡、朋友外出务工"的则分别占 14.4%、7.6%、2.9%、3.2%。从中可见，选择这两项的人在"60 后"及以前、"70 后"中所占的比例要明显高于在"80 后""90 后"的新生代农民工中所占的比例，说明老一代（主要是指新生代的父辈们，20 世纪五六十年代出生的农民工）和中生代（指 20 世纪 70 年代出生的农民工，即"70 后"）农民工出来务工受他人带动及跟风等因素的影响要大于新生代农

民工，而对于职业发展空间等的追求则不及新一代农民工。还有一点也值得引起注意，"60 后"及以前、"70 后""80 后""90 后"的农民工表示"跟着家人出来务工"的在各自年龄阶段中所占的比例分别为 11.0%、5.4%、6.0% 和 11.3%，在"90 后"又出现了回升，并且所占的比例超过了"60 后"及以前、"70 后"和"80 后"，这也在一定程度上说明，"90 后"的很多农民工很早就随父母进城，脱离了农村与农业生产，他们与农村的感情也没他们的父辈那么深厚，也更希望在城市发展，以"寻求更大的发展空间"。

2.2.3 价值观变革：农民工产生的深层动因

中国传统农民的恋土观念很重，他们对于土地有着很深的依恋之情。他们向来安土重迁，正如费孝通先生所说，以土地为生的农民，"土"是他们的命根子，他们"似乎是附着在土上的，一代一代的下去，不太有变动"。❶ 在我国传统社会里，被迫离开故土也被认为是不幸的，"背井离乡""流离失所"等都是具有负面意义的词汇。中国传统农民即使因战乱等各种原因离开了家乡，他们还是希望能够"落叶归根"，回归故土的。中国这种传统的恋土观念是农民外出务工的巨大的观念障碍。而随着我国改革开放的不断深入与社会主义市场经济的不断发展，以及电视、广播等大众传媒在我国农村的日益普及，农民的价值观念也开始发生了巨大的变化，中国传统恋土观念对我国农民的影响也日益削弱，特别是他们中的年青一代，许多人不再希望继续过老一辈那"面朝黄土背朝天"的生活，而是希望到城市中去打拼，去追求新的生活方式。年青一代的农民工一般是初中或者高中毕业就远离乡土，进城务工，他们中的大多数都不懂种庄稼，因而，他们对于土地的依恋之情也不像老一辈那么深，在城市文明和城市生活方式的浸染下，他们更加渴望融入城市生活之中，希望在城市里扎根，而不是像老一辈农民工一样，在城里挣钱后回家盖楼过日子。同时，随着社会主义市场经济的发展，农民工也日益摆脱计划经济时代"穷则革命，富则修""越穷越光荣""耻于经商"等极"左"观念的束缚，他们也开始敢于追求物质财富，努力追求属于自己的幸福，广大农民价值观念上的这些变革是促使农民进城务工的重要原因。

---

❶ 费孝通. 乡土中国·生育制度 [M]. 北京：北京大学出版社，1998.

2.3 农民工价值观的基本内涵

2.3.1 价值观的内涵

对于何谓价值，当前学界众说纷纭。但从哲学上说，学界一般认为，价值指的是主客体之间需要与满足的关系。马克思也曾指出："'价值'这个普遍的概念是从人们对待满足他们需要的外界物的关系中产生的。"❶ 简单来讲，价值就是好，是善，也即是事物对于人的意义与效用。人们在认识活动中，不仅要认识事物的本质与规律，还会碰到事物是否能满足自身需要、能在多大程度满足自身需要、如何满足自身需要，以及哪些事物对自身来说是有利的、重要的等价值问题。价值观便是人们对于这种客观存在的价值关系的反映，它是人们关于价值问题和价值现象的比较稳定的、深层的和系统的看法与观点。价值观每个人都有，不管人们是否意识到，其时刻都在影响着人的思想与行为。"人们内心深处究竟相信什么、需要什么、坚持什么、追求什么，是价值观所特有的内容，普遍渗透在社会的政治、经济、道德和文化领域，以及个人生活的方方面面。"❷ 价值观作为客观存在的价值关系在人们头脑中的反映，属于认识论的范畴，它是人们在实践基础上逐步形成的，判定客观事物有无价值，以及价值大小的根本观点和评价标准。在现实生活中，由于人的需要是多方面的，不同的人有着不同的需要，不同群体的需要也会有所不同。加上客观事物所具有的属性也是多种多样的，可以从不同的方面来满足人们的需要，这便使得人们即使面对同一事物，对它的看法与评价可能也会有很大的差异。对于一个事物，可能这个人说它有价值，而那个人却说它没有价值；这个群体和那个群体对它是否有价值，以及价值大小的看法也会有所不同。同时，价值观作为一种社会意识，是在一定的历史条件下形成的，由于特定历史条件下的人们会有着特定的需要与追求，历史条件不同，人们的需要与利益便也会有所不同，人们的价值观自然也就会有所不同。"由于地理环境、风俗习惯、文化传统和历史使命等方面的不同，世界上存在着各种各样的价值观，这是十分自然的事情。"❸ 一个人有什么样的价值观，是与他在社会中所处的地位、环境，以及

---

❶ 马克思恩格斯全集（第19卷）[M]. 北京：人民出版社，1979：406.
❷ 陈章龙. 价值观研究 [M]. 南京：南京师范大学出版社，2004：3.
❸ 袁贵仁. 价值观的理论与实践 [M]. 北京：北京师范大学出版社，2006：253.

与他的生活方式等相联系的，在阶级社会中，不同的阶级会有不同的价值观。价值观是人的自身利益与需要的反映，也正因为如此，价值观作为人的有意识的选择与追求，其也会有先进与落后、真实与虚幻、正确与错误的差别。

价值观作为人们对于客观存在的价值关系状态的主观认识或表达，那么一种价值观可能是正确地反映了某种价值关系，也可能是不正确地反映。正确的价值观是对于价值关系的正确反映。而错误的价值观则是对于客观存在的价值关系的歪曲的、错误的反映，错误的价值观不仅不能起到正确的导向作用，反而会误导人，使人的价值观产生扭曲。那么，怎么样才算是对于价值关系正确的反映与认识呢？历史唯物主义者认为，价值关系不能单纯地归结为人的主观愿望，也不能单纯地归结为客观事物的属性，而是人的需要与客观事物属性之间的相互作用的关系。因此，要确定事物是否有价值，以及价值的大小，就需要正确地认识事物的属性、规律与人的需要之间的关系，只有在此基础上，才能正确判断事物是否有价值，以及价值的大小。如果离开了对事物的属性、规律及其与人的需要的关系的认识，只是从个人的主观愿望或喜好去评价事物的价值，那么就会得不出正确的结论来。回顾历史，我们可以发现，有许多思想家都把价值当成了主观的东西，很多人认为价值是由人的价值意识与评价来决定的，片面地夸大评价与价值观念的作用，在他们那里，价值的问题就成了价值意识的问题，价值标准就成了人的评价标准。例如，价值相对主义者便认为，每个人都有自己的价值评判标准，所有看法都是对的，他试图给予每一种价值以至上的绝对性，认为对于每种价值观都应该采取相对宽容的态度。由于其离开了对事物的属性、规律，以及其与人的需要的关系的认识，片面强调价值问题上的主观性，崇尚价值的相对性，而没有看到价值的确定性一面，拒斥任何普遍的价值标准和价值观念，其当然得不出正确的结论来。价值观是从人的需要出发，来判定客观事物有无价值，以及价值大小的根本观点与评价标准，而人的需要是千差万别的，不同的人、不同的群体、不同的民族，由于他们有着不同的需要，他们的价值观也会有所不同。一种科学、合理、先进的价值观，不仅要正确反映某种价值关系，从人的需要这一方面来说，其还要符合人类的根本利益。有学者便指出，"一种价值观是否科学、合理、先进，归根到底要看它如何反映和反映了什么样的主体利益、条件和需要，是否同事物发展的规律和人类历史进步的趋势相一致"。❶

---

❶ 李德顺. 论树立正确的价值观 [N]. 光明日报，1998-01-10.

价值观作为人们对于自身需要与生活意义的理解与追求，其一经形成便会对人们的思想和行为起到巨大的导向、调节与规范作用。人们的活动总是与人的需要相联系的，正如列宁所说，"世界不会满足人，人决心以自己的行动来改变世界。"❶ 世界不会自动按照人们的要求来满足人的需要，因此，人们才决定通过自己的行动来改变世界，使之能够满足自身的需要，也可以说，追求自身需要的满足是人们行动起来去改变世界的动力。"人之所以这样做而不那样做，是因为这样做更能发挥自己的主体性，更好地满足自己的需要，对人更富有效用和价值。"❷ 人与动物不同，动物只会被动的去适应外部环境，而人不仅能够认识世界是什么、怎么样与为什么，而且还知道自己应该做什么、选择什么，能够发现事物对于自身所具有的意义，会自我了解、自我定向、自我设计，并会为实现一定的价值目标而奋斗。人们的价值观一旦确立起来，便具有相对的稳定性与持久性，其会对人们的思想与行为起到导向作用。当他们认为某事物能满足自身需要，是好的、善的、有利的，对自身来说是有意义的，那么他们便会去追求它，这也使得人们的行为呈现出一定的指向性或倾向性。每个人都是在各自的价值观的引导下，形成不同的价值取向，追求着各自认为最有价值的东西。引导人们树立起正确的价值观，便能使他们在正确的价值观的指引下，作出正确的价值判断，进行正确的行为选择，这对于规范他们的思想与行为，引导他们明是非、分善恶、知美丑，具有巨大的价值意义。

价值观是人类特有的精神现象，是一种社会意识，是对社会存在的反映。价值观是在一定历史条件下形成的，特定历史条件下的人们会有特定的需要与追求。价值观便是在一定历史条件下的人们对价值问题所持的立场、观点与态度的总和。如果随着时代的发展，社会存在发生了变化，价值观或迟或早也会随之发生相应的变化。农民工的价值观便是在转型这一时代背景下产生的，也只有把它放到这一时代背景下去考察，才能有助于我们更好地去了解它、把握它。

2.3.2 农民工价值观的基本内涵

农民工价值观是农民工以自身为主体，对事物的是与非、善与恶、美与丑、有无意义，以及重要性等的总评价与总看法。它是农民工在我国社会转型这特定时代背景下，在长期的认识与实践活动中，特别是长期的外出务工活动

---

❶ 列宁全集（第55卷）[M]. 北京：人民出版社，1990：183.
❷ 郑永廷. 人的现代化理论与实践 [M]. 北京：人民出版社，2006：250.

中，积淀而成的稳定的价值观念体系。它是农民工这一群体在实践活动中，对各类价值观经过反复的比较与选择后，所共同接受并遵循的价值观，其集中体现了农民工这一群体的精神面貌，并与其他群体相区别，使其具有农民工群体自身的独特性。

农民工价值观是农民工这一群体具有的带有共同性与普遍性的价值观。农民工这一群体，由于他们都是从乡村进入城市务工，从原来的农业文明跨入工业文明，从原来农村这一熟知社会来到了城市这一陌生的地方，他们带有共同的梦想，有着共同的经历与感受；在长期的城市务工生涯中，他们又会碰到政治参与、子女教育、合法权益保障等大多数农民工都会遇到的问题。同时，农民工价值观是在我国社会转型这一特定历史背景下的社会存在的反映，转型期各种价值观间的激烈碰撞与冲突在他们身上得到了集中的体现，传统农民知足常乐、小富即安与现代富而思进、开拓进取的价值观念之间，传统的人治观念与现代法制观念之间，传统农民自我封闭意识与现代开放意识之间，以及市场经济下的功利观与传统义利观之间的冲突，都在他们身上集中地体现出来。正是在诸如此类的共同性经历与他们面临的普遍性的问题，使得农民工在对自身的现实需求及生活意义的理解上，具有了共同性与普遍性的一面。

但同时，由于性别、年龄、地域差异，使得不同性别、年龄阶段、籍贯的农民工群体之间的价值观又会有所差异，因此，在第四部分，也对此进行了比较研究。而农民工个体间，由于他们每个人的具体生活环境、个人经历，以及文化程度等方面又总会存在差异，这便使得农民工个体的价值观显得丰富多彩，各具特色。而农民工价值观则是农民工个体价值观中共性与普遍性的概括与抽象，是为农民工群体中绝大多数人所认同与接受的价值观念，它一经形成，又会对其中农民工个体产生影响，"一个人刚步入社会时，不可能自己创造一套价值观，而是处处受到他所属群体的价值观的影响，群体的价值观对他来说好像是某种先验的东西，不断地渗入他的精神世界，并通过他自身的价值选择，积淀而生成他自己的价值观。"❶

2.3.3 关于价值观的分类与农民工价值观维度的探讨

价值观是一个多层次的、复杂的观念体系，研究对象、研究需要及视角等不同，对其分类也会有所不同。"任何系统都可以作多种描述"，"人的复杂的

---

❶ 陈章龙. 论主导价值观［M］. 南京：江苏人民出版社，2006：46-47.

价值观念体系也可以从各种不同的维度对其进行分析"。❶

国外许多心理学家与行为科学家都对价值观进行了分类,如德国心理学家斯普兰格(E. Spranger)把人的社会生活分成六个方面,其相应的也将价值观分为六类,即经济的、宗教的、艺术的、政治的、社会的,以及理论的这六类价值观。❷ 行为科学家格雷夫斯(F. W. Graves)也对错综复杂的价值观进行了归类,把价值观由低到高地划分为七个等级类型,即反应型、部落型、自我中心型、坚持己见型、玩弄权术型、社交中心型和存在主义型。美国社会心理学家罗克奇(Milton Rokeach),把价值观划分为终极性价值观(terminal values)和工具性价值观(instrumental values)两类,而每一类价值观又由18项价值信念所组成。❸

而在国内的研究中,有研究者曾将其归纳为三类:第一类是心理学界的分类,其主要借鉴西方心理学的分类方法;第二类是德育学界的分类,它是从调查对象的实际出发,并依靠调查的实用目的把价值观分为政治价值观、经济价值观、道德价值观、审美价值观、职业价值观、成才价值观、婚恋价值观等;第三类是社会学界的分类,其将价值观分为日常生活价值观、社会价值观,以及人生价值观。❹ 黄希庭、张进辅将价值观分为人生价值观、政治价值观、道德价值观、人际关系价值观、审美价值观、婚恋价值观、宗教价值观、自我价值观和幸福观九种,着重对青年现实的价值观念进行了调查与研究。还有人认为,虽然社会生活中的价值关系是极其复杂和多变的,但是却可以归结为两种:即对人来说,一种是成为人追求的"目的"的价值;另一种是作为人的"手段"或工具的价值。因此,人的价值标准和价值观念也可以划分出这两个层次:目的性的标准和观念、工具性的标准和观念。这种划分法与美国罗克奇(Milton Rokeach)把价值观划分为终极性价值观(terminal values)和工具性价值观(instrumental values)两类,有些共通之处。

本文借鉴以上国内外研究者对于价值观的分类,根据本文的研究对象农民工的特点和本文的研究需要,并为使农民工价值观的分类更有利于第三部分转

---

❶ 黄希庭. 当代青年价值观与教育 [M]. 成都:四川教育出版社,1994:10.
❷ 转引自:詹万生,刘庆龙. 时代的脉搏——当代大学生价值观演变的轨迹 [M]. 郑州:河南人民出版社,1997.
❸ 转引自:唐文清,张进辅. 中外价值观研究述评 [J]. 心理科学,2008(3):765.
❹ 詹万生,刘庆龙. 时代的脉搏——当代大学生价值观演变的轨迹 [M]. 郑州:河南人民出版社,1997.

型期农民工价值观调查的展开，以及为更好地把握农民工的价值观状况，把农民工价值观分为经济价值观、政治价值观、道德价值观、家庭婚恋价值观、人际价值观、职业价值观、审美价值观、幸福观，以及宗教价值观这几个方面，主要通过这些方面的调查与分析，以更好地把握农民工的价值世界及其存在问题，并积极探寻相应的应对策略。

2.4 农民工价值观研究的理论基石

2.4.1 马克思主义经典作家及我国领导人的相关论述

（1）马克思主义经典作家的相关论述

虽然马克思主义经典作家没有专门、系统地阐述他们的价值观体系，但事实上，"马克思主义既是知识体系，又是意识形态；它追求的既是科学真理，又是价值理念，从根本上体现着工人阶级和最广大人民群众的利益、愿望与要求"。❶马克思主义是真理观与价值观的辩证统一，引导农民工坚持正确的价值观的一个重要内容就是要引导他们坚持马克思主义的价值观，马克思主义价值观对于农民工正确价值观的塑造，具有巨大的指导意义。而在这其中，促进人的全面而自由的发展集中体现了马克思主义的价值追求，是马克思主义价值观的核心理念。而人的真正的全面而自由的发展，也就是马克思所说的，人"以一种全面的方式，也就是说，作为一个完整的人，最终占有自己的本质"。❷而这只有到了共产主义社会才能彻底地实现，共产主义是对私有财产也即是人的自我异化的积极扬弃，因而是通过人并且是为了人而对人的本质的真正占有。马克思、恩格斯在《共产党宣言》中阐述道，"根据共产主义的原则组织起来的社会，将使自己的成员能够全面地发挥他们各方面的才能"，"代替那存在着阶级和阶级对立的资产阶级旧社会的，将是这样一个联合体，在那里，每个人的自由发展是一切人自由发展的条件"❸，只有在未来的共产主义社会里，才能使人人成为可以充分发挥个性特长的自由个体，人的全面发展才会在真正的意义上实现。人的全面而自由的发展在真正的意义上的实现需要一个相当长的历史时期，但没有起点就没有终点，我国社会主义制度的建立

---

❶ 袁贵仁. 价值观的理论与实践 [M]. 北京：北京师范大学出版社，2006：5.
❷ 马克思恩格斯全集（第42卷）[M]. 北京：人民出版社，1979：123.
❸ 马克思恩格斯全集（第39卷）[M]. 北京：人民出版社，1974：189.

实现了社会关系的根本变革，为人的全面发展创造了前所未有的条件，社会主义初级阶段便是我们追求人的全面发展的一个全新的起点。❶

同时，在当前，随着信息传播技术的发展，西方发达国家也竭力向其他国家推销自己的资本主义文化和西方价值观，他们把资产阶级的民主、自由、平等宣布成人类共同的核心价值，大肆加以宣扬，在全世界到处进行思想上、政治上的渗透，这对我国以马克思主义为指导的社会主义核心价值体系提出了严峻的挑战，也不利于农民工科学价值观的塑造。而马克思主义经典作家有不少关于民主、平等、自由等方面的论述，其深刻揭示了资产阶级所谓的民主、平等、自由等思想的实质，了解相关内容，有助于农民工科学的民主观、平等观与自由观的确立。当今西方国家以所谓的民主和自由为借口，向其他国家强行推行其价值观，他们所宣扬的民主和自由，是资产阶级个人的民主和自由，所以这种文化是为资产阶级服务的。马克思、恩格斯在《共产党宣言》中深刻揭示了资产阶级所谓的自由，"在资产阶级社会里，资本具有独立性和个性，而活动着的个人却没有独立性和个性"，"在现今的资产阶级生产关系的范围内，所谓自由就是贸易自由，买卖自由。"❷ 资本主义的本性是自由地无休止地追求利润的最大化，其本质决定了其所谓的自由只不过是资产阶级个人物质利益的理论表现，共产主义所要摧毁的正是这种资产阶级自由，正如《共产党宣言》中所阐述的，"而资产阶级却把消灭这种关系说成是消灭个性和自由！它说对了。的确，正是要消灭资产者的个性、独立性和自由"。❸ 而对于平等，资产阶级也曾高举平等的旗帜，并将其视为反对封建专制、消灭等级特权的有力武器。然而，随着工业的发展和无产阶级队伍的壮大，无产阶级针对资本主义社会在社会、经济等各方面所存在的不平等现象，开始提出了自己的平等要求。随后，平等逐渐成了无产阶级反对资产阶级的战斗口号，正如马克思、恩格斯在《共产党宣言》中所说的："资产阶级用来推翻封建制度的武器，现在却对准资产阶级自己了。"❹ 列宁也指出，"搬弄关于自由、平等和民主的笼统词句，实际上等于盲目背诵那些反映着商品生产关系的概念"，"用这些词句来解决无产阶级专政的具体任务，就无异完完全全转到资产阶级的理

---

❶ 陈昌兴.《共产党宣言》的当代视角探析 [J]. 湖南科技学院学报，2006（2）：100－101.
❷ 中共中央马恩列斯著作编译局马列部等. 马克思主义经典著作选读 [M]. 北京：人民出版社，2004：49.
❸ 同上.
❹ 同上，41.

论和原则立场上去"。❶ 马克思批判地吸收了西方平等思想的优秀成果，并在此基础上提出了自己科学的、合理的平等观。马克思主义认为真正的平等只有在共产主义社会才能达到，马克思所描绘的共产主义社会是一个没有剥削、没有压迫的社会，是实现人人平等、共同富裕的社会。但是马克思主义者所描绘的共产主义与柏拉图在《理想国》中所阐发的那个财产和家庭共有、人人平等的理想国家是有着根本性的不同。柏拉图在《理想国》中主张实行公产、取消家庭，而共产主义并不是要废除一般的所有制和消灭家庭的，这从马克思在《共产党宣言》中的不少论述可以看到。当资产阶级指责共产党人"要消灭个人挣得的、自己劳动得来的财产，要消灭构成个人的自由、活动和独立的基础的财产"时，马克思在《共产党宣言》中对资产阶级做了回击，指出共产主义的特征不是要废除一般的所有制，要废除的是资产阶级的所有制，"共产主义并不是剥夺任何人占有社会产品的权利，它只剥夺利用这种权利去奴役他人劳动的权力。"❷ 当资产阶级诬蔑共产党人要消灭家庭时，马克思指出不是共产党人要消灭家庭，而恰恰是资产阶级的压迫和剥削造成了许多家庭的破裂。马克思主义平等观是科学的平等观，马克思对未来人人平等、共同富裕的共产主义社会的描述并不是凭空想象的，正如列宁在《国家与革命》中所说："马克思丝毫不想制造乌托邦，不想凭空猜测无法知道的事情。马克思提出共产主义的问题，正像一个自然科学家已经知道某一新的生物变种是怎样产生，以及朝着哪个方向演变才提出该生物变种的发展问题一样。"❸

此外，马克思经典作家还有其他很多相关论述对于转型期农民工价值观的研究也有着极大的指导意义。例如，马克思主义经典作家有不少关于人的需要的论述，马克思主义者把人的需求跟人的本性联系在一起，在《德意志意识形态》中马克思、恩格斯就指出："他们的需要即他们的本性，以及他们求得满足的方式，把它们联系起来。"在一定意义上，"你自己的本质即你的需要"。❹ 而价值观作为主体对于客观事物能否满足主体某种需要而进行评判时所持的观点，是和主体的需要紧密联系在一起的，"'价值'这个普遍的概念

---

❶ 列宁选集（第4卷）[M]. 北京：人民出版社，1972：93.
❷ 中共中央马恩列斯著作编译局马列部等. 马克思主义经典著作选读[M]. 北京：人民出版社，2004：50.
❸ 同上，410.
❹ 马克思恩格斯全集（第3卷）[M]. 北京：人民出版社，1960：514.

是从人们对待满足他们需要的外界物的关系中产生的"。❶ 因此，要研究一个群体的价值观问题，必须同他们的具体需要结合在一起来分析。同时，马克思主义者还认为，高尚的价值追求并不是排斥物质诉求，马克思在《神圣家族》中指出，"'思想'一旦离开'利益'，就一定会使自己出丑"。❷ 我们引导农民工树立科学的价值观，也必须关注农民工的现实需要，努力解决他们的实际问题，关注他们的利益与现实困难，这样才能有利于他们科学的价值观的树立。此外，人不仅有物质上的需要，而且还有精神上的需要，要促进人的全面与和谐发展，就不能仅仅停留在对于物质上的需要的满足与追求之中，还必须不断提高人的需求层次，引导他们积极地追求精神层面的生活价值。因此，在农民工价值观的塑造中，在努力创造各种条件，提高农民工的生活水平，改变他们的生存状况的同时，还必须努力提高当代农民工的需求层次，引导他们进行崇高的精神追求。

（2）我国领导人的相关论述

理想、信念是深层次的价值观念，是人生最高的价值追求。信念是人们在一定认识的基础上形成的，对某种思想、学说和理想的真诚信服与坚决执行的态度及精神状态。而理想则是在信念的基础上确立起来的远大的价值目标体系，它是人们对事物的最高追求，是人们的世界观、人生观和价值观在奋斗目标上的集中体现。在各种价值观念中，理想、信念是最高的人生价值追求，是居于统摄、支配地位的价值观念。对于理想信念问题，我国领导人都极为重视，对此也有过很多的阐述。共同的理想信念能够使人们团结起来，为着共同的目标而奋斗，1944年9月8日，毛泽东在《为人民服务》一文中说，"我们都是来自五湖四海，为了一个共同的革命目标，走到一起来了"。邓小平同志也强调这一点，他说："根据我长期从事政治和军事活动的经验，我认为，最重要的是人的团结，要团结就要有共同的理想和坚定的信念。我们过去几十年艰苦奋斗，就是靠用坚定的信念把人民团结起来，为人民自己的利益而奋斗。没有这样的信念，就没有凝聚力。没有这样的信念，就没有一切。"❸ 无论过去、现在、还是将来，理想信念是人们团结奋斗、战胜困难的强大的精神武器。对于理想信念的重要性，江泽民同志也多次反复强调，他说："理想和信

---

❶ 马克思恩格斯全集（第19卷）[M]. 北京：人民出版社，1979：406.
❷ 马克思恩格斯全集（第2卷）[M]. 北京：人民出版社，1957：103.
❸ 邓小平文选（第三卷）[M]. 北京：人民出版社，1993：190.

念，是我们战胜艰难险阻，赢得胜利的强大精神支柱和力量源泉。"❶ 因此，我们在引导农民工树立正确价值观的过程中，也必须十分重视在当代农民工中广泛开展形式多样的理想信念教育，坚定他们的共产主义理想和社会主义信念，为他们提供精神支柱。

同时，在个人与集体、国家的关系上，我国领导人还大量阐述了爱国主义、集体主义的价值观，这对于引导当代农民工正确认识和处理自身与集体、国家的关系，树立爱国主义与集体主义价值观，具有巨大的价值意义。毛泽东同志就曾直截了当地指出，"要强调个人利益服从集体利益，局部利益服从整体利益，眼前利益服从长远利益"，"要讲兼顾国家、集体和个人，把国家利益、集体利益放在第一位，不能把个人利益放在第一位"❷。在爱国主义这一问题上，邓小平同志也有着十分明确的要求，他说，"必须发扬爱国主义精神，提高民族自尊心和自信心"❸，"对于我们的国家要爱，要让我们的国家发达起来"❹。他也要求人们处理好个人与集体、国家的关系，要求在这一问题上做出正确的价值选择，坚决反对抛开集体、国家利益而只顾追求个人利益的行为，他说，"每个人都应该有他一定的物质利益，但是这绝不是提倡个人抛开国家、集体和别人，专门为自己的物质利益奋斗，绝不是提倡个人都向'钱'看"❺。这在当前有着十分巨大的现实意义，特别是在集体主义、爱国主义等方面，正如在调查中所了解到的（具体见第56页表3-12的调查数据），农民工的爱国主义与集体主义精神还有待进一步提高，需要我们进一步加强农民工的集体主义与爱国主义教育。而认真学习我国领导人这方面的论述，对于引导农民工正确处理个人与集体、国家的关系，帮助他们确立起集体主义与爱国主义价值观，具有巨大的指导意义。

我国领导人还有其他不少具有指导意义的相关论述，例如，邓小平价值观的取向是人民利益高于一切的价值取向，他要求要以"三个有利于"标准与"人民高兴不高兴""赞成不赞成""答应不答应""拥护不拥护"作为衡量一切工作成败得失的标准，这就要求我们在转型期农民工价值观的塑造过程中，要关注农民工的现实需要与价值诉求，要争取他们的支持与拥护。同时，科学

---

❶ 江泽民与团中央新一届领导成员和团十四大部分代表座谈［N］. 人民日报，1998-06-25.
❷ 毛泽东文集（第八卷）［M］. 北京：人民出版社，1999：139.
❸ 邓小平文选（第二卷）［M］. 北京：人民出版社，1993：369.
❹ 邓小平文选（第三卷）［M］. 北京：人民出版社，1993：378.
❺ 邓小平文选（第二卷）［M］. 北京：人民出版社，1993：337.

发展观是马克思主义中国化的最新成果,科学发展观的核心是坚持以人为本,它把出发点与落脚点都放在了"人"的上面,要求促进经济社会发展的同时,要促进人的全面发展,其对于人的发展给予了深切的关怀。如果盲目追求经济的增长,而忽略了、离开了人的发展,那么,社会经济的发展也会失去意义。因此,要注重人的素质的提高与全面发展,我们进行农民工价值观教育,更新他们的价值观念,帮助他们树立起与现代社会相适应的现代价值观念,这是促进农民工思想道德素质提高与全面发展的需要,在当前有着巨大的现实意义。此外,特别是在党的十六届六中全会通过的《中共中央关于构建社会主义和谐社会若干重大问题的决定》中,深刻揭示了社会主义核心价值体系的内涵,并且明确提出了社会主义核心价值体系的基本内容,也即为"马克思主义指导思想""中国特色社会主义共同理想""以爱国主义为核心的民族精神和以改革创新为核心的时代精神",以及"社会主义荣辱观"。社会主义核心价值体系是社会主义意识形态的本质体现,在当代农民工群体中广泛开展社会主义核心价值体系教育,有助于当代农民工树立起共同的理想信念,能为他们提供强大的精神支撑,引领他们树立起正确的价值观。

2.4.2 中国传统文化中的相关思想

要充分挖掘和利用我国传统价值观中的积极因素,摒弃消极因素。我国在漫长的历史发展中所形成的价值观,不仅深深影响了古代中国,许多价值观念对当代农民工的价值观仍然有着深刻的影响。对此,要善于汲取勤劳节俭、"君子爱财,取之有道"、诚实守信等传统价值观中的积极成分,坚决剔除其中多子多福、封闭守旧、安土重迁等与当今时代要求不适应的成分,使其在当代农民工正确价值观的形成与发展中起到更大的促进作用。要对农民工进行宣传教育,使其摆脱传统轻商贱商、因循守旧、不讲效率、不图进取等小农思想的束缚,引导他们树立起与我国社会主义市场经济发展相适应的开拓进取、讲求效率、重视法律等新型价值观。

在中国传统价值观中,内含有许多值得借鉴的积极因素。例如,我们的祖先似乎一开始就认识到族群对于个人的生命的重要意义,所以,中国传统价值观在价值导向上强调个人服从整体,十分重视个人对家庭、宗族和国家的道德责任,要求人们把社会整体利益放在个人利益之先。也正是在这种价值观念的指导下,逐步形成了中国传统文化中"先天下之忧而忧,后天下之乐而乐"的社会责任感和"天将降大任于斯人也"的历史使命感。孔子的"杀身成仁"、王夫子的"以身任天下"、顾炎武的"天下兴亡，匹夫有责"等都蕴涵着一种强烈的社会责任感和历史使命感。正是在这种价值取向的感召之下，岳飞、文天祥、林则徐等一辈辈华夏儿女为了中华民族的强盛抛头颅、洒热血，谱写了无数可歌可泣的爱国主义动人篇章。也正是因为有了这种强烈的社会责任感和崇高的爱国主义精神，才使得中华民族充满了旺盛的生命力。对于中国传统价值观中的爱国主义，如果坚决剔除其中消极成分，充分挖掘和利用其中的积极因素，以及其中所蕴涵着的社会责任感和历史使命感，并以此来培养农民工的社会责任感和爱国主义精神，让他们承担起自己的责任和使命，奋发努力，报效祖国，奉献社会，做一个有益于社会、有益于人民的人，这在转型期农民工正确价值观的塑造中，无疑具有巨大的价值意义。

在对于幸福的态度与追求上，我国传统农民虽然常被物质匮乏所困，他们也十分关注事关个人，以及家人生计的"利"，但他们反对不择手段地获取利益，主张安分守己、知足常乐、讲求仁义。我国农民工深深打上了我国传统农民的这些思想印记，他们关心自己的物质利益，想挣更多的钱，但反对不择手段地获取利益，这也是他们中大多数人积极寻求正当方式以求得幸福的一个重要原因。同时，受我国传统农民知足常乐、小富即安思想的影响，我国农民工对于幸福的期待标准较低，因此，农民工大多容易满足，虽然他们在工作、生活许多方面与城市居民相比仍存在差距，但他们大多是农村中的"精英分子"，经济收入也比农村中的农民要高，使得他们基本上都感觉还比较幸福。同时，我国传统农民往往将个人幸福与家庭幸福联系起来，个体的生命的有限性使他们觉得自己的人生期待和愿望并不能通过他们自身短暂的一生得到充分的实现，这就使得他们对于子孙后代极为重视，并将自己的人生期待与愿望寄托于子孙后代，呈现出了"重子孙、轻个人"的价值取向。我们从第72页的表3-22中也可以看出，有18.2%的农民工认为"孩子教育问题"是他们当前最感苦恼的问题，其仅次于"找不到稳定的工作""工资太少"这两个问题，而这与我国传统农民高度重视子孙后代的思想不无关系。此外，还要积极发挥我国传统幸福观中积极、优秀的成分。中华民族优秀的传统文化是中华民族宝贵的精神财富，其在提高人们的思想修养、培育人们的民族精神、滋养人们的灵魂等诸多方面都起着十分巨大的作用。我国传统幸福观是我国在长期的历史演进过程中积淀而成的文化传统。儒家将幸福与德行结合在一起，认为不能过于执著于物质生活的享乐之中，只要能够修得高尚品德，就是"一箪食,一瓢饮,在陋巷,人不堪其忧,我也不改其乐"。❶ 中国传统道德观念在价值导向上强调个人服从整体,十分重视个人对家庭、宗族和国家的道德责任,在这种价值观念的指导下,在幸福观上也把国家、社会的整体幸福放在个人一己幸福之先,逐步形成了中国传统文化中"先天下之忧而忧,后天下之乐而乐"的社会责任感和"天将降大任于斯人也"的历史使命感。我国这些传统幸福观有其积极并值得借鉴的部分,汲取中国传统幸福观中这些积极、优秀的成分,对于提升我国农民工群体的幸福观有着极大的促进作用。

在中国传统价值观中,还要求人们能够重视人、尊重人、帮助人、同情人,以及在追求自身利益的同时,考虑他人和社会的利益等思想,有助于克服自我中心主义与个人主义的价值取向,可以促进农民工乐于助人、乐于奉献意识的树立,这在农民工价值观的塑造中有巨大的价值意义。儒家和墨家都认为,要得到别人的爱,首先要爱别人。孟子说:"爱人者,人恒爱之;敬人者,人恒敬之。"❷ 墨子说:"夫爱人者,人必从而爱之;利人者,人必从而利之。"❸ 而当前不少农民工,就像在调查中所了解到的,对于他人请求帮助,仍然有8.4%的人表示"多一事不如少一事,以免给自己带来不必要的麻烦",还有15.2%的人认为"人心难测,以防被骗",缺乏帮助人的精神。同时,在"对于抗震救灾捐款,您会捐款吗"这一问题的回答中,还有3.9%的人表示"不会捐",认为"自己也是需要关注的弱势一方,自己还管不过来呢"(具体数据参见第75页的表3-25)。必须改变他们这种价值观念,不能只要别人爱自己,却不懂得关心别人。在现实生活中,农民工作为弱势群体,难免需要接受他人、社会的馈赠、援助和支持;同时,农民工自身也应当要对他人、社会给予自己的恩惠和方便心存感恩,在享受别人的付出给自己带来的美好生活的同时,也应该承担起自己的一些责任,在别人需要帮助之时,积极地伸出自己的援助之手。农民工来到城市之后,在社会主义市场经济条件下,必然要面对激烈的竞争,而一些农民工不能很好地处理竞争与合作的关系,甚至于一些人为了获胜不惜采取不正当的手段进行恶性竞争,这既是人际交往的大忌,也是个人品德修养的大忌。有一些人更是把别人当做竞争对手,不愿意帮助他人。正如在调查中所了解到的,对于竞争,有19.1%的农民工表示,"人与人之间

---

❶ 《论语·雍也》。
❷ 《孟子·离娄下》。
❸ 《墨子·兼爱中》。

会因为有竞争而导致人际关系紧张,使人与人之间缺少人情味"(具体数据参见第51页的表3-8)。在这种情况下,继承和发扬中国传统文化中要求人们尽自己的一颗赤诚之心为他人着想,要人们同情人、关心人、尊重人、帮助人等思想,让人们学会考虑他人,关爱他人,这对于转型期农民工正确价值观的塑造,无疑会起到巨大的推动作用。

同时,在中国传统价值观中,十分强调个人在人伦关系中的责任和义务。在父子关系上强调"父慈子孝"。为人父母要慈爱,《韩诗外传》之卷七中就这样写道:"夫为人父者,必怀慈仁之爱,以畜养其子。"而子女要做到孝敬父母,儒家认为,孝敬父母,是因为父母予子女恩重如山。不仅子女的身体受之父母,从出生到长大成人,父母往往要为子女付出难以计量的艰辛,而且"可怜天下父母心",直至老死仍挂念着子女。孔子答孟武伯问孝,曰:"父母唯其疾之忧。"❶ 因此,古人十分注重子女对父母养育之恩的感激和报答。孟子说:"仁之实,事亲是也。"❷ 他把服侍父母看作是仁的实质内容。他认为,从来就没有讲求仁爱而遗弃父母的人。❸ 孟子还认为,一个人如果不能取得父母的欢心,即"不得乎亲",就"不可以为人"。❹ 孝敬父母不仅仅局限于父母生前,而且还要延续到父母死后,子曰:"生,事之以礼;死,葬之以礼,祭之以礼。"❺ 同时,儒家还要求人们做到"老吾老以及人之老"❻,认为一个有道德的人,不仅要尊敬自己的长辈,而且要推及尊敬他人的长辈。汲取中国传统文化中孝敬父母这一传统伦理精华,有助于培养当代农民工对父母的感恩之心。对父母的感激之情是一个人最原始、最本能的情感。一个人如果连养育自己的父母都不知道感激,又怎么可能爱同学、爱学校、爱祖国、爱人民呢?又有什么良知和社会责任感可言呢?在当前,农民工由于经常在外务工,而父母常常留在老家,由于工作的需要他们往往不能很好地照顾父母。我们"转型期农民工思想道德教育研究"的课题组在对全国212名农民工的问卷调查中了解到,对于当代农民工与他们的父母之间,有24.5%的农民工表示"工作很忙,顾不得想很多",50.0%的农民工表示"经常不在身边,很愧疚",而仍

---

❶ 《论语·为政》。
❷ 《孟子·离娄上》。
❸ 《孟子·梁惠王上》。
❹ 《孟子·离娄上》。
❺ 《论语·为政》。
❻ 《孟子·梁惠王上》。

有近14.7%的农民工表示，对于父母只要"给一些生活费就行了"，还有4.7%的农民工则表示，"由于各种原因，几乎（与父母）没有什么来往"（具体数据如表2-2所示）。对于父母，懂得体谅父母的艰辛，要学会孝敬和感激父母，不能因为"工作很忙"，就把父母给忘了；对于父母的各方面都要关心，不能认为只要"给一些生活费就行了"，或者干脆与父母不来往。可见，在当前，继承和发扬中国传统文化中孝敬父母、感激和报答父母的养育之恩等优良传统美德，对于当代农民工学会孝敬和感激父母十分有意义。

表2-2 农民工与父母关系的调查结果

		频率	百分比	有效百分比	累积百分比
有效	工作很忙，顾不得想很多	52	24.5	24.5	24.5
	经常不在身边，很愧疚	106	50.0	50.0	74.5
	给一些生活费就行了	31	14.7	14.7	89.2
	由于各种原因，几乎没有什么来往	10	4.7	4.7	93.9
	其他	13	6.1	6.1	100.0
	总计	212	100.0	100.0	

（数据来自我们"转型期农民工思想道德教育研究"课题组对全国212名农民工的调查）

此外，在中国传统价值观中，还有许多值得借鉴的东西。例如，在当前，在社会主义市场经济发展中，不仅要树立开拓进取、讲求效率等价值观念，而且还要讲求诚信，社会主义市场经济是信用经济，应该在诚信的环境中发展。诚信不仅是发展社会主义市场经济最重要的价值观念之一，同时也是一个人为人处世最起码的道德准则，是人之为人的基本要求。而诚实守信则是中华民族的传统美德，在长期的社会历史发展中，中华民族形成了重承诺、讲信义的优良传统。在中国传统文化里，对于诚信十分重视，孔子曰，"人而无信，不知其可也"。❶ 在中国成语中，"一言既出，驷马难追""言必行，行必果""一诺千金"等仍然被广为使用。从中国传统文化中汲取这些有益的养分和积极因素，能为当代农民工诚信意识的塑造提供丰厚的土壤。

2.4.3 现代化与人的现代化理论的借鉴与启示

在现代化理论看来，社会现代化不只是物的现代化，其同时也是人的现代化，并最终取决于人的现代化。法国现代规划的制定者让·莫内有一句名言：

---

❶ 《孟子·梁惠王上》。

"现代化的关键是化人,或者说现代化要先化人后化物。"人力资本理论也认为,物质资本和人力资本的投资都是生产性的投资,两者都是经济增长不可或缺的动力,但与物的投资相比,人的投资更为重要。人的现代化是社会现代化的最终目标,同时也是社会现代化的关键所在。"人的发展是社会现代化的主旋律,人的现代化在社会发展中具有战略价值。"❶ 可见,人的现代化处于社会现代化的核心位置。而人的现代化,不仅仅只是知识、技能的现代化,更为重要的是要实现人的价值观念与思维方式从传统到现代的转变。"在很大程度上,人的现代化就是价值观念从传统到现代的转变。"❷ 那种片面重视与追求物的现代化,由于忽视了人及人的价值观念的现代化,是畸形的、被扭曲的、不完整的现代化。诚如美国学者丹尼尔·贝尔(Daniel Bell)曾经指出的那样:"思想和文化风格并不改变历史——至少不会在一夜之间改变历史。但是它们是变革的必然序幕,因为意识上的变革——价值观和道德伦理上的变革——会推动人们去改变他们的社会安排和体制。"❸

同样,要促进农民工的现代化,不只是要增加农民工的收入、改善农民工的居住和工作环境、提高农民工的业务能力,而且还要促进农民工价值观念的现代变革,注重他们现代价值观的培育。在这方面,人的现代化理论又有许多值得借鉴的研究成果。其中,不少研究者对"现代人"与"传统人"的特征进行了研究,得出了现代人应当具有的一些特征,这使得我们在农民工价值观的研究中,能够更加明确农民工价值观中哪些因素是消极的,阻碍了农民工向"现代人"转变,需要克服;哪些价值观念又是"现代人"应当具有的,可以积极的加以培育。例如,美国人英格尔斯便从6000名调查对象中挑选出两个典型,即传统人的典型阿姆杜拉和现代人的典型努瑞耳,通过对他们的研究来说明"现代人"与"传统人"在生活态度、价值观念及思维方式等方面所具有的特征。其认为相对于传统人,现代人更倾向于同外界事物和见闻进行广泛的接触和了解,有较强的个人效能感,愿意接受新经验,准备接受改变,重视教育内容、选择较为现代的职业,以及不迷信传统与权威。❹ 中国农民的传统价值观是中国农民长期受自然经济的影响下形成与发展起来的,他们深信"天不变道亦不变",求稳怕变、固守传统与经验的传统经世观念根深蒂固,

---

❶ 叶南客. 中国人的现代化 [M]. 南京: 南京出版社,1998: 10.
❷ 郑永廷. 人的现代化理论与实践 [M]. 北京: 人民出版社,2006: 251.
❸ 转引自: 刘志明. 论大学生价值观念的现代化 [J]. 思想教育研究,2001 (3): 31.
❹ 殷陆君. 人的现代化 [M]. 成都: 四川人民出版社,1985: 38-52.

其对当代农民工的价值观仍然有着巨大的影响,严重阻碍了现代人应当具有的"愿意接受新经验""准备接受改变"的价值取向的形成,这就要求我们转变农民工对待传统与变革的态度,要教育他们与时俱进、勇于变革、勇于创新,促进农民工在价值观念上由传统的保守观念向现代社会所要求的进取与创新转换;同时,现代人应当具有"倾向于同外界事物和见闻进行广泛的接触和了解",这就要求农民工改变中国小农那种安土重迁、自给自足、自我封闭的意识,树立与现代社会发展相适应的开放意识与交往意识,如此等等。

农民工是我国从传统农业社会向现代工业社会、从计划经济向市场经济转型过程中出现的过渡性群体,他们正处于从"传统人"向"现代人"转化的过渡期,处于过渡期的他们,其价值观也呈现出了"过渡人"所固有的一些特征,"处在传统社会与现代社会中间的社会发展阶段上,混合着新旧两种特质,有着双重的价值系统的人们。他们既不是严格意义上的传统人,也不是严格意义上的现代人,但又同时兼有传统人和现代人的某些心理文化素质和性格特征"。[1] 农民工现代化的过程也是农民工逐步扬弃落后的价值观念,逐渐确立起现代价值观念的过程。农民工从传统农民向市民转化的过程也是他们对城市的认同与适应的过程。农民工要真正实现从农民到市民的角色转变,其不仅是职业身份上的转变及工作、生活空间上的转移,而且还需要价值观念的转变。帮助农民工确立起与我国社会主义现代化要求相一致的价值观,以更好地帮助农民工向"现代人"转化,使其真正成为我国现代化建设的合格主体,这对于推进我国社会主义现代化进程具有十分重要的价值意义。

2.4.4 文化学、社会心理学等学科理论视角下的农民工价值观问题解读

(1) 文化视角下的农民工价值观解读。对于何谓文化,由于视角不同,大家众说纷纭,尚未形成统一的定义,但从哲学上说,一般认为"文化即人化",是指人在与自然的交往过程中,按照人的一定尺度去改变环境,使自然打上人的烙印,使之"人化"。而另一方面,"人化"还包括人自身的人化,也即"化人"。人在认识与改造世界的过程之中,知识增长了,认识和改造自然的能力提高了,人的本质力量得到了展现,这就使人在改造自然的同时,也使人自身得到了改造和发展。文化的生成就是"人化"与"化人"双向互动

---

[1] 郑永廷. 人的现代化理论与实践[M]. 北京:人民出版社,2006:445.

的过程与结果。自然的"人化",使人的愿望、需要、目的在人的对象化的活动中得到了实现,而通过"化人"这一过程,人传承与学习人类已有的文明成果,使自己成为与社会发展相适应的人,使自身不断地得到提升,越来越成为和谐的、全面发展的大写的人。"儿童一生下就面临着一个复杂的文化世界,而这个文化世界是人类几千年创造、积累下来的",因此,"他必须首先从这个既定的复杂的文化世界中吸取价值和意义"。❶ 如果离开了这个有意义的文化世界,人便不能成为正常的人,不能成为社会发展所需要的人。狼孩由于从小被狼攫取并由狼抚育,长期脱离了人类有意义的文化世界,没有受到人类社会文化环境的熏陶,最后,狼孩的生活习性也与狼一样。"人既是文化的创造者,又是文化产物,为特定的社会文化所造就。"❷ 人的发展是在一定人类文明基础上的发展,人的社会化也是在一定社会文化环境下完成的,人也只有感受到外部文化世界的价值和意义,对外部文化世界做出价值判断与选择,积极汲取其中能满足自身需要的成分,这样才能成为真正意义上的社会人。

"任何一个社会群体,都有属于自身的文化,都有群体成员共同拥有和信奉的价值观","任何一个社会个体,都是文化的产物,都有自己接受和遵循的价值观"。❸ 同样,农民工的价值观也是在一定的文化环境的熏陶与感染下形成和发展起来的。文化无时无刻不在影响着人、塑造着人,使人接受或形成一定的价值观。农民工在长期的务工生涯中,城市文明、企业文化对他们现代价值观的形成产生了重大的影响,从交通规则到城市的标志性建筑,从企业的制度规范到管理者的仪表举止,无一不传递着一定的信息,在告诉他们什么能做、什么不能做,什么值得做、什么不值得做,使他们在潜移默化中感受、认同现代社会发展所要求的价值观。而落后的文化因素则会阻碍农民工现代价值观念的形成,如中国传统社会在理念上膜拜祖先、尊崇传统,主张"君君、臣臣、父父、子子"的等级关系,信奉"天不变道亦不变",在这种因循守旧的文化观念下,人们感到变动的不必要,不愿接受新事物,个体的独立思考和创新精神受到了社会的极端仇视。儒家中庸之道追求一种取法于中、不偏不倚、无过不及的理想人格,这导致人们怕冒尖,随大流,从根本上扼杀了人们

---

❶ 司马云杰. 文化价值论 [M]. 西安:陕西人民出版社,2003:10.
❷ 许苏民. 文化哲学 [M]. 上海:上海人民出版社,1990:128.
❸ 袁贵仁. 价值观的理论与实践 [M]. 北京:北京师范大学出版社,2006:338.

的创造动机。❶ 因此，为农民工创造良好的社会文化环境，能使农民工在先进文化的熏陶下形成正确的价值观。特别是在当前，各种思想潮流相互激荡，各种文化现象层出不穷，尤其是以美国为首的西方发达资本主义国家，凭借自己在经济领域的优势，通过全球化市场，以文化渗透的方式，竭力向其他国家推销自己的资本主义文化和西方价值观，企图以此削弱和取代他国的民族文化。在这样错综复杂的形势下，只有加强科学理论的宣传，构建社会主义核心价值体系，传播社会主义先进文化，努力引导农民工对于我国主流文化的认同，这样才能有助于他们正确价值观的养成。

价值观是文化的核心要素，坚持什么样的文化方向，建设什么样的文化，就是坚持和倡导什么样的价值观。发展先进文化，在当前我国社会转型期引导农民工对于社会主义先进文化的认同，在农民工正确价值观的塑造中显得十分紧迫。先进文化是以一定的先进的价值观体系为依托，同时也是张扬这种价值观体系的。文化有先进与落后之分，先进文化是反映和适应先进生产力的发展要求，代表和维护最广大人民群众根本利益的文化。中国特色社会主义文化是反映先进生产力发展规律及其成果的文化，是源于人民大众实践又为人民大众服务的文化，是继承人类优秀精神成果的文化。在当前，引导农民工对于社会主义先进文化的认同，主要是引导农民工对于中国特色社会主义文化的认同。

（2）社会心理学等其他相关学科视角下的农民工价值观问题研究。社会心理学很早就开展了对于价值观的研究，价值观对于社会心理学来说，是一个独特的研究领域，价值观是比态度更加抽象的具有倾向性、评价性、规范性的深层心理结构，因此，社会心理学家对于价值观问题也十分重视。在上面关于价值观的分类与农民工价值观的研究维度部分，就已经涉及一些社会心理学家对于价值观的分类的研究。社会心理学上其他的一些发现对于我们的研究也很有意义，例如，社会心理学认为，相似性是人际关系的一个重要影响因素，年龄、性别、社会地位、经济状况、文化程度、所从事的职业、籍贯、外貌、兴趣爱好、信念、价值观与态度等的相似，会有效增强人际吸引力。在社会心理学上，还指出态度、信念和价值观的相似在其中则是最为主要的。虽然在人们交往的初期，信念、价值观的相似性往往显示不出来，这时性别、社会地位、经济状况、文化程度、所从事的职业、籍贯、外貌等的吸引力往往起着重要作

---

❶ 陈昌兴，李俊奎. 培养和造就高素质创新型人才［J］. 现代教育科学（高教研究），2010（2）：114.

用，而随着交往时间的加长与彼此之间更为了解后，信念、价值观等因素的作用便会越来越明显。社会心理学家 T. M. 纽科姆的现场研究也证明这点，不相识的大学新生在共同度过一段时间的公寓生活之后，在研究开始时那些在信念、价值观上相似的被试者，更容易成为好朋友。这些理论有助于我们更好地研究与分析农民工人际价值观等问题，在调查中也发现，农民工在交往中表现出了一定的自我阶层定位，他们中很多人自觉或不自觉地回避与当地居民的往来，这里既有社会地位、经济状况、文化程度等因素的影响，但是，信念与价值观上的差异是不可忽视的，按照我们上面社会心理学的分析，信念与价值观上的差异越到后期其所起的重要作用也将越发明显，因此，价值观上的融合显得非常重要，价值观上的融合可以有效促进农民工与城镇居民人际交往关系的融洽。除此之外，当然还有不少其他很有借鉴与启示意义的理论。教育学比较重视价值观的形成、发展过程中的影响因素和改变个体社会化过程及其教育干预策略的研究，教育学特别是德育的很多教育方法，包括社会行动法、角色扮演法等对于农民工价值观的塑造还是有很多值得借鉴的地方的，我们在后面也会进一步阐述。其他像农民工审美价值观的研究需要首先对于什么是美、美感是如何产生的，以及哪些因素影响着审美等有所了解，而美学在这些方面的理论研究无疑能为我们的研究提供丰厚的资料；还有一些学科的理论这里就不再一一阐述，在下面的论述中将会有所体现。

3 农民工价值观的实证研究
——以浙江台州为例

"没有调查就没有发言权",要更为真实地把握农民工价值观状况,就需要深入实地,开展调查研究,以翔实的数据说话。本研究以浙江台州为例,通过深入基层,以及发放问卷、访谈等多种方式,再通过对相关数据的统计分析,力求真实把握农民工价值观现状,为我们的研究提供丰厚的第一手资料。同时,也有利于我们对农民工价值观作进一步的深入分析,为提出更为有针对性的应对策略提供依据。

3.1 台州农民工的基本情况

浙江台州地区是我国民营经济的先发地区,温台模式的发源地之一,也是我国第一家股份合作制企业的诞生地。改革开放以来,台州区域经济快速发展,工业经济是台州经济的中坚力量,而台州的民营企业主要以制造业为主,劳动力需求量很大,这就吸引了很多农民工到台州务工。截止2013年年底,台州户籍人口590多万人,而台州外来务工人员近200多万人,占常住人口的1/3左右。可见,台州是农民工较为聚集的地方,是农民工的一个集散地,他们从五湖四海聚到了台州。台州的农民工来自全国各地,因此,对他们进行调查研究,也就具有普遍意义。由于台州南部的县(市、区)经济相对较为发达,企业数量也更多、更集中,农民工人数自然也就更多和更为集中,因此,在调查问卷发放和开展访谈工作时,也以椒江区、路桥区、温岭市、玉环县、临海市和黄岩区为主,仙居等地的样本则会少一些。

3.2 调查问卷的设计与发放

编拟出好的调查问卷对于本研究来说是十分关键的,而这需要大量收集与阅读有关文件资料,也需要把握好农民工价值观研究中所需的各类信息,这样才能使笔者编制出的问卷中的每个问题条目对本研究中所需的信息有更好的贡献。价值观是个多维的复杂的系统，对于农民工的价值观，我们需要从多个不同的维度对其进行观察与分析。在本研究的第二部分笔者已经就有关价值观的分类与农民工价值观的维度问题进行了探讨，其中提到，在借鉴国内外研究者有关价值观分类的研究基础上，再根据本文的研究对象的特点和本文的研究需要，并为使农民工价值观的分类更有利于农民工价值观调查的展开，以及为更好地把握农民工的价值观状况，选择从政治价值观、经济价值观、道德价值观、人际价值观、家庭婚恋价值观、职业价值观、审美价值观、宗教价值观与幸福观这几个维度对农民工价值观进行考察与分析，然后，再按这 9 个维度设计出 60 个问题条目。问卷设置是按题目的类型将问卷分为四个部分，第一部分主要是有关农民工的性别、年龄、收入等基本信息方面的问题，在后三个部分中，笔者把按 9 个维度设计出的 60 个问题条目列入各自所属的题目类型之内。同时，在问卷设计时，充分地考虑农民工的身份背景，尽量少提或不提他们不感兴趣或者不想回答的问题，尽可能地使问卷简洁易懂，可要可不要的问题条目就不选入。在问卷设计好之后，进行了两次试调查，每次试调查中，都会详细了解和收集调查对象对于所设计问题的意见，然后再进行修改，最终编拟出问卷。

在经过两次试调查，以及问卷的进一步修改后，在台州总共发放了 900 份问卷，其中回收有效问卷 804 份，问卷的发放地主要以台州的椒江区、路桥区、温岭市、玉环县、临海市和黄岩区为主，其中缘由已经在上面做过分析。在问卷发放过程中，为了使调查对象能更好的信任和配合我们，使他们能按自己的想法如实地填写问卷，在下车间时就请相关车间主任帮忙，到农民工居住较为集中的地方时便让房东带我们去；为使样本能涉及更多的行业，便到城区服务业发达的地方进行问卷发放，也往返于不同县（市、区）进行问卷发放，使样本的地区分布更加合理，如此等等。

3.3 筛选、编码、检验，以及统计分析

问卷回收后，还需要对问卷进行初步的筛选，舍弃不合格的问卷。然后对问卷进行编码，输入相关数据，并运用相关统计分析工具，例如，用 SPSS 统计分析软件，对于调查结果进行统计与分析。其中，对调查问卷的信度与效度也进行了检验。笔者用的是方差分析（Anaylsis of Variance，ANOVA），而方差

分析用的是 F 检验，F 检验的结果 Sig 为 0，说明调查问卷设计的信度是可信的。下面是笔者对于问卷第一部分、第二部分的前五题，以及第三部分的前五题的可靠性的分析结果，其具体如表 3-1、表 3-2 和表 3-3 所示，其他部分内容也同样这样做了信度与效度的分析，由于全部输出数据量较大，就输出这一小部分的数据以作参考。

表 3-1 可靠性统计量

Cronbach's Alpha	项数
.387	18

表 3-2 项统计量

	均值	标准偏差	N
性别	1.48	.500	612
政治面貌	2.05	1.360	612
婚姻状况	1.52	.702	612
文化程度	3.51	1.037	612
出生年份	4.60	.904	612
外出打工时间	2.62	.964	612
月收入情况	4.13	1.129	612
从事的行业	5.04	3.377	612
做事情跟着感觉走	3.23	1.331	612
有钱能搞定一切	3.35	1.398	612
人生就是一场游戏，不必太认真，玩玩就行	4.09	1.171	612
生死有命，富贵在天	3.33	1.402	612
金窝银窝不如自己的草窝	2.09	1.249	612
您现在觉得最苦恼的问题是：	3.74	2.069	612
对于参加农村或者工会组织的选举，你的态度是：	2.00	.670	612
您是否关注每年"两会"（全国人民代表大会和政协全国委员会）这些重大时政热点问题：	2.50	.955	612
在打工的地方是否急需一定的组织或机构来代表和维护外来务工人员的利益？	1.90	.906	612
您觉得现在的国家政策：	1.88	.966	612

表 3-3 ANOVA

		平方和	df	均方	F	Sig
人员之间		1825.302	611	2.987		
人员内部	项之间	12457.990	17	732.823	400.221	.000
	残差	19019.066	10387	1.831		
	总计	31477.056	10404	3.025		
总计		33302.357	11015	3.023		

总均值 = 2.95

这里笔者用的是方差分析（Anaylsis of Variance，ANOVA），而方差分析用的是 F 检验，其目的是推断两组或多组资料的总体均数是否相同，检验两个或多个样本均数的差异是否有统计学意义。Sig 是显著性，这个值越小越好，小于 0.01 时，说明有显著差异，而且这个结果是可靠的。从上面的统计数据中可以看到，F 检验的结果 Sig 为 0，这说明检验的样本存在显著性差异，具有统计学意义，也说明了调查问卷设计的信度是可信的。

3.4 农民工价值观状况调查

3.4.1 政治价值观逐步向现代转换

政治价值观是关于政治问题的价值观念体系，它是人们对政治现实和政治理想的基本评价和价值取向，是人们关于政治制度、政治关系、政治生活好与坏、利与害等价值问题的判断标准与基本观点。农民工已成为我国产业工人的重要组成部分，是我国政治稳定与社会发展的重要力量。而农民工徘徊于农村与城市之间，深受农村价值观念与城市现代文明的双重影响，他们的政治价值观在形成与发展的过程中有着更为复杂的影响因素，也有着这一群体自身的特点。农民工特殊的社会身份和地位决定其在城市生活中处于弱势，缺乏政治表达渠道与利益诉求的代言人，往往成为城市社会的"沉默阶层"与"无政治群体"；加上受自身文化程度较低等因素的影响，使这一群体的政治价值观呈现出了自身的特点，也存在不少值得关注的问题。对农民工价值观状况进行调查，分析影响转型期农民工政治价值观状况的各类因素，并探索有效的解决路径，在当前意义重大。笔者以台州地区为例，通过问卷调查，按传统与现代两个取向，分农民工对于政治现实和政治理想两方面的基本评价和观点，对农民工政治价值观状况进行了调查。通过对调查结果的统计分析发现，农民工政治价值观既呈现出了很多积极的因素，也有一些消极的方面，其具体如下：

（1）从传统与现代这两个价值取向来看，传统政治价值观对农民工的影响日趋削弱，现代政治价值观逐渐确立。本文从农民工是尊崇权力还是崇尚法律、信奉个人权威还是信任"法理型"权威，以及是否具有权利意识这几个方面，来看农民工是否具有现代政治价值观。在调查中发现，农民工重视法律、法规的学习，有较强的法治和权利意识，"如果相关部门、企业业余时间组织有关外来务工人员的法律、法规的学习、培训"，有68.8%的人表示会积极参与，而这些积极参与法律、法规学习的人中，更有35.7%的人表示参与法律、法规的学习和培训主要是为了"学习如何维护自己的权益"（具体数据见表3-4）。

表3-4 农民工对相关部门、企业业余时间组织法律、法规的学习、培训的态度调查

		频率	百分比	有效百分比	累积百分比
有效	不参与，没有时间	72	9.0	9.1	9.1
	参不参与无所谓，只要不做违法的事情就可以了	112	13.9	14.2	23.3
	看其他人参不参加，如果大多数人参加我也参加	63	7.8	7.9	31.2
	积极参与，了解相关法律知识，使自己能以合法的方式致富	262	32.6	33.1	64.3
	积极参与，学习如何维护自己权益	282	35.1	35.7	100.0
	合计	791	98.4	100.0	
缺失	不愿填、漏填等造成的缺失	13	1.6		
	合　　计	804	100.0		

同时，通过问卷调查还了解到，如果碰到拖欠工资等权益受到侵害或者自己无法解决的困难时，占48.2%的农民工最先想到找"相关服务部门或政府机构"帮忙。相关服务部门或政府机构的权威是法律所赋予的，而非以个人性特征获得的，这反映出农民工在权威观上由对传统个人权威的信奉逐渐转向对法理型权威的信任。同时，随着时代的发展，当代农民工有了争取自身合法权利的勇气，对权力、官位、官员的崇拜和敬畏也日趋削弱。在中国传统封建社会中，皇帝、官僚等权力者的个人意志至高无上，而普通百姓的合法权利得不到保护，"民不与官斗"是中国老百姓几千年来的处世哲学之一，也是中国老百姓长期受传统政治文化中的权力本位意识和"官本位"意识的影响，并在此基础上形成的敬官、畏官的社会心理的反映。在笔者对农民工的问卷调查中发现，对于"民不与官斗"，持"不太赞同"和"不赞同"态度的分别占

20.7%和26.4%，而持"非常赞同"和"比较赞同"的则分别占13.6%和16.5%（见表3-5）。可见，对于"民不与官斗"，持肯定态度的人所占的比例要明显低于持否定态度的人。同时，"60后"及以前、"70后""80后""90后"农民工对这一看法持"不太赞同"和"不赞同"这两种态度的人在各自年龄阶段中分别占42.6%、46.1%、47.6%、52.0%，持反对态度的人在各年龄阶段中所占的比例出现递增现象，这说明随着时代的发展，权力本位意识和"官本位"意识对新生代农民工的影响日渐削弱，他们的权利意识开始增强，并越来越勇敢地、有序地争取自己的合法权利。中国传统政治文化中的权力本位意识和"官本位"意识的影响日渐削弱，法治和权利意识的增强，法理型权威信任度的提高，都反映出了当代农民工现代政治价值观开始逐渐确立。

表3-5 农民工对于"民不与官斗"的态度

		频率	百分比	有效百分比	累积百分比
有效	非常赞同	107	13.3	13.6	13.6
	比较赞同	129	16.1	16.5	30.1
	说不清楚	179	22.3	22.8	52.9
	不太赞同	162	20.1	20.7	73.6
	不赞同	207	25.7	26.4	100.0
	合计	784	97.5	100.0	
缺失	不愿填、漏填等造成的缺失	20	2.5		
	合计	804	100.0		

（2）对于农民工的政治价值观，还需要从农民工的政治关注度、对于当前政策的满意度、政治参与意愿，以及政治效能感这几个方面对农民工关于政治现实的评价状况进行了调查和分析。

① 关于国家形势与政策方面，在调查问卷中，问及是否关注每年"两会"（全国人民代表大会和政协全国委员会）这些重大时政热点问题时，有37.8%的农民工表示对"两会"很关心，并认为其中很多问题涉及自己，了解这些对于自己帮助很大；有29.8%的人表示知道，但关于"两会"的很多具体的知识他们并不十分了解；还有18.1%和14.3%的人分别表示"关注了也没多大帮助"和"不知道"。从中可见，大多数农民工对于国家政策与发展形势十分关心，并认为很多问题涉及自己，对自己有帮助，这个比例最高占有37.8%，明显高于"关注了也没多大帮助"的18.1%的比例，但也有很多农

民工虽然知道"两会",但由于受文化水平相对较低等因素的影响,他们对于其中的很多东西并不十分理解,具体数据见表3-6。

表3-6 对于是否关注每年"两会"这些重大时政热点问题的回答

		频率	百分比	有效百分比	累积百分比
有效	关注了也没多大帮助	144	17.9	18.1	18.1
	听说过,但不清楚怎么回事	238	29.6	29.8	47.9
	很关心,很多问题都关涉到自己,了解后对自己有很大帮助	302	37.6	37.8	85.7
	不知道	114	14.2	14.3	100.0
	合计	798	99.3	100.0	
缺失	不愿填、漏填等造成的缺失	6	.7		
合计		804	100.0		

② 对于国家政策,大多数农民工感到满意。在问卷调查中也发现,对于国家政策有31.4%的人觉得是越来越完善了,并认为自己的利益也受到了越来越好的保护;有44.6%的人认为政策不错,但有一些贯彻落实得不是很好,需要进一步加大执行力度;但仍有15.6%的人认为国家政策对于他们来说没有什么用,不能解决实际问题。从中可以看出,农民工绝大多数对于国家政策是满意的,但由于在现实生活中,还仍存在一些同工不同酬、劳动时间长这些农民工合法权益得不到保障等现象,使得他们中的很多人虽然认为国家政策很好,但觉得有一些贯彻落实得不是很好,需要进一步加大执行力度,这也反映了他们希望国家政策能够更好执行以更好地保护他们合法利益的愿望,这需要引起我们的重视,具体数据见表3-7:

表3-7 对于现在的国家政策的看法

		频率	百分比	有效百分比	累积百分比
有效	政策很不错,但有一些贯彻落实得不是很好,有待进一步加强执行力度	357	44.4	44.6	44.6
	越来越完善了,自己的利益也受到了越来越好的保护	251	31.2	31.4	76.0
	没有用,不能解决实际问题	125	15.6	15.6	91.6
	不了解,说不清楚	67	8.3	8.4	100.0
	合计	800	99.5	100.0	
缺失	不愿填、漏填等造成的缺失	4	.5		
合计		804	100.0		

③参与城市政治事务管理意愿较强。当前,农民工迫切希望参与城市政治生活以保障自己的合法权益不受损害。在调查中,认为在打工地非常需要一定的组织或机构来代表和维护他们的利益的人所占比例高达55.6%,还有29.0%的人表示"有总比没有好"。可见,随着农民工权利和法治意识的增强,其参与政治生活、表达自身诉求和维护自身权益的意愿也在不断增强。

④政治参与机会少,政治效能感不高。由于农民工的流动性和边缘性,加上受户籍制度限制等因素的影响,使得他们很难参与到当地的政治生活中;同时,因受信息不通、返乡参与政治生活的成本较高等因素的影响,许多农民工常常又不得不放弃回乡参与政治生活的机会。这就大大降低了农民工的政治效能感,也挫伤了他们政治参与的积极性。

(3) 在政治信仰上,一些农民工政治信仰出现淡化倾向,要进一步加强相关教育,增强他们对于马克思主义的认同。在当前我国社会转型期间,多种价值取向并存,在多元文化的影响下,一些农民工原有的信仰体系出现淡化。不少农民工受到市场经济一些负面消极因素的影响,片面讲求实惠,追求物欲,崇拜金钱,而不关心政治,政治敏感性逐渐变得迟钝,政治信仰出现淡化倾向。加上农民工的受教育程度相对较低,接受马克思主义理论系统教育的机会也相对要少,在问卷中问及他们对于马克思主义理论所持的态度时,不少农民工表示"不了解,没法说",这也说明不少农民工对于马克思主义理论还缺乏了解,需要进一步加强相关教育,提高他们对于马克思主义理论的认知度。同时,绝大多数农民工对于马克思主义理论持肯定态度,但调查中也发现有一些人认为其"跟我实际生活没多大关联"和"在当今社会已经不大适用了"。这反映出不少农民工对于马克思主义理论缺乏了解,不少人对于马克思主义理论在当前所具有的指导意义的认识还是比较模糊,马克思主义过时论在农民工中有所蔓延,这些问题必须引起我们的重视,这也显示了在农民工中进一步加强相关教育,增强他们对于马克思主义理论的认同的重要性与紧迫性。

3.4.2 经济价值观总体积极

农民工经济价值观是农民工以自身为价值主体,对经济生活领域中的政策、竞争、金钱、收入和消费等经济事物、经济行为及结果的基本评价和根本态度,以及由此采取的行为取向。农民工的经济价值观反映了农民工经济上的现实需求与目标追求,是具有导向性的价值观念体系。对于农民工的经济价值观,本文主要从农民工对于经济政策、经济制度、竞争、金钱、消费、法制等

3 农民工价值观的实证研究——以浙江台州为例

方面的评价与态度进行分析,其主要呈现出以下特点:

(1) 对于经济政策和经济制度的态度方面。在调查中发现,农民工对于国家经济政策有较高的认同度,这主要是得益于近来国家对于农民工问题的重视,以及出台了一系列保护农民工的政策,使得绝大多数农民工对于国家的经济政策表示满意。同时,对于我国的社会主义经济制度,由于缺乏理论素养,他们中还有不少人对资本主义生产社会化与资本主义私有制之间这一基本矛盾缺乏了解,对于社会主义与资本主义之间的区别认识不足,对于社会主义经济制度在集中力量办大事等方面所具有的优越性不够了解,以至于一些农民工认为社会主义和资本主义"没什么区别","只要搞得好都一样",这一现象必须引起我们的重视,这也就要求要进一步增强农民工对于社会主义经济制度所具有的优越性的了解,增强他们对于社会主义经济制度的认同度,提高他们对于中国特色社会主义经济制度的信心。

(2) 对于竞争的看法与评价。市场经济本质上是一种竞争经济,是在供求规律的作用下,通过优胜劣汰的竞争机制,来达到资源的优化配置。农民工是否具有竞争意识,以及如何看待和评价竞争,是考察农民工经济价值观的一个重要的参考指标。通过问卷调查,我们了解到,当代农民工对于竞争普遍持认同和肯定的态度,有近61.8%的人认为"没有竞争,人们会变得松懈,参与竞争会使人积极向上";而选择"竞争会使人们为了取胜而不择手段,导致道德滑坡"和"人与人之间会因为有竞争而导致人际关系紧张,使人与人之间缺少人情味"两项的总共占30.0%,其他还有8.2%的人对于竞争不了解,"不清楚怎么一回事"。这说明大多数农民工是了解竞争,认同竞争的。同时,相对于竞争会导致负面的消极影响,当代农民工认为其所起到的积极作用是主要的。具体数据如表3-8所示。

表3-8 对于竞争的看法

		频率	百分比	有效百分比	累积百分比
有效	没有竞争,人们会变得松懈,参与竞争会使人积极向上	491	61.1	61.8	61.8
	竞争会使人们为了取胜而不择手段,导致道德滑坡	87	10.8	10.9	72.7
	人与人之间会因为有竞争而导致人际关系紧张,使人与人之间缺少人情味	152	18.9	19.1	91.8
	不清楚怎么一回事	65	8.1	8.2	100.0
	合计	795	98.9	100.0	
缺失	不愿填、漏填等造成的缺失	9	1.1		
	合计	804	100.0		

（3）金钱观。农民工大多在城里从事重、脏、累、险的工种，他们的待遇低，收入少，居住、工作环境差，基本的物质文化生活需要得不到保证，收入和钱的问题一直困扰着他们，在对台州农民工的调查问卷中显示，有近37%的农民工认为家庭生活的主要困扰在于"收入问题"。但农民工大多并非盲目地崇拜金钱，他们对于金钱的关注与重视，大多是出于强烈的摆脱贫困的愿望所致，对于"有钱能搞定一切"这一观点，持"不太赞同"和"不赞同"态度的人所占比例合计高达52.8%，还有14.9%的人表示"说不清楚"，剩下的32.3%是对这一观点表示"非常赞同"和"比较赞同"的人，持反对态度的所占的比例明显高于持肯定态度的，具体数据如表3-9所示。

表3-9 关于"有钱能搞定一切"的调查结果

		频率	百分比	有效百分比	累积百分比
有效	非常赞同	87	10.8	11.1	11.1
	比较赞同	167	20.8	21.2	32.3
	说不清楚	117	14.6	14.9	47.2
	不太赞同	185	23.0	23.5	70.7
	不赞同	230	28.6	29.3	100.0
	合计	786	97.8	100.0	
缺失	不愿填、漏填等造成的缺失	18	2.2		
	合计	804	100.0		

由此可以看出，当代农民工为了改善生活、更好地满足自身物质文化生活的需要，他们必须重视钱的问题，设法赚到更多的钱；但大多数农民工并不是盲目地崇拜金钱，他们中的大多数人并不认同"有钱能搞定一切"，对于金钱万能持否定态度。然而，仍然有不少农民工对"有钱能搞定一切"持肯定态度，对此表示"非常赞同"和"比较赞同"的人分别占到了11.1%和21.2%，这也反映出在市场经济的趋利性、西方的拜金主义等消极因素的影响下，一些农民工的金钱观产生了扭曲，拜金主义价值观在不少农民工中潜滋暗长，需要加以正确的引导与教育。

（4）消费观念。农民工的消费观是农民工对于消费什么、如何消费、消费多少等问题的总的态度与总的看法。对于问卷中"多花些钱在什么方面比较值得"这一问题的选择中，位居前两位的是"子女教育"和"提高自身业务知识水平与专业技术能力"，接着位列第三的是"改善与提高家庭居住环境"。"子女教育"和"提高自身业务知识水平与专业技术能力"属于发展型消费，也是当代农民工最为注重的，这反映出他们强烈希望提升子女的综合素质与自身的业务知识水平和专业技术能力，以更好地在当今社会激烈的竞争中求得生存与发展；另一方面，当代农民工认为把钱用于"个人享受""休闲娱乐"这些享受型消费方面是最不值得的，由于当代农民工的收入有限，他们更愿意将钱用于"改善与提高家庭居住环境"这类基本生活需要方面，然后才是"个人享受"和"休闲娱乐"这些享受型消费。

表3-10 认为多花些钱在什么方面比较值得

排列位次	对应内容	选择次数	有效百分比	有效选择总次数
第1位	子女教育	532	22.6	
第2位	提高自身业务知识水平与专业技术能力	527	22.3	
第3位	改善与提高家庭居住环境	449	19.0	
第4位	提高自身思想文化修养	329	14.0	
第5位	寄回家里	194	8.2	2359
第6位	为灾区、他人捐助	157	6.7	
第7位	吃得更好、穿得更好	66	2.8	
第8位	个人享受	54	2.3	
第9位	休闲娱乐	34	1.4	
第10位	其他	17	0.7	

同时，从第83页的表4-1中还可以看到，当代农民工绝大多数对于超前消费持否定态度，对于"用明天的钱圆今天的梦"这一观点，持"不太赞同"和"不赞同"态度的人所占的比例达61.4%，还有19.4%的人表示"说不清楚"，而对这一观点表示"非常赞同"和"比较赞同"的只占19.2%，这跟"量入为出""积谷防饥"等中国传统消费习惯有着很大的关联。

（5）法制观、诚信观等其他方面。社会主义市场经济是法制经济与诚信经济的有机统一，"守法"和"诚信"是社会主义市场经济健康发展不可或缺的两个方面。现代市场经济的正常运行需要有完善的、健全的市场法规，来维护市场竞争的公平性与合法性；如果缺乏良好的法制环境，市场机制便可能失灵或被扭曲。从问卷调查的结果来看，当代农民工法制意识增强，参与法律、法规学习与培训的意愿强烈，如果相关部门、企业业余时间组织有关外来务工人员法律、法规的学习和培训，表示会"积极参与"的农民工占68.8%，其中33.1%的人积极参与法律、法规的学习和培训是为了"了解相关法律知识，使自己能以合法的方式致富"，还有35.7%

的人参与法律、法规的学习和培训是为"学习如何维护自己权益"（具体数据参见第47页的表3-4）。诚信，它既是中华民族的传统美德，也是市场经济领域中的基础性行为，当代农民工对于诚信有很高的认同度，在我们给出的"爱岗敬业""热爱公物""有责任心"等26种道德品质中，"诚信"被当代农民工选为最有价值的道德品质（具体数据参见第56页的表3-12）。

3.4.3 道德价值观仍存在矛盾与不足之处

"道德作为实践精神是一种价值，是道德主体的需要同满足这种需要的对象之间的价值关系。"❶ 农民工的道德价值观便是农民工以自身为道德主体，在把握和处理这一"需要同满足需要的对象之间的价值关系"时所持的总的看法与态度。

（1）农民工对待不道德行为的态度。从农民工对于踩草坪、随意吐痰、破坏公物等行为的态度调查中（表3-11），我们可以发现，对于"踩草坪、随意吐痰、破坏公物等行为"，大多数农民工"觉得这是非常不道德的行为，应该受到谴责"，这部分人占49.6%；还有27.2%的人表示"看到特别过分的行为，会上去制止"。这两者相加总共占76.9%，这也说明绝大多数农民工对于不道德行为是比较反感的，认为这些行为应当要受到谴责，对于一些特别过分的不道德行为还会去制止。但仍然有5.8%的人"觉得这些都很正常，做了就做了"，还有11.1%的人认为这些跟自己没关系，不想管。后两者总共占了16.9%，说明还是有不少人对不道德行为比较冷漠，或者缺乏正确态度，觉得这些都很正常。除此之外，还有少数人"虽然知道这样也不好，但如果别人也做了，而且比较方便，自己也就跟着做了"，虽然这部分人不多，只占6.3%，但也说明在一些农民工当中还存在严重的知行脱节现象，虽然认识到这样做不好，但还是去做了。

表3-11 农民工对于踩草坪、随意吐痰、破坏公物等行为的态度调查

		频率	百分比	有效百分比	累积百分比
有效	虽然知道这样也不好，但如果别人也做了，而且比较方便，自己也就跟着做了	50	6.2	6.3	6.3
	觉得这是非常不道德的行为，应该受到谴责	397	49.4	49.6	55.9

---

❶ 罗国杰. 伦理学［M］. 北京：人民出版社，1989：54.

3 农民工价值观的实证研究——以浙江台州为例

续表

		频率	百分比	有效百分比	累积百分比
有效	看到特别过分的行为，会上去制止	218	27.1	27.2	83.1
	觉得这些都很正常，做了就做了	46	5.7	5.8	88.9
	这些跟我没关系，不想管	89	11.1	11.1	100.0
	合计	800	99.5	100.0	
缺失	不愿填、漏填等造成的缺失	4	.5		
	合计	804	100.0		

（2）农民工对于不同道德品质的重要性及意义的认识与判断。为了解当代农民工最看重哪些道德品质，了解哪些道德品质是当代农民工觉得最为重要、最有价值意义的，笔者在问卷中列举了26种道德品质，让他们每人从中选择他们认为最为重要的5种品质。所列举的这26种道德品质是：爱岗敬业、热爱公物、勇敢、诚信、爱国、勤劳、孝顺、有集体主义精神、真诚、有责任心、热爱科学、团结、乐于奉献、聪明、有进取心、自律、自强、有自尊心、谦虚、公平、有自信心、有礼貌、节俭、清廉、大方、服务人民。农民工对于这26种道德品质的具体选择结果如第56页的表3-12所示。

从表中我们可以看到，当代农民工在道德生活中最为看重的前两位道德品质是"诚信"和"孝顺"，这两种品质既是中华民族的传统美德，也是人们在当今社会为人处世所应遵循的基本准则，因此，在农民工认为最有价值意义的道德品质中位居前两。而接下的五个依次为"爱岗敬业""勤劳""有责任心""有进取心"，以及"真诚"，在这里，"爱岗敬业""勤劳""有责任心""有进取心"，也包括前面的"诚信"，都是人们对待工作所表现出的积极态度，"勤劳"排的较为靠前，也说明它与"孝顺""诚信"一样，作为中华民族的传统美德，更容易被农民工所接受。再接下来是处于第8位到第11位的"有集体主义精神""爱国""勇敢"和"有礼貌"，在这里出现了集体主义与爱国主义这两种社会主义基本的价值取向，这也是我们在当今社会所大力倡导的。但我们从中还可以发现，曾大力倡导的许多道德品质已不大被农民工所重视。社会主义道德的主要内涵是：以全心全意为人民服务为核心，以集体主义为原则，以"五爱"为基本要求。而我们可以看到，"服务人民"排的比较靠后，而在"五爱"之中，"热爱科学"更是排到了倒数第一，农业生产有着很强的季节性特点，春播、夏耕、秋收、冬藏，周而复始，年复一年，而传统农民通过掌握反映农业生产特点的历法知识，依靠经验，来从事农业生产，而对于科学知识,则重视的不够,当代农民工只有进一步转变观念,更加注重科学知识的学习,才能真正有助于他们业务能力与思想文化素质的提升。

表3-12 对农民工认为最有价值的道德品质的调查

排列位次	对应内容	选择次数	有效百分比	有效选择总次数
第1位	诚信	434	11.1	
第2位	孝顺	386	9.8	
第3位	爱岗敬业	366	9.3	
第4位	勤劳	302	7.7	
第5位	有责任心	289	7.4	
第6位	有进取心	209	5.3	
第7位	真诚	192	4.9	
第8位	有集体主义精神	159	4.0	
第9位	爱国	158	4.0	
第10位	勇敢	157	4.0	
第11位	有礼貌	153	3.9	
第12位	热爱公物	150	3.8	
第13位	团结	129	3.3	3927
第14位	有自信心	108	2.7	
第15位	公平	93	2.4	
第16位	节俭	85	2.2	
第17位	自强	82	2.1	
第18位	服务人民	81	2.1	
第19位	有自尊心	79	2.0	
第20位	谦虚	73	1.9	
第21位	乐于奉献	58	1.5	
第22位	清廉	45	1.1	
第23位	聪明	43	1.1	
第24位	大方	41	1.0	
第25位	自律	28	0.7	
第26位	热爱科学	27	0.7	

通过分析,还可以看到,排在前面的基本上都是为人处世方面的道德规范,而"诚信"和"孝顺"这类为人之本的东西更是处于最前面,其次是对待他人、对待工作应当具备的道德品质,除了"爱岗敬业""勤劳""有责任心""有进

取心"外,还有刚才没有分析到的居第 7 位的"真诚"和比较靠前的"有礼貌",这些都是与人交往时所应当具备的道德品质,农民工在日常交往中对于这些道德品质涉及的较多,对于这类道德品质也更为关注,并认为这些道德品质更为重要。而相对来说,对于个人在处理与国家、社会、人民的关系时,所应当具备的爱国、爱人民等更高一个层次的道德品质的价值意义还不够理解,这就要求我们进一步加强引导,不仅要让他们懂得孝敬父母,感谢父母养育之恩,而且还要引导他们对于国家护卫之恩的感激;要让他们懂得,不仅要在与自己有关的人的交往中,在自己的工作中,要有责任心,同时也要勇于承担社会责任,要有强烈的社会责任感和"天下兴亡,匹夫有责"的爱国主义精神。

同时,还可以从表 3-12 中发现,"自信""自强""自尊""自律",这些都排的比较靠后,特别是"自律",更是在倒数第二位。农民工在农村熟人社会中,他们的不道德行为会受到当地舆论的压力与熟人的谴责。而当他们跨入城市这一陌生社会之后,便没有了农村熟人社会下的那种道德约束,也没有了规范的组织制约,如果他们再缺乏自律意识,那将极不利于他们正确道德价值观的树立。"自信""自强""自尊""自律"都是农民工正确处理他们与自身关系时所应具备的道德品质。有研究者认为,具有进取性道德价值取向的人,也将会更加积极地发挥自身在道德生活情境中的主动性与创造性,会为着一定的理想道德目标不断地锐意进取,并同时认为具有这种价值取向的人通常赋予勇敢、顽强、自信、勤劳,以及上进等道德规范以很高的价值。❶ 而调查结果却呈现出了另一种情况,即是说,农民工对于"有进取心"赋予很高的价值,但对"自信""自强"所赋予的价值则相对低些,"自尊"则更低。这说明农民工在这方面也处于矛盾之中,一方面,作为农村青年中的精英,他们来到城市,就是为更好地展示自己,最大限度地实现自身价值,因此,他们是很有进取精神的。但另一方面,也由于他们的文化程度相对较低,常常受到不公平待遇,合法权益也时常受到侵犯,还有不少城市居民对农民工存有歧视心理,这难免会使农民工的自信心受到打击,自尊心也受到伤害,这是他们在道德价值观上出现这样的矛盾的重要原因。此外,还要引导农民工乐于奉献与服务他人,"乐于奉献"已经排到了第 21位,一些农民工存有这样的思想,他们认为自己是弱势群体,需要政府和他人的帮助与服务,他们也缺乏服务他人的能力,就如在问卷中对于"抗震救灾捐款"的调查中所发现的,虽然绝大多数农民工表示,"会捐,量力而行,表达自己的

---

❶ 张荆. 当代青年的道德价值观 [J]. 青年研究,1990 (Z1): 2-8.

一点心意",但仍有12.5%的人表示"想捐,但自己也没多少钱,心有余而力不足",甚至于还有3.9%的人表示"不会捐",认为"自己也是需要关注的弱势一方,自己还管不过来呢"。就如我们在上面所论述到的,人是社会关系的总和,我们在生活中接受他人的恩惠与方便是在所难免的,但是我们对于他人的帮助与关怀要心存感恩,在他人需要帮助的时候,我们也应当积极地伸出自己的援助之手。

（3）当代农民工在义与利的价值取向上发生了巨大变化。"义"要求人们的思想与行为要适当,要符合道德规范;而"利"则是指利益。义与利的问题,实际上就是道义与利益的问题,农民工的义利价值取向则反映了他们如何对待和处理伦理道德与物质利益的关系。重义轻利、先义后利是以儒家为主导的中国传统社会的基本道德价值准则。孔子说,"君子喻于义,小人喻于利"。孟子则说,"何必曰利"。在新中国成立后,也有很长一段时间,认为社会主义事业是一种崇高的事业,应当摆脱对于物质利益的追求,特别是应当摆脱追求个人物质利益的低级趣味。而随着改革开放的深入与市场经济的发展,人们的义利观开始发生巨大变化,对于财富与富裕生活的追求已被社会所肯定,农民工也开始摆脱传统义利观的束缚,敢于追求自身的正当利益,但同时他们中的大多数仍能正确看待金钱的作用,正如我们在上面对于农民工的金钱观的调查中所了解到的,他们中对于"有钱能搞定一切"表示"不太赞同"和"不赞同"的共占52.8%（具体如第52页的表3-9所示）。中共中央2001年10月20日印发的《公民道德建设实施纲要》已明确提出,"要坚持尊重个人合法权益与承担社会责任相统一,要把权利与义务结合起来,树立把国家和人民利益放在首位而又充分尊重公民个人合法利益的社会主义义利观"。在汹涌而来的商品经济大潮冲击下,个人主义、享乐主义和拜金主义也有所抬头,就如我们在调查中所了解到的,仍有11.1%的农民工对于"有钱能搞定一切"持"非常赞同"的态度,还有21.2%的人表示"比较赞同",可见,在当前,仍然需要进一步加强当代农民工的社会主义义利观教育,以帮助他们树立起正确的义利观。

3.4.4 人际价值观逐渐走向开放

农民工的人际价值观是农民工在人际交往过程中,以自身为交往主体,对交往客体及其能满足自身需要的属性（包括能力、气质、情感等）的重要性进行认识与评价时所持有的观念体系。它是农民工在长期的人际交往过程中积淀而成的稳定的观念体系,涉及他们想或不想与什么人交往、在交往中看重交

3 农民工价值观的实证研究——以浙江台州为例

往对象什么,以及如何交往等问题,这对他们的日常人际交往行为具有极大的导向作用。为更好地掌握农民工的人际价值观状况,本文以浙江台州为例,结合农民工的特点,以及他们在人际交往中所面临的实际问题,从农民工对当地居民的交往态度与评价、交友价值取向、对自身交往能力是否有提高的认识与判断,以及与陌生人交往的意愿等方面来进行调查与分析,其具体特征如下:

(1) 在农民工与当地居民交往的态度取向上。结合表3-13,从调查数据可以看到,有52%的农民工表示"会积极和他们(指当地居民)交往,处理好跟他们的关系",表示"各管各的,井水不犯河水"和"一般不愿和他们(指当地居民)多打交道"的分别占13.9%和20.7%,"其他"占13.4%。由以上数据可知,大多数农民工是希望跟当地居民交往,并与他们建立良好的人际关系的;但仍然有不少农民工不想跟当地居民多打交道。

表3-13 对当地居民(指台州人)的态度

		频率	百分比	有效百分比	累积百分比
有效	会积极和他们交往,处理好跟他们的关系	412	51.2	52.0	52.0
	各管各的,井水不犯河水	110	13.7	13.9	65.9
	一般不愿和他们多打交道	164	20.4	20.7	86.6
	其他	106	13.2	13.4	100.0
	合计	792	98.5	100.0	
缺失	不愿填、漏填等造成的缺失	12	1.5		
	合　　计	804	100.0		

此外,虽然说大多数农民工希望同当地居民建立良好的人际关系,但事实上,他们认识的好朋友中,当地居民非常少。在调查中发现,在对"大概有多少当地(指台州当地人)的好朋友"这一问题的回答中,有26.7%的农民工是"几乎没有",32.0%的人表示"不多,5人以内",选择"6~10人"和"10人以上"的总共占41.3%,具体如表3-14所示。这也就是说,虽然大多数农民工积极、主动地希望和当地居民交好,但由于各种因素的影响,结果却并非如此。从农民工这方面来说,跟他们的家庭背景、受教育程度、阶层定位、卫生习惯等因素有关,而其中很重要的一个原因在于有很多当地居民对农民工的歧视,不想跟他们多交往。当在调查问卷中问及"当地人(指台州人)对待外来务工人员的态度"时,占37.7%的被调查者认为"多数人有歧视,看不起外来务工者",还有22.8%的人表示"说不清",具体数据如第4页的表1-1所示。而南

京大学社会学系早在1998—1999年就进行了一项相关的调查，在接受访谈的315名农民工中，占有67%的人谈到在与城市人的交往过程之中，存在着令农民工感到疏离的社会气氛——对农民工的偏见和歧视。❶ 结合我们的调查，可以发现这种状况在当前并未出现大的转变。这表明当地很多人仍对外来务工者存有歧视心理，不愿意跟他们多交往，而反过来这也会强化农民工在人际交往中的自我阶层定位，使得农民工与当地居民的实际交往变得更少。

表3-14 关于农民工"大概有多少当地（台州当地人）的好朋友"的调查结果

		频率	百分比	有效百分比	累积百分比
有效	几乎没有	214	26.6	26.7	26.7
	不多，5人以内	256	31.9	32.0	58.7
	6~10人	99	12.3	12.4	71.1
	10人以上	231	28.7	28.9	100.0
	合计	800	99.5	100.0	
缺失	不愿填、漏填等造成的缺失	4	.5		
	合计	804	100.0		

（2）农民工的交友价值取向。笔者在调查问卷中设计了一个问题："如果可以，你最希望多结交以下哪类朋友？"从农民工对这一问题的回答中，我们可以了解到农民工希望与什么样的人交往，以及在人际交往中看重交往客体的什么属性（包括外貌、品质、情感、权势等）等问题。具体调查数据如表3-15所示。从中我们可以得知，农民工在人际交往中最看重的是"为人真诚"，希望彼此之间能以诚相待，位列第二位的则是"互相理解、关心"。农民工在交友时最在意的是内在情感与心理上的需要，其次是性格方面的，"为人真诚"便是对交往对象品德上的要求。可见，大多数农民工在人际交往中还是比较偏重情感、心灵上的交流，注重交往对象的品德。相对于上面这些选项，"有权势地位、有钱""外貌长相好"这些选项则很少有人选，分别只占5.0%和0.8%。他们对交往对象在才智方面的要求相对来说也不是非常高，对于"聪明有见解"和"比自己强，值得自己学习"这两个选项也只分别占6.4%和10.7%，这与本文道德价值观部分对农民工认为最有价值的道德品质的调查结果有一致之处，"聪明"在那里处于23位，位列倒数第四。

---

❶ 朱力. 群体性偏见与歧视——农民工与市民的摩擦性互动[J]. 江海学刊，2001（6）.

3 农民工价值观的实证研究——以浙江台州为例

表3-15 最希望多结交哪类朋友的调查（多选题）

排列位次	对应内容	选择次数	有效百分比	有效选择总次数
第1位	为人真诚	506	21.5	
第2位	互相理解、关心	498	21.1	
第3位	志趣相投	375	15.9	
第4位	性格相近	325	13.8	
第5位	比自己强，值得自己学习	254	10.7	
第6位	聪明有见解	151	6.4	2357
第7位	有权势地位、有钱	118	5.0	
第8位	讲交情	80	3.4	
第9位	听从自己	21	0.9	
第10位	外貌长相好	18	0.8	
第11位	其他	11	0.5	

（3）农民工对自身交往能力变化的看法与评价。在传统乡村社会中，农民的生产和生活往往局限于狭小的乡村范围内，他们交往的人也是以血缘和地缘关系为主，交往对象比较狭窄。农民工进城后，在全新的环境里，由于职业流动、社会经济交往增多，以及工作与生活上的其他需要使得他们必须与各类人接触，交往对象与原先相比显得更为多样化。同时，在与各类人的交往过程中，农民工中的大多数人在人际交往能力、对各类问题的认识、理解与应变能力等方面也都有了不少提高。在问卷中，问及他们出来务工之后，在人际关系处理、工作技术能力、对各类问题的认识、理解与应变能力是否有提高时，调查结果的如表3-16所示。

表3-16 对于农民工"出来务工之后，在人际关系处理、工作技术能力、对各类问题的认识、理解与应变能力是否有提高"的调查结果

		频率	百分比	有效百分比	累积百分比
有效	还是老样子	52	6.5	6.6	6.6
	很明显，现在各方面能力都有了很大的提高	296	36.8	37.4	44.0
	在一些方面有进步	345	42.9	43.6	87.6
	说不清楚	98	12.2	12.4	100.0
	合计	791	98.4	100.0	
缺失	不愿填、漏填等造成的缺失	13	1.6		
	合计	804	100.0		

从调查结果来看，有37.4%的人认为"现在各方面能力都有了很大的提高"，还有43.6%的人觉得"在一些方面有进步"，只有6.6%的人认为"还是老样子"，此外还有12.4%的人表示"说不清楚"，从中可见，绝大多数农民工认为自身的人际交往能力是有了很大的提高。

（4）与陌生人交往的态度取向。当农民工从乡村的熟人社会进入城市这一陌生社会中时，交往的范围有所拓宽，交往对象与原先相比也更加多样化了，与陌生人接触和打交道也多了起来。那么，农民工与陌生人交往的态度取向究竟如何呢？在调查中得到的相关调查数据如表3－17所示。

表3－17　对于请求帮助的陌生人的态度调查

		频率	百分比	有效百分比	累积百分比
有效	多一事不如少一事，以免给自己带来不必要的麻烦	66	8.2	8.4	8.4
	人心难测，以防被骗	120	15.0	15.2	23.6
	先弄清情况，看看事情是否麻烦，举手之劳就帮一下，如果比较麻烦就算了	181	22.5	22.9	46.4
	会尽量去帮助他	119	14.8	15.0	61.4
	看看是否真的需要帮忙，在确信需要帮忙时会帮忙	304	37.8	38.5	100.0
	合计	790	98.3	100.0	
缺失	不愿填、漏填等造成的缺失	14	1.7		
	合计	804	100.0		

对于陌生人的求助，认为"多一事不如少一事，以免给自己带来不必要的麻烦"和认为"人心难测，以防被骗"的分别占8.4%和15.2%，有22.9%的人态度是"先弄清情况，看看事情是否麻烦，举手之劳就帮一下，如果比较麻烦就算了"，选择这三个选项的总共占46.5%，这部分人在与陌生人的交往中显得比较保守，缺乏热心与积极性，以防范为主。选择"会尽量去帮助他"的不多，只占15.0%，而选择"看看是否真的需要帮忙，在确信需要帮忙时会帮忙"这一选项的人最多，占到了38.5%，这说明多数人对于陌生人的求助还是会积极伸出援助之手的，但也不是盲目地就给陌生人援助，而是先要了解相关情况，看是真的需要帮忙，还是假装骗人的，这也就是说，这部分人在与陌生人的交往中也还是谨慎、有警惕之心的。这也在一定程度上反映出，在农民工从乡村熟人社会跨入陌生的城市社会之后，他们在交往中有着很

强的安全取向。并且选择前三种和后两种的人所占比例相当,说明很多农民工不大愿意与陌生人接触。

3.4.5 家庭婚恋价值观比较理性

农民工家庭婚恋价值观是农民工以自身需要为内在尺度,对家庭、婚姻、恋爱等问题的总的看法与评价。农民工家庭婚恋价值观是农民工价值观在家庭、婚姻、恋爱问题上的体现,它是农民工价值观的重要组成部分,关系到恋爱的目的、选择什么样的婚恋对象,以及怎样的家庭、婚姻生活才是幸福的等问题。

(1) 在家庭生活方面,通过调查发现,中国传统权威观念对农民工的影响日益削弱。中国传统社会强调对特定人物的信奉与服从,维护的是君权、族权、父权和夫权的权威性,而结合表 3-18 的调查数据可以看到,对于"男主外,女主内"的家庭模式持"不太赞同"和"不赞同"合计占 55.5%,这个比例高于持"非常赞同"和"比较赞同"态度的 37.5%;"60 后"及以前、"70 后""80 后""90 后"对这一看法持"非常赞同"和"比较赞同"的在各自年龄阶段中分别占 14.4%、14.4%、12.9%、12.1% 和 33.1%、27.6%、21.7%、17.7%,由数据可知,老一代农民工对于"男主外,女主内"有着更高的认同度。这说明随着时代的发展,传统男权思想的影响日渐削弱,父权和夫权的权威性受到了强烈冲击,男女平等的思想渐渐被当代农民工特别是新生代农民工所接受。同时,在调查中了解到,当代农民工家庭生活的主要困扰在于"经济收入问题",所占比例高达 55.0%,这一点我们在农民工经济价值观部分已有所提到。

表 3-18 不同出生年份的农民工对"男主外,女主内"的看法

			"男主外,女主内"的家庭模式					合计
			非常赞同	比较赞同	说不清楚	不太赞同	不赞同	
出生年份	1970年前	计数	17	39	19	26	17	118
		出生年份中的%	14.4	33.1	16.1	22.0	14.4	100.0
	1970–1979年	计数	26	50	25	37	43	181
		出生年份中的%	14.4	27.6	13.8	20.4	23.8	100.0
	1980–1989年	计数	45	76	62	85	82	350
		出生年份中的%	12.9	21.7	17.7	24.3	23.4	100.0
	1990–1999年	计数	15	22	25	26	36	124
		出生年份中的%	12.1	17.7	20.2	21.0	29.0	100.0
合计		计数	103	187	131	174	178	773
		出生年份中的%	13.3	24.2	17.0	22.5	23.0	100.0

（2）农民工在择偶价值取向上，得到的调查数据如表3-19所示。从表中我们可以看到，与农民工的交友价值取向有所不同，"人品"跃居第1位，人的道德品质在择偶时比择友时显得更为重要，成为当代农民工在择偶时最为看重的，"性格"这一项则上升到第2位。从表3-19中我们还可以看到，当代农民工在择偶时对于"家庭情况""经济条件""职业"这几个方面的要求不是很高，这几个选项总共只占20.3%。在择偶时，当代农民工表现出了更为明显的自我阶层定位，在发问卷时和不少农民工谈到择偶问题时，他们普遍认为，自身条件不是很好，要找有钱的商人、老板和公务员这些家庭条件的不大可能，自己也不想高攀，择偶时能找个差不多条件的就可以了，关键是人要好。农民工的自我阶层定位是他们对于对方"家庭情况""经济条件""职业"这些要求不是很高的一个重要原因。

表3-19　选择结婚对象时主要看什么

排列位次	对应内容	选择次数	有效百分比	有效选择总次数
第1位	人品	548	23.7	2317
第2位	性格	334	14.4	
第3位	感情	323	13.9	
第4位	修养	296	12.8	
第5位	能力	217	9.4	
第6位	家庭情况	215	9.3	
第7位	经济条件	167	7.2	
第8位	仪表相貌	101	4.3	
第9位	职业	88	3.8	
第10位	其他	28	1.2	

（3）在对待婚前性行为、有婚外情人等问题的态度上，他们的意见分歧比较大，结合图3-1来看，认为这些"在当前社会很常见，很正常"和"这些都是别人的私事，跟旁人无关"这两个选项分别占22.7%和15.7%，持这两种态度的人对婚前性行为、有婚外情人等问题有着较为宽容的态度。认为这些行为"这样是不对的，应当要受到批评与谴责"的占19.8%，他们对于这类行为持明显的否定态度。还有觉得"很难说""说不清楚"的共占37.7%，这部分人对这类问题的态度比较模糊。还有4.0%的人则选择了"很羡慕"，认为这些是值得崇拜和追求的事情。虽然说农民工对这一问题的回答存在较大分歧，但是从不同年龄阶段上看，认为这些"这样是不对的，应当要受到批

评与谴责"的，在"60后"及以前、"70后""80后""90后"农民工中分别占28.8%、21.9%、17.4%、15.4%，在年龄越大的农民工中占的比例也越高，在图3-1中可以很明显地看出来，说明老一代农民工更倾向于认为这些行为"这样是不对的，应当要受到批评与谴责"。而认为"这个很难说，需要具体情况具体分析"的，在"60后"及以前、"70后""80后""90后"农民工中则分别占14.4%、21.9%、27.1%、30.1%，所占比例出现递增趋势，在图3-1中也同样可以很清晰地看到，新生代农民工中持这一观点的比例要明显高于老一辈农民工，这说明新生代农民工对此显得更为宽容，而不是断然反对。

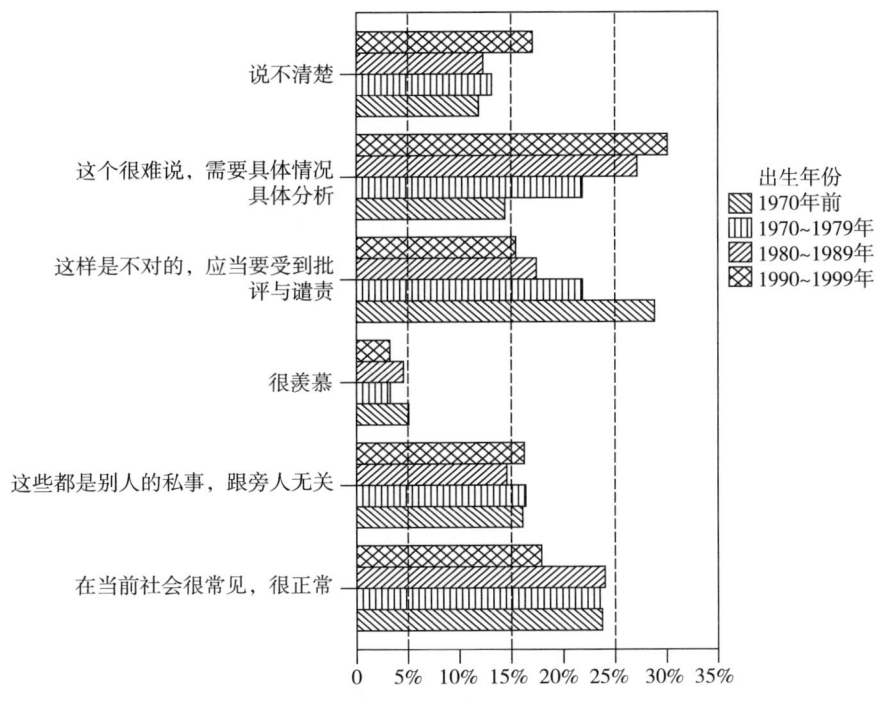

图3-1 对于婚前性行为、有婚外情人的看法

3.4.6 职业价值观重视发展空间

农民工的职业价值观是农民工对待职业的一种信念与态度倾向，它是农民工以自身需要为内在尺度，对职业的意义、好坏等的评价与态度取向。农民工的职业价值观关涉到他们对于哪种职业好、自己适合干哪一行，以及自己在职

业生涯中追求什么等问题，其对农民工的职业目标选择、职业期望，以及职业行为取向等有着巨大的影响。农民工职业价值观主要呈现出以下几个方面的特征：

（1）随着时代的发展，当代农民工对于自身作为"产业工人"这一职业身份的认同度不断提高。虽然由于户籍制度的限制，农民工的社会身份依然是农民，然而从职业角度讲，他们是工人，是产业工人的重要组成部分，是职工队伍的重要力量，在2004年中央政府一号文件中也指出："进城就业的农民工已经成为产业工人的重要组成部分，为城市创造了财富、提供了税收。"笔者在调查中发现，农民工在对自己是"工人"还是"农民"这一问题的回答上依然还存在着较大分歧，具体调查结果如表3-20所示。

表3-20 不同出生年份的农民工对于自己职业身份的认同情况调查

			您认为自己现在是：				合计
			农民	工人	其他	说不清	
出生年份	1970年前	计数	20	65	10	24	119
		出生年份中的%	16.8	54.6	8.4	20.2	100.0
	1970-1979年	计数	42	100	18	25	185
		出生年份中的%	22.7	54.1	9.7	13.5	100.0
	1980-1989年	计数	50	152	70	77	349
		出生年份中的%	14.3	43.6	20.1	22.0	100.0
	1990-1999年	计数	14	57	32	21	124
		出生年份中的%	11.3	46.0	25.8	16.9	100.0
合计		计数	126	374	130	147	777
		出生年份中的%	16.2	48.2	16.7	18.9	100.0

虽然认为自己现在是"工人"的人占到了48.2%，但仍有16.2%的人觉得自己更像"农民"，有18.9%的人对这个问题的认识比较模糊，觉得"说不清"，还有16.7%的人选择"其他"这一项，有些人自己还在"其他"后面写上了"农民工"三个字，也即是说，他认为自己现在不是工人，也不是农民，农民工就是"农民工"。虽然如此，但"60后"及以前、"70后""80后""90后"认为自己是"工人"的人在各自年龄阶段中分别占54.6%、54.1%、43.6%和46.0%，"60后"及以前、"70后""80后""90后"认为自己是"农民"的人在各自年龄阶段中所占的比例则分别为16.8%、22.7%、14.3%和11.3%，从数据可知，20世纪80年代以前出生的农民工认为自己是

"工人"的比例要高于新生代农民工,认为自己是"农民"的比例也要比新生代农民工高,而新生代农民工选择"其他"和"说不清"的比例则明显高于20世纪80年代以前出生的农民工,这在一定程度上反映出新生代农民工与老一辈农民工相比,新生代农民工对于自身阶层定位更显模糊,深感融入城市,转变为产业工人的巨大压力,显得更为困惑与迷茫,对自身作为"产业工人"这一职业身份的认同度没有老一辈农民工高,这需要引起我们的重视。

(2)在农民工的职业发展定位上,也由"亦工亦农""半工半农"向非农产业转变。在调查中发现,早期闲时到城市务工,忙时回家种地的"亦工亦农""半工半农"的季节性就业方式逐渐发生了改变,在农民工中有不少人已经很多年没回去了。当代农民工在城市中即使找不到工作,他们中的大多数人仍然会选择继续留在城市。另外,对农民工如果在台州没有找到合适的工作后的去向问题也进行了调查(图3-2),从中可以看到,表示"会继续留在这边,随便找些活先干"和"会继续留在这边,直到找到合适的工作"的人分别占17.5%和39.3%,两者所占比例高达56.8%。从以上数据中还可以看出,农民工找不到工作即使回去,他们一般也不愿意再去"种种庄稼"了,选择"回去,种种庄稼"的人仅占3.7%,选择"回去,创业"与"回去,不想种庄稼了,也不知道干什么"这两项则分别占了29.8%和2.7%。从中可见,当代农民工逐渐改变了传统的"亦工亦农""半工半农"的季节性就业方式,日渐脱离传统农业生产并向非农产业转变。

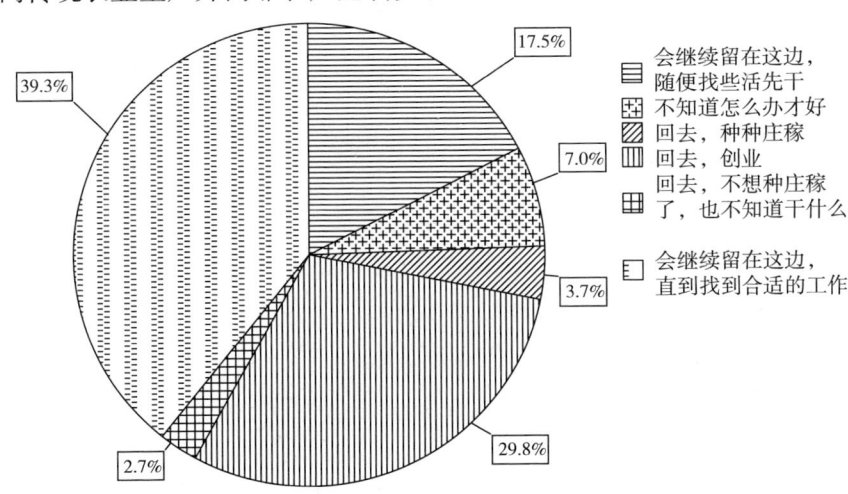

图3-2 在台州没有找到合适的工作后的去向问题调查

(3) 在职业选择上开始越来越重视"发展空间"。择业观是职业价值观的重要组成部分，对人们的择业行为有着重要影响。早期的农民工求职多是以"薪"为主，而当代农民工在寻求职业时不仅仅关注薪水问题，他们越来越重视"发展空间"，特别是新生代农民工，他们要"钱途"却更要"前途"，很多农民工在找工作时不仅问工资、问包不包吃住，还要问能不能学到技术。在调查中也发现，占有41.4%的农民工外出务工是"为寻求更大的发展空间"，这成为当代农民工外出务工的最主要的目的，其次是"出来见见世面，增长见识"，这部分占15.2%，具体如第21页的表2-1所示。《台州日报》2010年2月25日在一篇题为《"新生代农民工"就业观接近大学生》的文中，在记者与两位农民工的对话中对当代农民工重视今后的发展空间与要"钱途"却更要"前途"这类现象进行了描述：

① 记者对周伟的采访

在椒江（台州市椒江区）人力资源市场，来自河南丹阳农村的他（周伟），今年25岁，在广州度过了5年的打工生涯。去年年底，周伟结束广州鞋厂的工作后，来到台州。从正月初七开始，他出来看看有没有合适的工作。"我在广州干过3份工作，其中鞋厂干的时间最长，今年不想再到鞋厂做了，想换一份有点技术含量的工作。"周伟向记者谈起了自己的新年计划。

② 记者对应小玲的采访

在台州中心人才交流市场，一家大型超市招收银员的招聘启事，引起了四川绵阳籍姑娘应小玲的注意，"我会电脑，这个工作还是很适合我的，收入不错，一个月有1800元。"应小玲对记者说。不过，她马上补充，"我肯定不考虑去，钱虽然多，也稳定，但这样的工作吃'青春饭'，到我年龄大一点，肯定被淘汰，为了以后的打算，我得找一个有发展前景的工作，现在工资少一点没关系。"

（4）对于从事不同职业的人的态度与评价。可以通过问卷调查，以及了解从事哪些职业的人最受农民工敬佩，来看看农民工对于从事不同职业的人所呈现出的态度，得到的结果如图3-3所示。

从图中我们可以看到，当代农民工最敬佩的是"成功企业家"，这部分占26.7%，其次是"成功商人"，占14.6%，两个合计共占41.3%。成功企业家与成功商人，通过他们的打拼与创造，积累起了丰厚的物质财富，农民工对于成功企业家与成功商人的敬佩，其中有对于他们所创造的巨大物质财富的敬佩与向往，但同时也不仅仅只是出于这个原因，台州民营经济发达，很多民营企业家都是农民出身，他们以前也和现在的农民工一样，都是白手起家，农民工

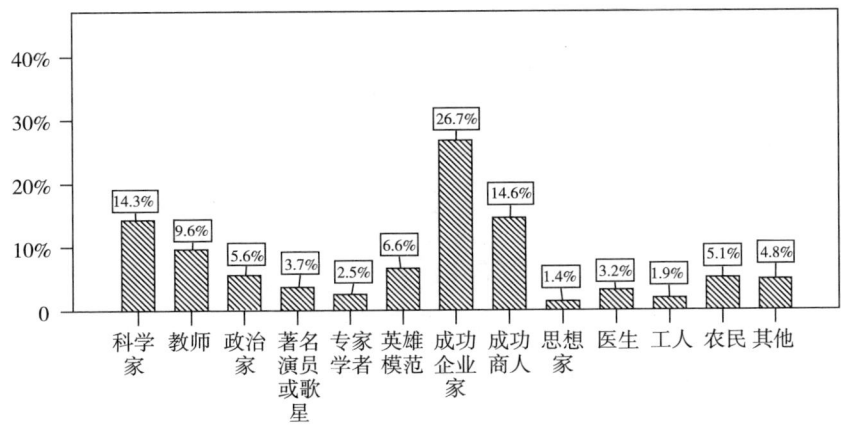

图 3-3 对农民工"最敬佩什么人"的调查

对于他们的敬佩,也包含着对于他们那种不畏艰辛的创业精神的敬佩。当然,农民工在台州大部分是在民营企业务工,与老板、商人接触的相对较多,也能更多的感受到一些企业家的能力与魅力,这也是他们产生敬佩之意的重要原因。接下来依次为"科学家"(占14.3%)、"教师"(占9.6%)、"英雄模范"(占6.6%)、"政治家"(占5.6%),他们是对于我国科技发展、人才培养,以及革命、改革与建设作出巨大贡献的人。在这里,值得我们注意的是,紧接着最让农民工敬佩的是"农民"(占5.1%),而"工人"(占1.9%)则排到后面去了。农民工来自农村,户籍也在农村,很多农民工特别是老一辈农民工大多有务农的经历,他们对于农民的艰辛与勤劳有着更深的体会,并且农民工对于城市的发展也作出了巨大的贡献。对于农民的这些伟大之处与对于农民这一群体的深厚感情,都是农民工在阶级心理认同上,更倾向于农民,并且赋予农民这一职业以更高的评价的重要原因。

3.4.7 审美价值观上缺乏审美心境与审美经验

审美价值是事物对主体审美需要的满足。事物要具有审美价值,从客体方面来说,只有事物内含能满足主体审美需要及引起主体审美感的属性,才具有审美价值。但自然属性本身却不能构成审美价值,美因人而存在,离开了审美主体,事物虽然具有相应的自然属性,但如果它不能进入主体的审美视野,没有了主体对它审美意义的肯定,它也就不会具有审美价值。马克思曾指出:"从主体方面来看,只有音乐才能激起人的音乐感;对于没有音乐感的耳朵来说,最美的音乐也毫无意义,不是对象……"❶ 当在人的审美活动中,人以自身为主体,以美的视角、美的眼光去欣赏、看待事物时,被欣赏、品鉴的审美对象也就获得了审美价值。可见,再美的事物也不能独自发挥作用,美的东西需要人的发现与肯定,最终才能显现出来,也就是所谓的"美不自美,因人而彰"。审美价值观则是作为主体的人对审美价值问题的理解与把握,它是人们以自身审美需要为基础,在审美实践过程中积淀而成的,对审美对象做出美和丑、优和劣、悲和喜的价值判断时所依据的观念体系。说的通俗些,审美价值观是一种美丑观,它关系到人们喜爱什么、厌恶什么,是人们分辨美丑时所持的基本观点。

人们由于所处的阶层、职业、民族等不同,身世境遇也会有所不同,在审美修养、兴趣爱好、审美需要等方面也就会有差异,感受审美对象的价值时就会从不同的视角、思想观点与层次上产生不同的评价,那么他们的审美价值观也便会有所差别。鲁迅在《〈绛洞花主〉小引》中写道,读者在读《红楼梦》时,"单是命意,就因读者的眼光而有种种:经学家看见《易》,道学家看见淫。才子看见缠绵,革命家看见排满,流言家看见宫闱秘事……"❷ 可见,由于人在生活境况、从事行业等方面的不同,审美价值观也会有很大的差异。农民工是我国转型期产生的特殊群体,其在生活境况、兴趣爱好、面临的问题等方面与其他社会群体之间有很多不同之处,他们的审美价值观自然也有着自身的特点,通过调查与分析,发现农民工的审美价值观主要呈现出以下几个方面的特点。

(1)当代农民工注重对人的内在美的欣赏。笔者在问卷中列举了七种美,让他们每人限选三种时,调查结果如表3-21所示。

表3-21 关于农民工认为哪种美是最美的调查

排列位次	对应内容	选择次数	有效百分比	有效选择总次数
第1位	善良、热诚的心地美	627	26.6	
第2位	大自然绚丽风光的美	497	21.0	
第3位	助人为乐、为国争光的美举	494	20.9	
第4位	机智、聪明的智慧美	412	17.4	2266
第5位	人的形体容貌美	133	5.6	
第6位	当前流行的时尚美	103	4.4	
第7位	美食的口感美	96	4.1	

---

❶ 马克思恩格斯全集(第42卷)[M]. 北京:人民出版社,1979:125-126.
❷ 鲁迅全集(第8卷)[M]. 北京:人民文学出版社,1981:145.

从表中可以看出,"善良、热诚的心地美"和"助人为乐、为国争光的美举"这两项分列第1位和第3位,这既反映了农民工的审美情趣,也说明他们在审美对象上比较喜爱和偏好内在的善心与善举;同时也可以看出他们在审美判断上,认为内在美更具审美价值,并将其作为主要的审美评价标准,这从对农民工的婚恋价值观的调查中也可以得到一定的反映,他们在选择结婚对象时最为看中的也是内在的人品与修养。

(2) 缺乏良好的审美心境。心境是一种微弱、平静但却持续时间较长的情绪状态,它具有长期性与弥散性,这里所谓的弥散性,是指人们一旦处于某种心境当中,心境所表现出来的态度体验就会朝向周围的一切事物。而审美心境则是审美主体在审美活动中所保持的一种有利于审美活动展开的持久而稳定的情绪状态。在审美活动中,审美主体所具有的情绪状态经常会影响到他们的审美知觉与审美感受,人们一旦具有了某种心境,那么他们的情绪状态就极容易会感染他们所关注的对象。审美主体的心境与情绪直接影响到审美感受与美感的倾向,对于同一审美对象,审美主体所处的审美心境不同,他们审美知觉、审美对象的选择,以及审美感受也会出现很大的差异。《荀子·正名》篇中说:"心忧恐,则口衔刍豢而不知其味,耳听钟鼓而不知其声,目视黼黻而不知其状,轻暖平簟而体不知其安。"其即是说,人在心情忧郁、恐惧时,即使嘴里衔着肉食也尝不出味道,耳朵听着钟鼓所奏出的动听的音乐也不觉得悦耳,眼睛看着美丽的服饰也不觉得漂亮,身上穿着轻软而暖和的衣服坐在竹席上也感觉不到舒适。影响人们审美心境的因素有很多,审美主体的人生经历、身体健康状况、性格特征,以及精力的旺盛或者疲惫等,都会影响审美主体的审美心境。而对于农民工来说,他们所从事的工作大多较累,工作时间较长,这使得他们常常显得很疲惫,缺乏足够的休息,他们的居住条件也较差,这显然会影响到他们的审美心境。

马克思说:"忧心忡忡的穷人甚至对最美丽的景色都没有什么感觉。"❶ 精神疲惫、常为生计所困的人是很难情绪欢快地欣赏周围的美景的。而农民工的收入往往较低,正如我们在表3-22中可以看到的,"收入问题"是大多数农民工觉得最为苦恼的问题,选择"收入问题"的比例要远高于其他选项。同时,他们在家庭生活中,最困扰他们的也是"收入问题",加上他们的居住条件差,而良好的审美心境需要一种在生理舒适的基础上的情绪平静,正是这些

---

❶ 马克思恩格斯全集(第42卷)[M]. 北京:人民出版社,1979:126.

因素的综合作用，导致农民工缺乏良好的审美心境。

表 3-22　农民工现在觉得最苦恼的问题

		频率	百分比	有效百分比	累积百分比
有效	收入问题	293	36.4	37.0	37.0
	自己事业发展前景	157	19.5	19.9	56.9
	孩子教育问题	144	17.9	18.2	75.1
	孤独、空虚，不被理解	94	11.7	11.9	87.0
	生活开支大	29	3.6	3.7	90.7
	住宿和饮食问题	27	3.4	3.4	94.1
	其他	24	3.0	3.0	97.1
	家庭分居	12	1.5	1.5	98.6
	医疗保障问题	11	1.4	1.4	100.0
	合计	791	98.4	100.0	
缺失	不愿填、漏填等造成的缺失	13	1.6		
	合计	804	100.0		

（3）农民工的审美经验相对欠缺。所谓审美经验，简单地说，就是人们的审美经历与审美体验，它是人们在感受、欣赏、体验，以及创造美的过程中积淀下来的经验总和，是人们经过多次反复的审美实践活动而形成的，其本身也就是审美能力的一种。人们的审美经验生成后，在以后进行的有关审美活动中，当人们受到审美对象有关信息刺激的时候，就会把原先已经生成的审美经验调出来，并会产生联想，以帮助人们在相关的审美活动中对审美对象作出判断。农民工群体的审美经历与审美体验相对较为缺乏，他们在日常生活中，很少进行有关审美的活动，在2009年，我们"转型期农民工思想道德教育研究"课题组对全国212名农民工进行的抽样调查中发现，他们在对"空闲的时候通常做什么"这一问题的回答中，"打牌打麻将"和"聊天、睡觉"这两者分别就占了23.6%和36.8%，如表3-23所示。

表 3-23　在空闲的时候通常做什么

		频率	百分比	有效百分比	累积百分比
有效	打牌打麻将	50	23.6	23.6	23.6
	聊天、睡觉	78	36.8	36.8	60.4
	看电影、录像，上歌舞厅	20	9.4	9.4	69.8
	进行体育活动	12	5.7	5.7	75.7

3 农民工价值观的实证研究——以浙江台州为例

续表

		频率	百分比	有效百分比	累积百分比
有效	读书看报	23	10.9	10.9	86.4
	上网	20	9.4	9.4	95.8
	其他	9	4.2	4.2	100.0
	合计	212	100.0	100.0	

(数据来自我们"转型期农民工思想道德教育研究"课题组对全国212名农民工的调查)

同时，农民工群体的文化水平相对较低，这对于他们审美经验的获得也会产生影响，例如，对于画展、交响乐这些，因为缺乏相关的素养，使得他们基本上没有关注、参与过相关方面的审美活动，欣赏交响乐需要对乐曲的构成、写作背景和作曲家的生平等要有所了解，与此同时，还要具备一定水平的审美能力，这样才能够较好地欣赏，而农民工群体的文化水平相对较低，在这方面的审美经验就会相对欠缺。还有，当我们问及他们是否考虑出去旅游，欣赏一下外面的美丽风光时，他们中很多人表示"要工作，走不开""出去旅游要花好多钱，还是不去的好"，可见，经济和工作状况也是一个重要的影响因素。此外，就如我们在上面所提到的，农民工缺乏良好的审美心境，这在很多时候影响他们审美活动的开展，使得他们不能静下心来认真地感受、欣赏和体验美，这也是造成他们审美经验相对缺乏的一个重要原因。

(4) 为了解哪一方面的事物最能引起当代农民工的美感，在调查问卷中笔者列举了8种美好的感觉，分别是：①生活上的富裕感；②办成事情、获得成功后的成就感；③情感生活上的温暖感；④家庭、人际关系和睦带来的和谐感；⑤获得别人的尊重与理解后的欣慰感；⑥学到知识、弄清道理后的喜悦感；⑦美味佳肴的可口感；⑧旅游、音乐、游戏等休闲娱乐活动让人快乐、放松的愉悦感。让他们从中选择三个他们认为最为美好的，把调查数据按所占比例从高到低进行降序排列，调查结果如表3-24所示。从表中我们可以发现，"家庭、人际关系和睦带来的和谐感"（占20.2%）被农民工认为是最美好的，在家庭与人际关系处理方面最能引起农民工的美感；其次为"办成事情、获得成功后的成就感"（占18.4%）。而在道德价值观的调查中也发现，农民工赋予"诚信""孝顺""有责任心""有进取心""真诚"这类个人对待父母长辈、对待他人、对待工作时应当具有的道德品质以很高的价值。这些都反映了农民工对于家庭、人际关系和努力进取、实现自身价值问题的关注，这方面的成绩能很好地满足他们的审美需求，使他们产生美感。接下来是"获得别人的尊重与理解后的欣慰感"（占15.7%），说明当代农民工不仅需要物质上的关怀，也需要精神上的关怀与尊重。而"学到知识、弄清道理后的喜悦感"（只占10.7%）则相对靠后，在农民工认为最有价值的道德品质的调查中，"热爱科学"也排到了最后一位，科学知识的学习不大能引起农民工的兴趣，他们的审美情趣不在这边，加上他们文化素质普遍偏低，对于学到知识、追求真理过程中的苦与乐缺乏体验，这些都是"学到知识、弄清道理后的喜悦感"排得比较靠后的重要原因。

表3-24 关于农民工觉得哪种感觉最为美好的调查

排列位次	对应内容	选择次数	有效百分比	有效选择总次数
第1位	家庭、人际关系和睦带来的和谐感	476	20.2	2360
第2位	办成事情、获得成功后的成就感	435	18.4	
第3位	获得别人的尊重与理解后的欣慰感	371	15.7	
第4位	情感生活上的温暖感	343	14.5	
第5位	生活上的富裕感	316	13.4	
第6位	学到知识、弄清道理后的喜悦感	253	10.7	
第7位	旅游、音乐、游戏等休闲娱乐活动让人快乐、放松的愉悦感	126	5.4	
第8位	美味佳肴的可口感	40	1.7	

3.4.8 对于幸福的看法与追求幸福的方式总体合理

幸福是指人们在创造物质生活和精神生活条件的实践中，由于目标和理想的实现而在心里感到某种满足的一种心理体验。幸福观则是人们对幸福的根本观念与看法。人类的发展史"就是一部通过对幸福的追求而不断探究人的生存意义、存在方式、存在内容的反思史"❶。农民工的幸福观与他们的价值观紧密相连，是他们价值观的反映，农民工对幸福的理解、看法，以及追求方式，必然会影响到他们的人生价值追求、价值取舍与追求幸福过程中的行为选择。由于人们社会地位、文化水平、经济状况、经历、习惯、爱好等不同，人生目的和追求就会有差异，对于幸福的评价与感受也会有所不同，也就会形成不同的幸福观。农民工群体是中国社会转型期出现的一个特殊的、庞大的、弱

---

❶ 高兆明. 幸福论[M]. 北京：中国青年出版社，2001：11.

势化的群体,他们的幸福观反映了社会转型这一背景下我国农民工的人生追求与愿望,是农民工群体自身生活状况的体现。农民工从农村到城市务工,他们追求什么样的幸福,是否感到幸福,以及他们的幸福观发生了怎样的变化,有何特点,这些问题都很值得我们关注和探讨。通过调查结果来看,我国农民工对于幸福的看法与取向总体上呈现出以下几个特征。

(1) 在对于幸福的追求上,绝大多数农民工能够将追求个人幸福与造福社会有机统一起来;但在物质幸福与精神幸福的追求上,比较偏重物质方面的获取与满足。

马克思主义认为,幸福是个人幸福与社会幸福的统一。幸福是人创造的,个体通过努力实现理想和目标而获得满足,感到幸福。然而,人是生活在社会关系中的人,是不能脱离社会和他人而独立存在的,个人在创造幸福的过程中离不开他人与社会的帮助与关心,个人幸福与社会幸福是密不可分的。在对于农民工"对抗震救灾等的捐款有什么看法"这一问题的调查中发现,农民工中表示会捐款的占到了绝大多数,其中表示"会捐,量力而行,表达自己的一点心意"与"会捐,尽自己的最大努力"两项就分别占到了71.8%和11.8%,这说明大多数农民工都认为捐款帮助他人与造福社会是必要的,能将索取与奉献较好地结合起来。但仍有12.5%的人表示"想捐,但自己也没多少钱,心有余而力不足",还有3.9%的人则表示"不会捐",他们认为自己也是弱势群体,无须帮助别人,反而需要别人的帮助,具体数据如表3-25所示。

表3-25 对于抗震救灾捐款是否会捐款的调查结果

		频率	百分比	有效百分比	累积百分比
有效	会捐,量力而行,表达自己的一点心意	574	71.4	71.8	71.8
	想捐,但自己也没多少钱,心有余而力不足	100	12.4	12.5	84.3
	会捐,尽自己的最大努力	95	11.8	11.8	96.1
	不会捐,自己也是需要关注的弱势一方,自己还管不过来呢	31	3.9	3.9	100.0
	合计	800	99.5	100.0	
缺失	不愿填、漏填等造成的缺失	4	.5		
合计		804	100.0		

农民工在对物质幸福与精神幸福的追求上,比较关注物质需要的获得。经济收入问题是当代农民工追求幸福生活的主要障碍,当在调查中问及他们

"现在最苦恼的问题"时，回答"收入问题"的位居第1位，占37.0%，这个比例远高于处于第2位的"自己事业发展前景"的19.9%。可见，"收入问题"是农民工最关心的问题。由于农民工在生活上常为贫穷所困，为更快摆脱这一状况，他们在追求幸福的过程中，也就比较关注实实在在的基本物质所需的获得。这在2009年我们"转型期农民工思想道德教育研究"课题组对全国212名农民工的抽样调查中也有所体现，我们在问卷中问及他们的个人理想时，最多的回答是"想办法挣更多的钱"，占到了37.3%，其次是"能养家糊口，能过安稳日子就行"，这一项也占到34.0%，两者合计达71.3%。从中我们可以发现，农民工在对物质幸福与精神幸福的追求上还是比较偏重基本生活需要的获取与满足。

（2）在方式上，大多数农民工表示要通过正当方式获取幸福。从第47页的表3-4中，我们可以看到，在农民工对于相关部门组织的法律、法规培训的态度上，表示会"积极参与"的达到68.8%，而更有33.1%的人表示参加学习、培训，主要目的就是为了"了解相关法律，使自己以合法的方式致富"，可见农民工在让自己以合理方式获取幸福这点上，大多数是认同的。同时，在调查中还了解到，农民工对于"君子爱财，取之有道"和"诚信"有很高的认同度，例如，对于诚信，在调查问卷中列举的26种道德品质中，"诚信"更是名列第1位（具体数据见第56页的表3-12），可见，农民工对于"诚信"的重视与高度认同。这些都说明，绝大多数农民工都认为要通过合法的、诚实的方式来追求幸福，反对不择手段地获取幸福。然而，还是有相当部分的农民工，对这方面的问题不大关注，其中不想参与法律、法规这类培训与学习，认为是没时间，或者是浪费时间，这部分人占了9.1%。还有的认为"参不参与无所谓，只要不做违法的事情就可以了"和"看其他人参不参加，如果大多数人参加我也参加"，这两者分别占了14.2%和8.0%。也有一些农民工在繁华的城市中，面对扑面而来的商品经济大潮，面对各种各样的诱惑，逐渐变得浮躁起来了，导致急功近利。有些人为了追逐自己的个人幸福，尽快地摆脱贫穷，忽视甚至不惜侵害他人与社会的利益，出现道德失范现象。这种建立在不道德基础上的幸福不是真正的幸福，甚至于少数人为追逐个人幸福，弄虚作假、不择手段、铤而走险，最后走上了违法犯罪的道路，这必须引起重视。

（3）当他们获取幸福的道路受阻时，他们又会如何？从问卷调查的结果来看，在碰到就业困难、子女教育、拖欠工资、生产安全、权益得不到保障等问题时，他们中的大多数人是比较理性的，表示会"接受事实，寻求合理的解决方案",这一选项占了53.8%,表示"难以接受"和"默默承受,自认倒霉"的分别占了31.0%和5.4%,还有9.8%的人则表示"非常愤怒,对当前社会感到不满或想要发泄一下",具体数据如表3-26所示。

表3-26 对于如果碰到就业困难、子女教育、拖欠工资、生产安全、权益得不到保障等问题时将如何做的调查结果

		频率	百分比	有效百分比	累积百分比
有效	非常愤怒,对当前社会感到不满或想要发泄一下	78	9.7	9.8	9.8
	难以接受	247	30.7	31.0	40.8
	接受事实,寻求合理的解决方案	428	53.2	53.8	94.6
	默默承受,自认倒霉	43	5.4	5.4	100.0
	合计	796	99.0	100.0	
缺失	不愿填、漏填等造成的缺失	8	1.0		
	合计	804	100.0		

另据我们"转型期农民工思想道德教育研究"课题组在2009年对全国212名农民工的抽样调查中,对"遇到想不开或自己无法解决的问题怎么办"这一问题的调查结果显示,"找朋友、老乡聊天""默默憋在心里,但不迁怒别人"这两项最多,分别达到56.1%和17.9%。有10.8%和3.3%的人分别选择了"借酒消愁"和"其他"一些方面,还有11.8%的人选择会"对社会产生怨恨,找一些渠道发泄"。可见,当农民工在追求幸福的道路上受到阻碍时,大多数农民工会通过找人聊天,寻求帮助,也有一些比较内向的农民工选择自己忍受,或者借酒消愁,而寻求相关政府、教育、心理咨询等机构帮忙的则较少。这其中要注意的是两次调查都显示有10.0%左右的人选择会因此对社会产生怨恨与不满,或找一些渠道发泄。因此,对农民工在追求人生幸福的道路上遇到的挫折与不幸一定要加以引导,使他们重树信心,以积极的心态和合理的方式追求幸福。

(4)大多数农民工对于当下的生活表示满意,感到幸福。农民工相对比较容易满足,对于"知足常乐",持"非常赞同"和"比较赞同"态度的合计占到了77.2%,持"不太赞同"和"不赞同"的只占13.1%,其余9.7%的人表示"说不清楚"(具体数据见表3-27),在调查中,大多数农民工表示对当前的生活总体也算满意,基本上觉得幸福。我们"转型期农民工思想道德教育研究"课题组在2009年对全国212名农民工的抽样调查中,让他们对于自己生活的满意度打分时,其中50分及以下(表示不满意)的占11.8%,60

分、70 分（表示基本满意）的占到绝大部分，分别有 35.1% 和 31.3%，80 分以上的（表示非常满意）占到 20.7%，其他则占 0.9%。从中可知，大部分处于 60 分与 70 分，这也说明农民工总体来说对于生活还是基本满意，而有 20.8% 的农民工觉得生活很满意，但仍有 11.8% 的人觉得不满意。

表 3-27 对"知足常乐"的态度

		频率	百分比	有效百分比	累积百分比
有效	非常赞同	315	39.2	40.0	40.0
	比较赞同	293	36.4	37.2	77.2
	说不清楚	76	9.4	9.7	86.9
	不太赞同	64	8.0	8.1	95.0
	不赞同	39	4.9	5.0	100.0
	合计	787	97.9	100.0	
缺失	不愿填、漏填等造成的缺失	17	2.1		
合计		804	100.0		

3.4.9 宗教价值观上功利性取向明显

宗教价值观是关于宗教问题的价值观念体系，它是主体对宗教这一社会现象的基本评价和价值取向，是主体关于宗教及其对于自身所具有的意义的判断标准与基本观点。农民工的宗教价值观是农民工在社会生活中积淀而成的稳定的观念体系，其一经形成，便会深刻影响着农民工对于宗教的态度、情感，影响着他们的宗教行为。家庭环境、所处阶层、受教育水平等因素都会影响一个人的宗教价值观，使其呈现出不同的特点。

通过对问卷调查结果的统计分析，发现农民工有宗教信仰的人很多。随着我国社会经济的发展与国家宗教政策的落实，以及农民工进入城市这一陌生的社会之后，也需要为漂泊不定的打工生活寻求庇护，市场经济下物质社会所导致的内心空虚，也需要得到精神的寄托，在各种因素的综合影响下，越来越多的农民工从宗教中寻求精神的寄托与庇护。在调查对象中，信佛教的最多，占 29.1%；其次为基督教，占 8.8%；天主教占 2.1%；伊斯兰教和道教则仅占 0.6% 和 0.9%。还有 3.9% 的人更是"不论对佛教、基督教都信"，认为"不论鬼神上帝、菩萨圣母都可叩拜"。但在实际上，这些认为自身有宗教信仰的农民工中，包含了很多信迷信的人，这点我们在下面将会做进一步的论述。

我国农民工在宗教价值取向上具有明显的功利性与自我保护性。美国心理学家阿尔波特（C. W. Allport，1897-1967）把宗教价值取向分为"内在宗教取向"和"外在宗教取向"两种。外在宗教取向者通常只是把宗教作为满足自己独特需要的一种手段，并非把宗教本身作为目的，它具有明显的功利主义倾向和自我保护性，宗教只是他们获得精神上的慰藉、心理上的平衡，以及寻求安全与庇护需要的手段。具有内在宗教取向者则是认为宗教本身就是最高价值所在，其将宗教本身作为目的。而笔者通过问卷调查中发现，当代农民工在宗教价值取向上更多的是属于阿尔波特所说的"外在宗教取向"那一类。通过对样本中有宗教信仰的农民工的信仰原因的调查结果的分析，发现有高达36.3%的农民工信仰宗教的主要目的是"为消灾免祸，祈求全家人顺畅、发达，出门在外能平安，发展顺利"，选择这个选项的比例远高于其他，农民工中普遍存在着无事"不登三宝殿"，有事就"临时抱佛脚"的现象，这具有明显的功利性和自我保护性。而很少有农民工将宗教本身作为目的，从图3-4中关于农民工宗教信仰原因的调查结果中我们还可以看到，像因为"神的伟大、永恒与圣洁"、因为"崇拜神、赞美神"而信仰宗教的人，只占4%，选择"'佛'、'主'是倾诉隐私的最佳对象，可以排忧解闷，摆脱孤独的生活和心理""为获得精神上的慰藉和心理上的平衡"和"很多东西现实社会也不能给出合理的解释，宗教很多东西说得很有道理"的分别占6.5%、8.5%和9.0%；还有表示受"受家庭环境的影响""受他人和社会的影响"及"其他"原因的影响的则占22.3%、8.5%、4.8%，选择家庭因素的比例位居第二，家庭对于农民工宗教信仰的影响需要引起重视。

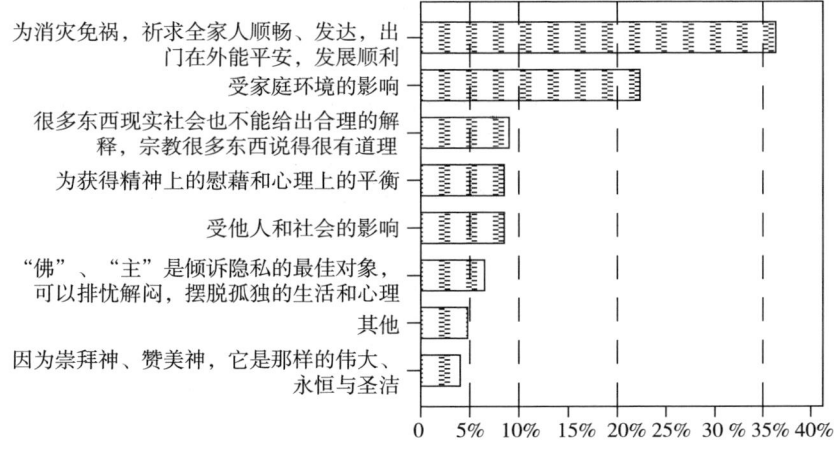

图3-4 农民工信仰宗教最主要的原因调查

在调查中还发现，农民工的宗教信仰经常会与迷信活动纠缠在一起。对于"看相、算命、卜卦、抽签、看风水和宗教是怎么样的关系"这一问题，有51.7%的农民工表示"说不清楚"。在许多农民工的观念中，他们更是把看相、算命、卜卦、抽签、看风水这些迷信活动等同于宗教信仰活动，有9.7%的人认为看相、算命、卜卦、抽签、看风水"这些就是宗教信仰活动"，还有15.0%的人认为这些"总的来说和宗教信仰差不多"，而认为两者"还是有很大不同的"人只占23.6%，具体数据如表3-28所示。

表3-28 对于看相、算命、卜卦、抽签、看风水和宗教的关系认识

		频率	百分比	有效百分比	累积百分比
有效	这些就是宗教信仰活动	76	9.5	9.7	9.7
	总的来说和宗教信仰差不多	117	14.5	15.0	24.7
	还是有很大不同的	184	22.9	23.6	48.3
	说不清楚	404	50.2	51.7	100.0
	合计	781	97.1	100.0	
缺失	不愿填、漏填等造成的缺失	23	2.9		
合计		804	100.0		

宗教是一种世界观，"一切宗教都不过是支配日常生活的外部力量在人们头脑中的幻想的反映；在这种反映中，人间的力量采取了超人间的形式"。但宗教不同于迷信，其通常有着一套系统的教理教义与哲学理论，在我国，法律保护正常的宗教活动，宗教信仰自由是公民的一项基本权利。而迷信活动，则是那些神汉、巫婆，以及迷信职业者利用巫术等进行装神弄鬼、妖言惑众、骗钱害人的活动，例如看相、算命、卜卦、抽签、看风水这些迷信活动，是不属于宗教活动范围的，对于迷信活动，国家法律和政策也是明令禁止和要加以取缔的。

当前，很多农民工由于信鬼神和命运，他们时常去烧香叩头，求神保佑。在调查中发现，对于"看相、算命、卜卦、抽签、看风水"这些迷信活动，有3.1%的农民工表示"经常去"，但还有高达41.3%的人则是"偶尔去"。同时，正如我们在上面的表3-28中所看到的，绝大多数农民工不能很好地认识到宗教与迷信之间的区别，有24.7%的人认为两者是一样的或是差不多，更有高达51.7%的人对此表示"说不清楚"，这就使得不少信迷信的人也认为自己是"宗教信徒"。所以，我们在上面也提到，农民工在问卷中选择有宗教信仰的人，这其中包含了非常多的信迷信的人，他们也认为自己是信仰宗教的。

4 农民工价值观的多维解析

在真实把握和了解农民工价值观状况的基础上,需要进一步对各种相关影响因素进行分析,以更好地了解农民工价值观呈现出这些状况的原因。同时,也只有对这些影响因素进行深入的解析,了解各种影响因素在农民工正确价值观的形成与发展中所起的作用,认清哪些方面是积极的,有助于农民工正确价值观的确立,哪些方面又是消极的,不利于农民工正确价值观的确立,这样才能更好地采取有针对性的策略,积极地消除这些不利因素的影响,以促进农民工正确价值观的确立。农民工价值观的影响因素十分复杂,是众多因素综合作用的结果,本文分别从宏观层面的大的背景性因素,中观层面的国家政策环境、乡村环境、家庭环境,以及与农民工的工作、生活紧密联系在一起的环境等因素,以及微观层面的农民工群体内部的相关变量因素这三个维度对农民工价值观进行解析。

4.1 社会转型与农民工价值观的变迁

当前,我国正从传统农业社会向现代工业社会、从计划经济时代向市场经济时代转型。农民工的价值观也随着社会主义市场经济的发展与西方的文化、生活方式的涌入而发生着诸多的变化。他们的价值观也日渐由封闭、守旧向开放、进取转变,他们的法制意识、权利意识和竞争意识也不断增强,人际交往关系也日趋丰富。而另一方面,在这一深刻的社会变革期间,旧的社会秩序已被打乱,人们的价值观念也发生着剧烈的变化。古圣人逐渐远去,旧政治权威受人尊重的地位也开始受到冲击,他们的评价标准也失去了往日的神圣光环,这些都使得中国传统价值观对农民工的影响日渐削弱。"农民是在土地上生根的,一切纲常教义,一切'安分守己','安土重迁'的道理,是要他们能继续在土地上生存下去才能发生作用。"❶ 随着我国从传统农业社会向现代工业

---

❶ 王亚南. 中国官僚政治研究 [M]. 北京:中国社会科学出版社,1981:130.

社会转型，在城市拉力与农村推力的双重作用下，越来越多的农民工进城务工，正如在调查中所了解到的，农民工很少再愿意回去务农，特别是新生代农民工，他们很少有务农的经历，对于土地感情也就没有老一辈农民工那么深厚，他们对田地的依赖也正在快速地削弱。而这些要"继续在土地上生存下去才能发生作用"的价值观念，对他们就不会再有以前那么大的效用了。他们进城务工，经受市场经济与工业化的洗礼，逐渐改变了"日出而作、日落而息"的劳作方式和单调、封闭、同质化的生活方式，他们的价值观也随之发生了巨大的变化，当代农民工开始逐渐摆脱很多消极的传统价值观念的束缚，在价值观上呈现出了很多积极的因素：竞争在现代经济发展中所具有的积极作用得到了他们的普遍肯定；与现代市场经济发展相适应的法制意识也不断增强；同时，当代农民工也日渐摆脱"君子喻于义，小人喻于利"的传统重义轻利的价值观念的束缚，从耻于谈钱、羞于赚钱的传统中走了出来，开始敢于追求自身的正当利益，能正确看待金钱的作用，并积极地以合法的方式致富，如此等等。

转型期农民工的价值观在整体上虽然开始由传统向现代转变，然而，不少传统价值观对他们依然有着巨大的影响，甚至在很多方面，一些传统价值观念依然处于主导地位，其中有积极的方面，也有消极的成分。例如，在对待幸福的态度上，我国传统农民虽然常被物质匮乏所困，他们也十分关注事关个人，以及家人生计的"利"，但他们仍然能以超然的态度对待金钱，反对不择手段地获取利益，主张安分守己、知足常乐、讲求仁义。我国农民工深深打上了传统农民的这些思想印记，他们关心自己的物质利益，想挣更多的钱，但反对不择手段地获取利益，这也是他们中大多数人积极寻求正当方式以求得幸福的一个重要原因。同时，受我国传统农民知足常乐、小富即安思想的影响，农民工对于幸福的期待标准较低，因此，农民工也比较容易满足，虽然他们在工作、生活等许多方面与城市居民相比仍存在差距，但他们大多是农村中的"精英分子"，经济收入也比农村中的农民要高，因此他们基本上都感觉比较幸福。而另一方面，知足常乐、容易满足的心态不利于他们与当前市场经济发展所要求的开拓进取、讲求时效等新型价值观念的树立。此外，受我国传统观念影响，农民工往往将个人幸福与家庭幸福联系起来，个体的生命的有限性使他们觉得自己的人生期待和愿望并不能通过他们自身短暂的一生得到充分的实现，这就使得他们对于子孙后代极为重视，并将自己的人生期待与愿望寄托于子孙后代，呈现出了"重子孙、轻个人"的价值取向。笔者在对农民工"多花些钱在什么方面比较值得"这一问题进行了调查,在调查中列举了"子女教育""提高自身业务知识水平与专业技术能力""改善与提高家庭居住环境"等10个方面的内容,"孩子的教育问题"则是他们认为最值得多花钱的,这与我国传统价值取向中高度重视子孙后代的观念不无关系(具体数据参见第53页的表3-10)。农民工在经济价值观上,绝大多数更倾向于接受"量入为出""积谷防饥""勤俭持家"等中国传统农民的消费观念,而不大认同以美国为代表的、盛行于西方国家的超前消费行为,对于"用明天的钱圆今天的梦"这一消费行为绝大多数农民工都持"不赞同"和"不太赞同"的态度,这两者合计占到了61.4%,而持"非常赞同"和"比较赞同"的两者只占19.2%,明显低于持反对态度的人的比例。这些都显示了传统价值观对于农民工价值观在很多方面依然有着巨大的影响。

表4-1 农民工对于"用明天的钱圆今天的梦"的态度

		频率	百分比	有效百分比	累积百分比
有效	非常赞同	55	6.8	7.1	7.1
	比较赞同	94	11.7	12.1	19.2
	说不清楚	150	18.7	19.4	38.6
	不太赞同	207	25.7	26.7	65.3
	不赞同	269	33.5	34.7	100.0
	合计	775	96.4	100.0	
缺失	不愿填、漏填等造成的缺失	29	3.6		
合计		804	100.0		

在当前我国社会转型时期,社会结构剧烈变动,利益格局深刻调整,这也必然会引起当代农民工价值观的巨大变化。在现实生活中,存在着各种价值观,其中既有社会主义集体主义价值观,也有个人主义、拜金主义、享乐主义等价值观。同时,在社会主义市场经济条件下,当代农民工对于个人利益的认识也有新的变化,追求个人的合法利益也得到了社会的肯定,他们开始关注个人正当利益的满足,并开始积极地追求物质财富和自身幸福。但拜金主义、个人主义的价值观也有所蔓延,一些农民工的社会主义集体主义价值观出现淡化倾向。面对转型期各种价值观的激烈冲突,以及一些农民工的社会主义集体主义价值观所出现的淡化倾向,加强当代农民工的社会主义集体主义价值观教育在当前显得极为紧迫。集体主义既是一种价值观,又是人们在处理国家、集体与个人之间关系时所应当坚持的政治原则与道德原则。加强当代农民工的集体

主义价值观教育,就是从价值导向上引导他们坚持以国家和集体的利益为重,当个人利益和国家、集体的利益发生矛盾的时候,个人利益要服从国家和集体的利益。同时,坚持集体主义应坚持国家、集体和个人利益相结合,在坚持集体利益高于个人利益的同时,并不反对个人在不违反集体主义原则的前提下,所做出的不同的价值选择,充分地尊重和维护个人的正当利益,促进社会和个人的和谐发展。正如马克思所指出的:"人的本质不是单个人所固有的抽象物,在其现实性上,它是一切社会关系的总和。"❶ 要让农民工懂得,人是生活在社会关系中的人,是不能脱离他人、社会和集体而独立存在的,个人的发展离不开社会、国家和集体利益的发展,集体利益、国家利益又是个人利益得以实现的最可靠的保证,马克思说:人"不仅是一种合群的动物,而且是一种只有在社会中才能独立的动物"❷,一个人也只有在集体中,才能够获得全面而自由的发展,并且在社会主义条件下,个人利益与国家、集体的利益从根本上说是一致的。斯大林说:"个人和集体之间、个人利益和集体利益之间没有而且也不应当有不可调和的对立,不应当有这种对立,是因为集体主义、社会主义并不否认个人利益,而是把个人利益和集体利益结合起来。社会主义是不能撇开个人利益的。只有社会主义社会才能给这种个人利益以最充分的满足。"❸

4.2 农民工价值观的宏观背景性影响因素审视

4.2.1 全球化对农民工价值观的双重影响

马克思、恩格斯在《共产党宣言》中就做出了"全球化"的预言:"不断扩大产品销路的需要,驱使资产阶级奔走于全球各地。它必须到处落户,到处开发,到处建立联系","资产阶级,由于开拓了世界市场,使一切国家的生产和消费都成为世界性的了"。❹ 全球化是不可阻挡的历史潮流,是当代世界的基本特征,一个国家,一个民族,如果不想偏离人类文明发展的大道,就必然要以这样或那样的方式参与到全球化的进程中去。随着全球化的不断推进,

---

❶ 马克思恩格斯选集(第1卷)[M]. 北京:人民出版社,1995:56.
❷ 马克思恩格斯选集(第2卷)[M]. 北京:人民出版社,1995:87.
❸ 斯大林选集[M]. 北京:人民出版社,1979:354-355.
❹ 马克思恩格斯选集(第1卷)[M]. 北京:人民出版社,1995:276.

各个国家、民族和地区也越来越走向开放与合作，它们间的联系增多，相互之间的影响也不断增强。农民工的工作、生活与价值观念也不可避免地会受到全球化进程的影响，在2008年世界金融危机中，浙江台州不少外贸依存度较高的企业出现减产，对外来劳动力的需求量也在下降，这也影响到了农民工的就业与生活；而2010年，随着世界经济形势走出低谷，台州对外来劳动力的需求又大增，以至于在调查中向一些人问起"如果在台州没有找到合适的工作是否继续留在台州"这一问题时，他们中的一些人却回答道："不可能找不到工作的，现在可是用工荒！"

全球化不仅仅是经济的全球化，它是一个横跨人类社会众多领域的多维度的全球联系不断加强的社会变迁过程，在全球化浪潮中，各国家、民族、地区在政治、经济、文化、科技、军事、安全、意识形态、生活方式，以及价值观念等各个层次、各个领域间都相互联系、相互制约，其对我国农民工价值观的形成与发展也产生了巨大的影响，全球化对于我国农民工正确价值观的构建，既是机遇，也是挑战。

一方面，全球化打破了民族的局限性和区域的封闭性，加速了各个国家、民族、地区之间文化与价值观念的交流，扩大了文化交流的范围，这有助于进一步促使农民工改变传统的封闭守旧意识，树立开放、交往的意识。同时，在全球化进程中，一些全球性的问题也越来越引起人们的关注：核技术、生化技术的合理利用可以发展经济、造福人类，而其不当使用则会造成前所未有的破坏，甚至毁灭人类；网络技术的合理利用可以为人们的学习、工作与交往提供极大的便利，但如果高智商的计算机高手将掌握的网络技术用于计算机病毒、黑客攻击等计算机犯罪，那给人类造成的则是危害。农民工在全球化浪潮中可以更好地开阔价值视野，增强对于这些全球性问题的认识与评价能力，有助于锻炼他们更好地站在全人类的角度对全球性的问题进行理解与评价，并在价值评价标准与价值行为取向上达成一些共识。

而另一方面，全球化背景下各种思想文化相互激荡，各种价值观念剧烈碰撞，加上一些西方发达国家利用现代经济和技术等方面的优势，借着全球化，以文化渗透的方式，竭力向其他国家推销自己的资本主义文化和西方价值观，对发展中国家进行文化殖民与文化侵略，使不少国家出现价值信仰淡化而陷入迷茫之中。同时，在全球化的进程中，"意识形态终结论""淡化论"，以及"趋同论"等西方非意识形态化思潮也以更为灵活、隐蔽的方式在向我国扩张和渗透，大肆宣传全球性的政治趋同也会成为一种必然的发展趋势，其最大的后果就是国家主权被不断地削弱和侵蚀,国家的主流意识形态和民族传统文化被削弱和淡忘。而这些大多是以隐蔽的方式进行的,不易被人们所觉察,特别是农民工群体,他们的文化程度相对较低,是非鉴别能力弱,他们的价值观极易会在无意之中受到其影响,这对于当代农民工正确价值观的塑造带来了极大的挑战。

4.2.2 信息化使农民工价值观显得更为复杂多变

信息化是当今世界发展的一个大趋势,它是在经济社会各个领域,不断推广与充分利用计算机、网络、通信等信息技术,促进经济社会发展转型的一个历史进程。在当今世界,科学技术突飞猛进,产品与技术的数字化、网络化、集成化和智能化已成为发展的趋势。信息技术广泛渗透到经济社会的方方面面,电话、手机、电视、计算机等信息产品也走进了人们的日常生活之中,人们的信息交换变得更为便捷与频繁。信息化背景下,经济社会各个领域都发生着深刻的变化,其对农民工的价值观也产生了巨大的影响,其中既有积极的方面,也有消极的因素。

一方面,信息化使经济文化的相互交流与渗透变得日益广泛和频繁,这也有利于农民工更好地获取外部世界的信息。从农民工对获取"各类信息、新想法、新见解的主要渠道"这一问题的回答中,我们可以看到,选择"广播电视"的占23.1%,"上网"占18.5%(具体可见表4-2)。可见,信息技术的迅速发展,为农民工获取各类信息,产生新的价值观念,提供了一个最为重要的渠道。它有助于农民工打破传统价值观念的束缚,产生了新想法、新观念。上面关于农民工的产生根源部分也提到,价值观念的变革,是农民工产生的深层动因,而信息技术的高速发展,则强有力地推进了农民工价值观念的变革。

另一方面,随着信息技术的发展,各类信息的传播与获取变得更为方便与快捷,一些不良信息也会利用现代信息传播技术迅速传播开来,而农民工对于信息的辨别能力又较弱,这对于他们正确价值观的树立极为不利。特别是农民工中的年青一代,他们是朝气蓬勃的一代,富有激情和活力,思想相对活跃,求知欲也相对较强,对于新事物十分感兴趣。通过调查数据我们了解到,"60后"及以前农民工中有19.5%的人"经常上网","70后"有26.0%的人"经常上网",而"80后"和"90后"则分别有63.4%和46.7%的人"经常上网",其中"80后""90后"农民工表示"基本没有"上网的人在各自年龄阶段中只占7.8%和6.6%，具体见表4-3。

表4-2 农民工获取各类信息、新想法、新见解的主要渠道（每人限选三种）

排列位次	对应内容	有效选择数	有效百分比	有效选择总次数
第1位	广播电视	544	23.1	
第2位	书籍、报刊	485	20.6	
第3位	上网	436	18.5	
第4位	同事	222	9.4	
第5位	领导、上司	167	7.1	2355
第6位	家人	164	6.9	
第7位	同学、朋友	157	6.7	
第8位	老乡	136	5.8	
第9位	其他	44	1.9	

表4-3 关于不同出生年份的农民工是否上网的调查结果

			您是否上网：			合计
			基本没有	有，但很少	经常上网	
出生年份	1970年前	计数	71	24	23	118
		出生年份中的%	60.2	20.3	19.5	100.0
	1970-1979年	计数	75	59	47	181
		出生年份中的%	41.4	32.6	26.0	100.0
	1980-1989年	计数	27	100	220	347
		出生年份中的%	7.8	28.8	63.4	100.0
	1990-1999年	计数	8	56	56	120
		出生年份中的%	6.6	46.7	46.7	100.0
合计		计数	181	239	346	766
		出生年份中的%	23.6	31.2	45.2	100.0

从以上调查数据中可知，当前年青一代的农民工大多数还是与网络有接触的。网络一方面传播速度快，信息容量大，可以为他们获取知识和各种信息提供重要渠道。然而，互联网也更进一步地加剧了文化与价值观念的冲突，其完全打破了国界，连通了世界上每一个可以连通的角落。而它给我们带来了大量新鲜而真实的信息和发达国家的许多新的价值观念的同时，其在另一方面又对我国的意识形态体系与传统价值观念产生了巨大的冲击。在互联网上，各种价

值观念相互交织、各种文化互相激荡,反动、暴力、色情,以及宗教仇恨等各种垃圾信息泛滥,这些不良信息对农民工的价值观产生了十分消极的影响。网上95%以上的信息是英文,而中文信息则不到1%,如果长期沉浸在英语世界中,难免会导致对我国优秀传统文化的认同的淡化。为了使青年农民工能更好地从这个多样化的社会与价值多元化的困惑中走出来,为了使他们对优秀的传统文化的认同不在互联网的冲击下被淡化,引导他们树立正确价值观便显得格外的重要与紧迫。同时,"作为后工业社会的标志之一,或者信息社会的标志之一,交互联网也许是后现代主义状态的最完美的说明书。"[1] 网络以其传播的平等性、交互性和非中心性,消解了现实世界中的身体属性、等级属性和地域属性。在网上,网民可以与自己需要的任何"信息源"联系,任何网民同时又都可以成为信息的制作者与发布者。在这个多元价值共存的无中心的虚拟世界中,权威淡化了,人们的思想多元了,而精神却空虚了。农民工中的年青一代,他们正处在日益走向成熟而又未能完全成熟的阶段,他们的世界观、人生观和价值观尚未定型,具有不稳定性与易变性。他们考虑问题有时欠全面,易偏激,易被表面现象迷惑而出现思想混乱和动荡。他们中的不少人长期沉迷于虚拟的网络世界,满足于网上嬉戏、调侃、玩世不恭的娱乐性视听觉享受,而不再关注社会理想、人生意义和国家前途,价值评价标准和政治信仰开始变得模糊不清。加上西方信息大国利用网络的便捷性和超地域性对我国进行思想文化的渗透,在一定程度上削弱了我国主导价值观和积极向上的人生观对农民工群体的激励作用,这些负面消极因素必须重视,并需要积极地探寻相应的应对策略。

4.2.3 西方社会思潮对农民工价值观的冲击

随着全球化的推进与信息化的发展,西方的社会思潮和各种理论也大量的以更为灵活、隐蔽的方式在向我国扩张和渗透,其对我国农民工的价值观也产生了巨大的影响。荷兰经济学家简·丁伯根在1961年最早将原本属于生物学的"趋同"系统移植到社会政治领域,用于阐述社会主义与资本主义出现的"趋同现象",此后美国、法国等国家的经济学家、社会学家对此又进一步做了发挥,这样便形成了趋同论思潮。趋同论认为社会主义与资本主义各有所长,也各有所短,两者在发展中相互吸收,相互借鉴。趋同论者强调社会主义

---

[1] 易丹. 我在美国信息高速公路上 [M]. 北京: 兵器工业出版社, 1997: 48.

与资本主义间所具有的共同特征，并认为随着这些相同的特征和功能的累积，社会主义与资本主义将会"同构""趋同"。美国约翰·奈斯比特将人类社会的发展划分为农业社会、工业社会和信息社会三个阶段，并认为社会主义社会和资本主义社会是工业社会的两种形式，两者将会遵循"趋同"的道路，在共同进入信息社会的过程中，差别会慢慢缩小直至最终消失。趋同论思潮抹杀了社会主义同资本主义之间所存在的根本区别，鼓吹社会主义和资本主义的矛盾与对立将不复存在，两者最终将会"趋同"，妄图以此否定社会主义制度。例如，美国约翰·奈斯比特便认为私有化是一种全球性的潮流，社会主义将会以市场机制的方式向资本主义趋同，企图将我们引向资本主义道路。我们在调查中也发现，一些农民工认为社会主义和资本主义"没什么区别""只要搞得好都一样"，这反映出一些农民工在意识形态和政治信仰上出现淡化倾向，没有看到社会主义与资本主义之间所存在的本质差别，而这与西方的"趋同论""意识形态终结论""淡化论"等西方非意识形态化思潮的传播与影响不无关系。

在这里，我们不可避免地要谈及西方后现代主义思潮对农民工价值观所产生的影响。20世纪60年代以来，随着科技与经济的飞速发展，当代西方社会进入了所谓的后工业文明时代，在思想文化领域兴起了一场以批判"现代性"和反思现代化带来的后果的文化思潮即后现代主义思潮。后现代主义思潮在20世纪80年代传入我国，并迅速渗透、扩展到广泛的社会生活和文化领域，对人们的思想和生活产生了巨大的影响。后现代主义是对西方传统哲学与西方现代社会的纠正与反叛，但其在对西方传统哲学与西方现代社会的"矫枉"中却难免会走向另一个极端，即怀疑主义和虚无主义。后现代主义在使被形而上学僵死化、凝固化的世界重新动荡起来的同时，却又震碎了、虚无化了这个世界，面对这个虚无的、瓦砾般的世界，不少人开始变得无所适从，在人文精神上表现出了无理想、无正义、无道德、无责任、躲避崇高、享乐当时、游戏人生等态度，出现了精神迷茫与信仰危机。而农民工由于这一群体的一些特点，也较易受到这种社会思潮的影响，其中既有积极的影响，也有消极的因素，接下来我们对其作进一步的论述。

后现代主义主张大胆的标新立异，极力反对以独断论和中心论为基础的等级制度或所谓的权威话语，中心、权威、独尊等字眼成了后现代主义者"摧毁""解构"的标靶。我们在上面也论述到，农民工要确立现代政治价值观，需要实现由对权力的盲目尊崇转向崇尚法律，由信奉个人权威转向信任"法理型"权威，以及树立权利意识这几个方面转变，后现代主义的这些思想倾向，有利于打破传统农民的思想禁锢，克服教条主义，使他们摆脱盲目的信仰或崇拜，不屈服于权威和专制，从这个意义上讲，后现代主义对农民工价值观的影响是有积极意义的。同时，后现代主义将其矛头直指资本主义主流文化或专制性权威，这反映了当代资本主义的文化矛盾和信仰危机，也为他们正确认识当代资本主义社会和文化提供了一面镜子。

在我们看到后现代主义对农民工价值观所具有的这些积极影响的同时，更要高度重视后现代主义思潮对农民工特别是青年农民工的价值观的消极影响，其主要体现在以下几个方面：

（1）受后现代主义思潮影响，他们中的不少人在精神上产生了一种流浪意识，没有了永恒的家园，没有了精神支柱，彻底丧失了信仰。后现代主义重否定、摧毁而不重建设，它坚决地否定中心却绝不再另造中心。它一路持续不断的否定、拆解，使人们对昔日一贯遵从的社会道德标准和价值观念产生了根本性的怀疑和否定，甚至连人类赖以立足的最起码的根基都被怀疑淹没了。而农民工由于徘徊于农村与城市之间，生活与工作上飘忽不定，使得他们中一些人倾向于接受后现代主义的那种无根的、任其漂流的状态。不少人受此影响，生活失去了目标，缺乏坚定的信念，觉得虚无缥缈，无以适从，产生了"站在毁灭因素边缘的一种完全失掉信仰的心境"。一些人受后现代主义思潮这种怀疑心态和虚无主义态度的影响，对马克思主义基本理论的正确性、科学性和真理性产生怀疑，对社会主义的优越性产生怀疑，对共产主义的前途感到困惑，对中国特色社会主义信心不足，马克思主义信仰日趋弱化，不少人丧失了应有的精神支柱。

（2）受后现代主义思潮影响，他们中的不少人价值观出现世俗化和功利化倾向。后现代主义认为不存在永恒不变的和具有普遍价值意义的东西，放弃了对"终极真理"的追求，而强调对人的生命感、人的肉身存在和人的当下感的把握。后现代主义精神的平面化极其严重，它"终止了一切诗意唤神的本性，放逐了一切具有深度的确定性，走向了精神的荒漠和不确定性的平面"。❶后现代主义把一切都视为游戏，以调侃、玩世不恭、自由嬉戏的态度来对待一切，消解了生命本身所具有的严肃性，极易导致戏谑庄严、躲避崇高、褒扬庸俗、膨胀自我等不良现象的蔓延。"跟着感觉走""潇洒走一回"

---

❶ 王岳川. 后现代主义文化研究 [M]. 北京：北京大学出版社，1992：12.

等这种对待事物的无所谓、感官化的倾向,其实质上是一种后现代主义的表现。通过调查问卷了解到,农民工对于"做事情跟着感觉走"这一选项,"非常赞同"和"比较赞同"的比例分别为11.8%和20.3%,这个比例还是很高的,有23.8%的人表示"说不清楚",还有19.8和24.3%的人对此分别表示"不太赞同"和"不赞同",具体见表4-4。他们中的不少人特别是新生代农民工极易会受这种思维方式的影响,导致放纵自身,把感官刺激、肉体需要的满足和物质生活上的奢侈享受作为人生追求的价值目标,价值信仰日趋世俗化和功利化。

表4-4 对于"做事情跟着感觉走"的看法

		频率	百分比	有效百分比	累积百分比
有效	非常赞同	93	11.6	11.8	11.8
	比较赞同	159	19.8	20.3	32.1
	说不清楚	187	23.2	23.8	55.9
	不太赞同	155	19.2	19.8	75.7
	不赞同	191	23.8	24.3	100.0
	合计	785	97.6	100.0	
缺失	不愿填、漏填等造成的缺失	19	2.4		
	合计	804	100.0		

(3)后现代主义推崇不确定性与多元性,模糊了价值评价标准,对他们选择和树立正确的价值观产生了极为消极的影响。后现代主义击碎了同一性,赋予意义以不确定性,以随意播撒所获得的凌乱性和不确定性来对抗中心和本原。后现代主义对传统的文本观做出了新的解释,其认为文本具有一种动态生成的不确定性,蓄藏着阐释的无限可能性,我们不可能发现对文本的最佳的或相对最佳的认知与理解方法,否认了认知与存在的相对稳定性和确定性,而推崇差异性和多元性。那么,农民工在这种情况下,当然也就谈不上对真理的确定性和客观性的肯定。德里达便明确说道:"没有真理自身,只有真理的放纵,它是为了我、关于我的真理,多元的真理。"❶农民工来到城市务工,从传统农业社会进入了现代工业社会,由熟人社会进入了城市这一陌生社会,各种不确定因素增加了。问卷调查结果显示,有16.0%的农民工认为"眼前的很多事情都忙不过来",对于"自己在今后的发展中可能会遇哪些困难、风险

---

❶ 转引自:刘放桐. 新编现代西方哲学[M]. 北京:人民出版社,2000:638.

与危机"这些"不想去考虑",有33.7%的人认为"现在这个社会变化太快、太复杂,将来这些东西不好把握,现在思考太多也没有什么意义,遇到了再说",具体数据如表4-5所示。

表4-5 对自己在今后的发展中可能会遇到的困难、风险与危机是否有所考虑

		频率	百分比	有效百分比	累积百分比
有效	眼前的很多事情都忙不过来,未来的这些事情不想去思考	124	15.4	16.0	16.0
	现在这个社会变化太快、太复杂,将来这些东西不好把握,现在思考太多也没有什么意义,遇到了再说	261	32.5	33.7	49.7
	对自己将来可能会遇到的一些大的困难、风险与危机还是有所思考的,对于有些担心会出现的困难与风险已经在积极的防备,努力加以化解	390	48.5	50.3	100.0
	合计	775	96.4	100.0	
缺失	不愿填、漏填等造成的缺失	29	3.6		
	合计	804	100.0		

这也反映出很大一部分农民工都深深感受到了各方面的不确定性和难以把握的东西太多,这也与他们本身的把握、认知与预测能力有关,而受此影响,他们中的一些人便极易会趋向于认同后现代主义对于相对稳定性和确定性的否认,接受后现代主义以随意播撒所获得的凌乱性和不确定性来对抗中心和本原的思想,从而导致一些人失去了评价标准,抹杀了正确与错误、真理与谬误、先进与落后的区别与对立,抹杀真理的指导意义,马克思主义与非马克思主义、反马克思主义之间的界限逐渐模糊,在多元文化背景下迷失了方向,这也是一些农民工在对社会主义与资本主义之间的区别出现模糊化和淡化倾向,认为"资本主义与社会主义没什么区别,只要搞得好都一样"的一个重要原因。

4.3 农民工价值观的中观层面的影响因素考察

4.3.1 国家相关政策环境推动了农民工正向价值观的形成

近年来,党中央、国务院高度重视农民工问题,并出台了一系列政策法规。2006年3月27日《国务院关于解决农民工问题的若干意见》发布,研究

解决农民工工资偏低与被拖欠、劳动时间长、安全条件差、劳动合同签订率低及缺乏社会保障等问题。2010年中央一号文件又继续关注"三农"问题,并首提"新生代农民工"。党中央、国务院对农民工问题的高度重视,以及一系列维护农民工正当权益的政策法规的出台,也引起了农民工对于相关国家政策和时政新闻的关注,有助于更好地维护农民工的合法政治、经济权益,使他们感觉到国家对于农民工的政策法规也越来完善了,他们的利益也受到了越来越好的保护,提高了他们对于国家政策法规的满意度,同时也提高了他们的法制意识和对相关服务部门和政府机构的信任度和满意度,这些在农民工正确价值观的形成中起到了巨大的促进作用。在《国务院关于解决农民工问题的若干意见》中便明确指出,要"保障农民工依法享有的民主政治权利",要"做好对农民工的法律服务和法律援助工作",要"把农民工列为法律援助的重点对象"❶,这一系列政策法规的出台,使农民工学习国家相关政策与法规来维护自身合法权益的愿望日益增强,也越来越依靠相关部门通过法律途径来解决困难与纠纷,大大增强了他们的法制意识和参与法律学习与培训的积极性。

4.3.2 乡村环境使农民工价值观带有深刻的传统烙印

随着社会主义市场经济的发展、新农村建设的逐步深入与农村信息化建设的不断推进,农村的思想文化环境也发生了巨大的变化,农民的价值观念、农村社会的价值评价标准也呈现出了多维的发展态势,许多与现代社会发展相适应的新型价值观念在农村也广为传播,并获得了越来越多的农民的认同。但几千年来中国传统文化积习在很多方面对农民工仍然有着巨大的影响,甚至在一些方面,传统思想文化的影响还起着主要的作用。尽管农民工长期在城市中工作与生活,但在农民工离开土地进入城市之前,深受传统农耕文化的影响,他们对土地的感情已经渗透到他们的骨子里,体现为一种人文精神、一种价值观,虽然说农民工已经离开土地,土地也不再是他们的"命根子",但在他们的内心深处,仍然难以完全摆脱传统农耕文化的影响。一到春节,即使路途再遥远,车票再不好买,大多农民工还是会选择回家过年。2010年春节,因为车票不好买,他们更是成群结队,骑摩托车回家过年,从中可见他们对家乡的深厚感情。由于农民工的社会身份仍是农民,在农村还保留着土地,以及在农村有留守的亲人等因素的影响,使他们不得不与农民、农业、农村保持着千丝万缕的联系,特

---

❶ 国务院关于解决农民工问题的若干意见 [N]. 光明日报, 2006 - 03 - 28.

别是在农村长大的农民工,他们是在乡村文化的熏陶下成长起来的,他们中的很多人的价值观念也难免会留下传统乡村环境影响下的一些印记。

在人际价值观方面,传统乡村社会中,农村既是农民的生产场所,也是他们的一种社会生活环境,他们闭塞于农村一隅,生产和生活也往往局限于狭小的乡村范围内。由于过着相对封闭、单调的生活,人际交往也以血缘和地缘关系为主,这使得他们的人际交往对象的同质性较强,交往内容较为贫乏。

在审美价值观方面,我国有研究者形象描绘了乡村文化如何影响人的审美价值观的形成与发展:"在农村生活的孩子,从小较容易受到民间艺术的熏陶。姥姥做的布老虎、红肚兜和各种剪纸花样,爸爸做的风车和泥塑玩具,就能把农村传统的审美趣味一点点灌输到孩子幼小的心灵中,形成一代代农民富有特色的审美情趣。"❶ 可见,农村传统文化对人的审美价值观的深刻影响。即使像农民工这样离开了农村,到城市务工,其审美价值观依然会带有一些农村的烙印,而不会完全摆脱农村文化的影响,"其中有些人上了大学,来到城市工作生活,其审美情趣会随着时尚风标而变,但总不能完全脱去打小形成的审美标准的乡土芬芳,显现独特的个性"。❷

农村环境对农民工价值观的影响还表现在其他很多方面,例如,在传统的中国农村社会中,那种以血缘关系、地缘关系确立起来的宗法等级制度对农民工依然存在一定影响,农村传统的伦理道德、传统习俗,以及社会舆论对农民工依然有着较大的影响与约束,这也不利于民主、平等、效率、法制意识等现代价值观念的形成,正如在前面第3章中关于农民工家庭婚恋价值观部分所论述的,虽然随着时代的发展,传统男权思想的影响日渐削弱,传统父权和夫权的权威性受到了强烈的冲击,男女平等的思想渐渐被当代农民工所接受,但对于"男主外,女主内"的家庭模式,农民工中持"非常赞同"态度的仍然占13.3%,持"比较赞同"态度的占24.0%,这反映了我国传统宗法等级制度对当代农民工仍有着较大的影响,具体数据见表4-6。

表4-6 对于"男主外,女主内"家庭模式的态度

		频率	百分比	有效百分比	累积百分比
有效	非常赞同	105	13.1	13.3	13.3
	比较赞同	189	23.5	24.0	37.3

---

❶ 黄凯锋. 审美价值论[M]. 昆明:云南人民出版社,2005:149.

❷ 同上。

续表

		频率	百分比	有效百分比	累积百分比
有效	说不清楚	135	16.8	17.1	54.4
	不太赞同	179	22.2	22.7	77.1
	不赞同	180	22.4	22.9	100.0
	合计	788	98.0	100.0	
缺失	不愿填、漏填等造成的缺失	16	2.0		
	合计	804	100.0		

4.3.3 城市环境使农民工价值观具有了现代人的雏形

马克思、恩格斯在《共产党宣言》中指出："人们的观念、观点和概念，一句话，人们的意识，随着人们的生活条件、人们的社会关系、人们的社会存在的改变而改变。"❶农村与城市在很多方面都存在较大差异，农民工从农村来到城市，由于环境的变化，农民工的价值观念也必然会发生剧烈的变动，而这不仅仅是一种空间位置的转移与从事职业的转变，而且还表现为一种精神空间的转变，即变农村的意识、行为方式与生活方式为城市的意识、行为方式与生活方式。农民工进入城市后，需要有个转变过程以适应城市环境的要求。通过问卷调查也发现，大多数农民工对于务工地有个从不适应到适应的转变过程，他们中的 63.6% 的人表示，"来这边务工，在这样一个全新的环境中工作、生活"，"一开始不适应，但慢慢的就适应在新环境中工作与生活了"（具体数据如表 4-7 所示）。农民工的这种转变，不仅表现在经济层面上的就业、消费与社会层面上的生活方式、所要遵循的规则体系等方面的转变，更主要的是表现在内在观念上的转变，即要内化城市的价值观念，以获得心理上的认同与情感上的归宿。

表 4-7 农民工出来务工后，在新环境中的适应情况调查

		频率	百分比	有效百分比	累积百分比
有效	不适应，但还是原来怎么生活现在也怎么生活，没必要为适应这边而改变	75	9.3	9.5	9.5
	一开始不适应，但慢慢的就适应在新环境中工作与生活了	504	62.7	63.6	73.1

---

❶ 马克思恩格斯选集（第1卷）[M]. 北京：人民出版社，1995：291.

续表

		频率	百分比	有效百分比	累积百分比
有效	虽然努力去适应，但是还是适应不了，很烦恼	74	9.2	9.3	82.4
	很适应，这边的工作与生活环境很适合我	139	17.3	17.6	100.0
	合计	792	98.5	100.0	
缺失	不愿填、漏填等造成的缺失	12	1.5		
	合计	804	100.0		

在进入城市后，为适应城市生活的需要，他们的价值观的调整与变迁在人际价值观、职业价值观、家庭婚恋价值观等方面都有所体现。农民工冲出农村，来到城市，逐步告别了传统乡村社会"面朝黄土背朝天"的生活，改变了"日出而作、日落而息"的劳作方式，在快节奏、讲效率、忙竞争的现代城市环境的影响下，他们中的很多人逐渐改变了散漫无序、拖沓不讲效率、时间观念不强等传统积习，开始树立起进取意识、竞争意识与效率观念。其因循守旧、安土重迁的传统观念也发生了改变，在价值观念上也由传统的保守、封闭转向进取与开放。他们的家庭婚恋价值观也开始出现多样化趋势，对婚前性行为、有婚外情人等问题有着较为宽容的态度。在人际价值观上，狭隘地域性的生活方式由于不存在广泛交往联系的基础，往往是与愚昧、保守相伴，发展受到束缚，视野受到限制。要克服这样的局限，必须冲破地域性的藩篱，扩大相互交往关系，成为"世界历史性的、经验上普遍的个人"❶，才有可能成为全面发展的人。农民工来到城市之后，在人际交往上打破了传统乡村社会以地缘、血缘为基础的人际圈，他们必须与同事、上司、房东、有关服务部门，以及接触到的其他各类人打交道，这就拓宽了他们的人际交往面，人际交往的对象开始多样化，同时他们的人际交往能力也大大提高，这无疑有利于促进农民工的全面发展与素质提高。在道德价值观上，我行我素、乱扔乱丢、大声嚷嚷等传统农民的生活习性也开始改观，他们的社会公德意识不断增强，绝大多数农民工认为"踩草坪、随意吐痰、破坏公物等行为"是非常不道德的，应该受到谴责，有的表示还会上去制止。在职业价值观方面，农民工进城后，有了更多的职业选择机会，这也使得他们的职业价值观发生了巨大的变化，他们认为在城市有更大的发展空间，很多人被城市的教育、医疗卫生、娱乐设施等所

---

❶ 马克思恩格斯选集（第1卷）[M]．北京：人民出版社，1995：86．

吸引,不再愿意回到农村从事农业生产,他们在职业发展的定位上,也由"亦工亦农""半工半农"向非农产业转变,即使是在城市中找不到工作,他们中的大多数人仍然会选择继续留在城市。如此等等,都体现了城市在促进农民工价值观变迁中的巨大作用。

4.3.4 生活境况使农民工的价值观显得有些困惑和迷离

农民工这一群体的文化程度较低,社会地位比较低下,他们从事的职业主要分布在建筑、餐饮、摆摊等行业,收入较低,负担较重,处于社会的底层。他们奔波于城市与乡村之间,居住条件较差。同时,在社会保障、子女受教育等方面都面临不少困难。农民工面临的生活境况对他们的价值观有着巨大的影响。

在幸福观上,幸福感的获取离不开一定的物质基础。马克思曾指出:"一切人类社会生存的第一个前提,也就是一切历史的第一个前提,这个前提是:人们为了能够'创造历史',必须能够生活。但为了生活,首先就必须有吃喝住穿,以及其他一些东西。"❶ 农民工这一群体追求幸福,首先就必须努力增加经济收入,努力改变生存境况,这也是他们中的大多数人将基本生活状况的改善与物质生活的满足作为幸福的首要目标的重要原因。

在政治价值观上,由于受远离家乡、信息不通、利益关联性不大等因素影响,农民工很少参与家乡政治生活。同时,农民工参与城市政治生活以更好地表达自身诉求和保障自己利益的意愿却很强烈,而他们在现实政治参与中,缺乏相应的组织依托和利益代表机构,政治参与形式和渠道相对单一,加上受户籍制度等现行体制的制约,很难进入城市参与政治事务管理。由于缺乏相应的政治参与机会,自己的权益得不到保障,诉求得不到关注和理解,不少农民工认为自己的政治参与行为微不足道,从而导致政治效能感减弱。更有一些人走向极端,利用罢工、上访、群体内渠道等非正式渠道表达自己的意愿,甚至采取跳楼和一些报复性行为以引起社会对于他们的关注,表达他们的不满与利益诉求。

在审美价值观方面,人们所处的阶层不同,生活境况不同,他们的价值观也会有所不同,正如马克思所说的,"忧心忡忡的穷人甚至对最美丽的景色都无动于衷",农民工由于长期被贫穷所困,使得他们缺乏相应的审美心境与审

---

❶ 马克思恩格斯选集(第1卷)[M].北京:人民出版社,1972:32.

美情趣。

也正是在农民工认识到自身的生活境况后，使得他们表现出了明显的自我阶层定位，并对他们的人际价值观、家庭婚恋价值观这些方面产生了巨大的影响，使他们在择偶时，依据自身条件，选择家庭条件相当的对象，而对于对方的"家庭情况""经济条件""职业"这些方面的要求则不是很高，在人际交往上则与务工所在地的人交往的不多。

在宗教价值观上，由于农民工这一群体大多处于中国社会的底层，不少农民工面对现实困境，面对精神上的空虚与无助，开始转向宗教以寻求安慰，以使自己的心灵有所寄托，这一群体中有宗教信仰的比例也相对较高。农民工的工作时间长，经济收入水平较低，抵御风险的能力也相对较弱，失业、健康、意外事故等往往都会使他们一蹶不振。不管是在市场竞争中，还是在政治文化生活上，农民工都处于弱势，他们所处的现实境况与制度安排给他们带来了许多的无奈。加上农民工从农村进入城市这一陌生的社会后，各类不确定性因素增加了，他们找不到心灵的港湾了，缺乏安全感与稳定感。正是在这些因素的综合作用下，使得他们在宗教信仰的原因上，正如在调查中所了解到的，主要是"为消灾免祸，祈求全家人顺畅、发达，出门在外能平安，发展顺利"。

4.3.5　工作环境变化使农民工价值观更具现代色彩

农民工离开农村与农业，进入工厂、工地、商店等工作场所之后，他们的价值观便深受工作场所这个小社会的影响。美国学者阿历克斯·英格尔斯便高度重视工厂环境在促进人的现代化与帮助人们树立现代价值观中的功能，其通过研究注意到，在绝大多数人的生活中，工厂构成了最为主要与最为重要的因素。一个人要在工厂中工作，就会长期与工厂环境接触，会受到工厂的生产程序与工作制度等的约束与管理。他认为，"现代工厂里蕴藏着改变人，迫使人适应的力量和条件"。❶ 现代工厂的组织和操作形式体现为一系列的现代工业原则，阿历克斯·英格尔斯的研究表明，一个来自传统文化和生活背景的人，进入工厂之后会对这些现代工业原则做出反映，他们会积极地接受这些原则，"遵守和适应工厂的制度"，并"以之作为行为的规范"，而不是消极的"防卫"或"混乱的招架"，其同时认为，进入工厂的人适应并参与工厂活动的过程，"也同前面讲到的学生在学校里不自觉地学到现代价值观、态度与行为方

---

❶ 殷陆君. 人的现代化［M］. 成都：四川人民出版社，1985：108–109.

式一样",也是一个他们获得现代价值观念的过程。❶

  农民工来到城市后,他们的工作时间往往较长,其他休闲娱乐活动较为缺乏,他们进入工作单位以后,便会深受工作环境的影响与熏陶。在工矿企业中,工厂、企业的发展理念与制度规范、上司与老板的言谈举止、拔地而起的厂房,以至于工作环境中的一草一木,都无不传递着一定的信息,在告诉他们什么能做、什么不能做、什么值得做、什么不值得做,能使他们在潜移默化中感受、认同工作中大家所公认的或单位所倡导的价值观念与行为准则。他们在现代大工业生产规则与社会化大生产秩序的约束下,经过工业化的洗礼,有助于他们逐步改变传统农民自由散漫的习惯,增强自身的组织纪律性。像在调查中所了解到的,"爱岗敬业"这些职业道德规范已越来越被他们所接受,成为他们认为最有价值的道德品质之一。

  而这其中,由于在工作中遭受的一些不公平待遇,以及会碰到拖欠工资等问题,使得他们不得不关注自身的权益问题,这也是他们的权利意识不断增强的一个重要原因,同时,也正是为了更好地维护自身的合法权益,增强了他们学习相关法律、法规的意识,这也是他们积极参与相关培训的原因之一。

  在台州,民营经济十分发达,民营企业数量众多,在农民工打工所在的民营企业中,民营企业老板很多也都是农民、渔民、工匠等出身,他们通过自己的打拼与创业,成立了自己的企业,成就了自己的事业,这些民营企业家的经历对农民工的价值观也有着重要的影响。很多农民工也希望像他们的老板一样,通过自己的努力打拼与创业,以改变自己的命运,获得属于自己的事业。这也正如上面关于农民工职业价值观的调查结果中所能看到的,在农民工的职业理想与职业追求方面,当代农民工最敬佩的人是成功企业家,其次是成功商人,而这与当地民营企业家的经历与榜样作用有一定的关系,当然这同时也有助于增强农民工的创业意识。

4.3.6 家庭及其他影响因素分析

  家庭是社会的细胞,它是构成社会的一个最基本的单位,正如恩格斯所指出的,现代社会"则纯粹是以个体家庭者为分子而构成的一个总体";家庭同时也是新一代成长的摇篮,在一个家庭之中,父母不仅要抚养子女,同时还肩负着教育子女的责任,他们是孩子的首任老师。一个人从出生到走入社会,在

---

❶ 殷陆君. 人的现代化 [M]. 成都:四川人民出版社,1985:108-109.

家庭中度过的时间往往是最长的,特别是在婴幼儿时期,他们主要是在家中接受父母与其他长辈的启蒙教育。父母的言行、价值观念,以及文化素质等无时无刻不在潜移默化地影响着子女,即使孩子长大成人,他们在思想、言行上也仍然会存有父母的一些影子。在问卷调查中也能发现家庭环境对农民工价值观的巨大影响,例如,在宗教价值观方面,正如通过问卷调查中所了解到的,有24.8%的农民工表示信仰宗教的最主要的原因是"受家庭环境的影响",这个比例虽然低于"为消灾免祸,祈求全家人顺畅、发达,出门在外能平安,发展顺利"这个原因,但家庭环境对农民工宗教价值观的影响仍然不可忽视,特别是对于信奉基督教的农民工而言,家庭的影响更为突出。问卷调查的数据显示,在信仰基督教的农民工中,有30.0%的农民工表示其信仰基督教的主要原因是"受家庭环境的影响",这个因素所占的比重高于其他因素(具体见表4-8)。

表4-8 农民工信教的影响因素调查

		信仰的宗教:						合计	
		佛教		基督教		天主教			
		计数	信仰的宗教中的%	计数	信仰的宗教中的%	计数	信仰的宗教中的%	计数	信仰的宗教中的%
有宗教信养,请选择最主要的信教原因	受家庭环境的影响	53	23.2	21	30.0	4	23.5	78	24.8
	受他人和社会的影响	19	8.3	5	7.1	4	23.5	28	8.9
	为消灾免祸,祈求全家人顺畅、发达,出门在外能平安,发展顺利	93	40.8	19	27.2	4	23.5	116	36.8
	"佛""主"是倾诉最佳对象,可以排忧解闷,摆脱孤独的生活和心理	15	6.6	3	4.3	2	11.8	20	6.3
	因为崇拜神、赞美神,它是那样的伟大、永恒与圣洁	2	.9	11	15.7	2	11.8	15	4.8
	为获得精神上的慰藉和心理上的平衡	18	7.9	5	7.1	0	.0	23	7.3
	很多东西现实社会也不能给出合理的解释,宗教很多东西说的很有道理	17	7.5	4	5.7	1	5.9	22	7.0
	其他	11	4.8	2	2.9	0	.0	13	4.1
	合计	228	100.0	70	100.0	17	100.0	315	100.0

同时,农民工价值观还受其他不少因素的影响。例如,人际环境对农民工的价值观也会有着巨大的影响,由于农民工来到城市之后,他们人际交往的对

象开始多样化，这有助于他们获得来自不同地域、不同的家庭、有着各种不同社会阅历、不同的文化水平的人的价值观，他们在与这些人的相互接触之中，价值观念也会遭到冲击并相互影响着。在这里，要特别重视新生代农民工同辈群体间的相互影响，由于他们在年龄、兴趣爱好、家庭背景等方面有着较多的相似性，他们之间便有着更多的共同话题，他们也总希望在同龄人中展示自己的才华，以获得伙伴的认同，而他们评价别人的价值标准却有着自己的独特性，同伴之间的褒贬对于他们的价值观影响很大，这使得新生代农民工价值观呈现出了自身特点，笔者在下面也会对新生代农民工的价值观特点做更进一步的论述。此外，像当地的风俗、城市居民对待农民工的态度等也都会影响到农民工的价值观。例如，由于不少城市居民对农民工缺乏应有的尊重、对农民工的贡献认识不足，以及还存在着同工不同酬等现象，这不利于农民工在企业中主人翁意识的形成，会弱化他们对于城市的认同感，减少了他们与当地居民的交流，加重了农民工融入城市的观念障碍，对于这些影响因素也必须重视。

4.4 农民工价值观微观层面的群体内部相关变量因素剖析

4.4.1 年龄对农民工价值观的影响分析

随着年龄的变化，农民工的价值观也会呈现出各自的特点。在国务院2010年发布的中央一号文件《关于加大统筹城乡发展力度 进一步夯实农业农村发展基础的若干意见》中，首次使用了"新生代农民工"的提法。新生代农民工主要是指在20世纪80年代和90年代出生的"80后""90后"农民工，他们是在改革开放的大环境下成长起来的，他们的成长环境与他们的父辈相比已经发生了巨大的变化，虽然他们中的大多数人都是农民出身，户籍也还是在农村，但与老一代农民工相比，他们较少接触农业生产，更有的是从小便随同父母在城镇长大的，他们对于土地的情感与老一代农民工相比，也自然没有老一代农民工对于土地与家乡的情感深厚。不同年龄阶段的农民工由于生活环境、经验积累，以及受教育情况等的不同，必然会导致他们之间的价值观存在一些差异。为了解年龄对于农民工价值观的影响，笔者将农民工按出生年份划分为"60后"及以前（即1970年以前出生）、"70后"（即1970－1979年出生）、"80后"（即1980－1989年出生）、"90后"（即1990－1999年出生）

这四个年龄段进行比较与分析。文中新生代农民工主要是指"80后""90后"的农民工；老一代农民工主要是指新生代农民工的父辈们，即主要是指出生于二十世纪五六十年代的农民工；而把20世纪70年代出生的农民工称为中生代农民工。

表4-9　不同出生年份的农民工对待生活的态度差异调查

			对待生活的态度是：					合计
			很没信心，觉得努力了也没什么意义	只要能够养家糊口，过安稳日子就行	只要认真、努力过就行	努力打拼，使自己的人生更加绚丽多彩	人生苦短，及时行乐	
出生年份	1970年前	计数	12	24	19	52	9	116
		出生年份中的%	10.3	20.7	16.4	44.8	7.8	100.0
	1970—1979年	计数	2	31	52	93	6	184
		出生年份中的%	1.1	16.8	28.3	50.5	3.3	100.0
	1980—1989年	计数	12	33	71	213	17	346
		出生年份中的%	3.5	9.5	20.5	61.6	4.9	100.0
	1990—1999年	计数	5	5	20	85	6	121
		出生年份中的%	4.1	4.1	16.5	70.3	5.0	100.0
合计		计数	31	93	162	443	38	767
		出生年份中的%	4.0	12.1	21.1	57.8	5.0	100.0

（1）与老一代、中生代农民工相比，新生代农民工显得更为"不知足"，同时也更具进取意识。从表4-9中我们可以看到，不同年龄阶段的农民工在对待生活的态度上存在着巨大差异，"80后""90后"的农民工，对于生活显得更为积极，更具进取精神。"80后"农民工中61.6%的人和"90后"农民工中70.3%的人选择了"努力打拼，使自己的人生更加绚丽多彩"，而老一代和中生代农民工持这一观点的人在各自阶段中所占的比例分别为44.8%和50.5%，低于"80后"与"90后"的新生代农民工；同时，"60后"及以前和"70后"的农民工持"只要能够养家糊口，过安稳日子就行"观点的在各自年龄阶段中分别占20.7%和16.8%，高于"80后"与"90后"的9.5%和4.1%。这也说明老一代农民工较新生代农民工的价值期望低，更容易满足，趋向于接受"只要能够养家糊口，过安稳日子就行"；而与20世纪80年代以前出生的农民工相比，新生代农民工显得更为不满足于"养家糊口"和"过安稳日

子",他们在发展机会、工作环境、福利待遇等方面的期望要比老一辈高,更不易满足,开拓进取意识也更强。

表4-10 对不同出生年份的农民工对于相关部门、企业组织的法律、法规的学习与培训的态度调查

			如果相关部门、企业业余时间组织有关外来务工人员的法律、法规的学习、培训,您会:					合计
			不参与,没有时间	参不参与无所谓,只要不做违法的事情就可以了	看其他人参不参加,如果大多数人参加我也参加	积极参与,了解相关知识,使自己能以合法的方式致富	积极参与,学习如何维护自己权益	
出生年份	1970年前	计数	12	22	15	36	33	118
		出生年份中的%	10.2	18.6	12.7	30.5	28.0	100.0
	1970-1979年	计数	24	24	17	57	62	184
		出生年份中的%	13.0	13.0	9.3	31.0	33.7	100.0
	1980-1989年	计数	24	49	23	120	131	347
		出生年份中的%	6.9	14.1	6.6	34.6	37.8	100.0
	1990后	计数	9	15	6	43	51	124
		出生年份中的%	7.3	12.1	4.8	34.7	41.1	100.0
合计		计数	69	110	61	256	277	773
		出生年份中的%	8.9	14.2	7.9	33.1	35.9	100.0

(2)与老一代、中生代相比,新生代农民工更具法制与权利意识。正如在本书第3章中"政治价值观逐步向现代转换"部分所阐述的,对于"民不与官斗","60后"及以前、"70后""80后""90后"对这一看法持肯定态度("不太赞同"和"不赞同")的人在各自年龄阶段中分别占42.6%、46.1%、47.6%、52.0%,这一数据表明,相对于老一代和中生代,中国传统政治文化中的权力本位意识和"官本位"意识对新生代农民工的影响力日渐式微,新生代农民工的权利意识相对较强,并且更为勇敢地、有序地争取自己的合法权利。这从新生代农民工与老一代、中生代对参与法律、法规的学习和培训的态度中也有所反映。我们结合表4-10可以看到,"60后"及以前、"70后""80后""90后"农民工表示会"积极参与,了解相关法律知识,使自己能以合法的方式致富"的,在各自年龄阶段中所占的比例分别为30.5%、

31.0%、34.6%和34.7%，新生代农民工的比例要略高于老一代和中生代；而选择会"积极参与，学习如何维护自己权益"的人中，"60后"及以前、"70后""80后""90后"在各自年龄阶段所占的比例分别为28.0%、33.7%、37.8%和41.1%，新生代农民工的比例也要高于20世纪80年代以前出生的农民工。综合这两个来看，表示会"积极参与"的人，新生代农民工中所占的比例要比老一代和中生代高，这从一定程度上说明新生代农民工法律观念更强一些，他们参与法律、法规学习的积极性也更高，想要了解和学习法律知识以更好地维护自身利益的人所占的比例也更高，也反映出新生代农民工的权利意识较老一代和中生代来说更强一些。

（3）相对于老一代与中生代，新生代农民工在职业追求上对于自身事业的发展空间更为看重。从下面的表4-11中我们可以看到，对于"您为什么外出务工"这一问题的回答上，"60后"及以前、"70后""80后""90后"选择"为寻求更大的发展空间"的人，在各自年龄阶段所占的比例分别为24.6%、38.0%、49.4%和40.3%，由数据可知，在"80后""90后"的新生代农民工中，选择"为寻求更大的发展空间"的比例要明显高于他们的老一辈。这从笔者通过问卷调查所获得的另一个数据中也能得到印证，我们结合下面的表4-12来看，在农民工对于"现在觉得最苦恼的问题"的回答中，"收入问题"是各年龄阶段农民工共同为之烦恼的话题。"60后"及以前、"70后""80后""90后"选择"收入问题"的在各自年龄阶段中分别占36.4%、31.9%、39.5%和40.4%，总体来看，新生代与老一代农民工还是略微有些差异，"70后"低一些，新生代农民工选择的比例则要略微高一些。但接下来新一代与老一代农民工在对现在觉得最苦恼的另一个问题的选择上，两者却出现了很大的分歧，从表4-12中我们可以看到，新生代农民工在觉得最苦恼的第二个问题上，选择的是"自己事业发展前景"，"80后"中有26.2%的人选择这一项、"90后"中有27.4%的人选择，而"60后"及以前和"70后"中却只有11.0%和9.9%的人选择。这其中的一个很主要的因素是"60后"及以前、"70后"有着比"自己事业发展前景"更为关注和更为之烦恼的问题，这就是他们的"孩子教育问题"，"60后"及以前和"70后"选择这个的在各自年龄阶段中分别占22.9%和44.0%，特别是在"70后"农民工中，其占到了44.0%，超过了选择"收入问题"比例（占31.9%）的关注，成为他们现在最为苦恼的问题。这可能与"70后"的子女正处于受教育阶段有关，这是他们子女人生发展的一个十分重要的阶段，他们最需要家长的指导与管理。然而,"70 后"农民工由于外出务工,很难担负起对孩子的指导与监管的责任,同时孩子上学及花费问题也困扰着他们,面对孩子的这些事,使"70 后"深深地为之感到烦恼,也使得"孩子教育问题"成为他们最为苦恼的问题。而相对于"60 后"及以前和"70 后"的农民工,新生代农民工很多还没有结婚,他们也不用为"孩子教育问题"操心,对于这些充满精力与梦想的新生代农民工来说,他们现在想的更多的是打拼与创业,以及如何发挥自己的能力和拓展自己的发展空间这些事,可见,这也是新生代农民工更加关注"自己事业发展前景"的一个不可忽视的原因。

表 4–11 不同出生年份的农民工外出务工原因调查

		出生年份							合计	
		1970 年前		1970–1979 年		1980–1989 年		1990–1999 年			
		计数	出生年份中的%	计数	出生年份中的%	计数	出生年份中的%	计数	出生年份中的%	计数	出生年份中的%
您为什么外出务工:	跟着家人出来务工	13	11.0	10	5.4	21	6.0	14	11.3	58	7.5
	跟着老乡、朋友外出务工	17	14.4	14	7.6	10	2.9	4	3.2	45	5.8
	看别人出来赚钱了,我也出来务工	18	15.3	31	16.9	22	6.3	7	5.7	78	10.1
	村里年轻人都出来务工了,我也就出来务工	2	1.7	5	2.7	8	2.3	1	0.8	16	2.2
	反正务农没前途,出来再说	6	5.1	6	3.3	8	2.3	3	2.4	23	3.0
	出来见见世面,增长见识	9	7.6	20	10.9	58	16.7	29	23.4	116	15.0
	为寻求更大的发展空间	29	24.6	70	38.0	172	49.4	50	40.3	321	41.5
	农村太落后,希望到城市生活	1	0.8	5	2.7	11	3.2	1	0.8	18	2.3
	城市收入高,挣钱机会多	13	11.0	17	9.2	22	6.3	10	8.1	62	8.0
	待在家里没事干	10	8.5	6	3.3	16	4.6	5	4.0	37	4.8
合计		118	100.0	184	100.0	348	100.0	124	100.0	774	100.0

(4) 在经济价值观方面,各年龄阶段的农民工对于竞争的看法有些差异,结合表 4–13 来看,"60 后"及以前、"70 后""80 后""90 后"认为"没有竞争,人们会变得松懈,参与竞争会使人积极向上"的,在各自年龄阶段分别占 58.6%、58.7%、63.0% 和 65.3%,新生代农民工中所占的比例要比老一代和中生代高,说明相对于 20 世纪 80 年代以前出生的农民工,新生代中有更高比例的人对竞争持肯定和积极的态度。而认为"竞争会使人们为了取胜

而不择手段，导致道德滑坡"的，在"60后"及以前、"70后""80后""90后"农民工中分别占12.9%、12.5%、9.4%和11.3%，老一代和中生代的比例要略微高于新生代农民工，说明老一代、中生代相对于新生代农民工来说，更为在意竞争所带来的消极影响。从中也可以看出，新生代农民工更具竞争意识，他们也更加善于改变自身的价值观，以适应当前社会激烈竞争的要求，相对于20世纪80年代以前出生的农民工，新生代对于竞争的评价反映出他们对于竞争持更为肯定与积极的态度。同时，各年龄阶段的农民工在消费观念上也存在较大差异，对于"有结余的钱"，他们表现出了不同的态度，"60后"及以前、"70后""80后""90后"表示"存起来，以后养老、看病用"的在各自年龄阶段分别占31.6%、17.2%、7.8%和6.6%，"60后"及以前的比例最高，"70后""80后""90后"依次递减，这也在一定程度上反映出年龄大的农民工比年轻的农民工更加能接受存钱防老这类中国传统的消费观念。同时，"80后""90后"农民工中分别有58.3%和59.8%的人选择"想办法把钱用于投资，以赚更多的钱"，要明显高于"60后"及以前的34.2%和"70后"的43.3%，这一数据表明，老一代、中生代较新生代农民工更为怕冒风险，新生代农民工则更加地敢冒风险，敢于投资与打拼。具体数据见表4-14。

表4-12 不同出生年份的农民工现在觉得最苦恼的问题

		出生年份								合计	
		1970年前		1970-1979年		1980-1989年		1990-1999年			
		计数	出生年份中的%	计数	出生年份中的%	计数	出生年份中的%	计数	出生年份中的%	计数	出生年份中的%
你现在觉得最苦恼的问题是：	孤独、空虚，不被理解	14	11.9	11	6.0	37	10.7	26	21.0	88	11.4
	孩子教育问题	27	22.9	80	44.0	34	9.8	1	0.8	142	18.4
	收入问题	43	36.4	58	31.9	137	39.5	50	40.4	288	37.4
	住宿和饮食问题	4	3.4	4	2.2	10	2.9	5	4.0	23	3.0
	家庭分居	4	3.4	1	0.6	6	1.7	1	0.8	12	1.6
	自己事业发展前景	13	11.0	18	9.9	91	26.2	34	27.4	156	20.2
	医疗保障问题	2	1.7	3	1.6	5	1.4	0	0.0	10	1.3
	生活开支大	9	7.6	4	2.2	13	3.8	2	1.6	28	3.6
	其他	2	1.7	3	1.6	14	4.0	5	4.0	24	3.1
	合计	118	100.0	182	100.0	347	100.0	124	100.0	771	100.0

表 4-13 不同出生年份的农民工对于竞争的看法

			对于竞争，您比较赞同以下哪个看法：				合计
			没有竞争，人们会变得松懈，参与竞争会使人积极向上	竞争会使人们为了取胜而不择手段，导致道德滑坡	人与人之间会因为有竞争而导致人际关系紧张，使人与人之间缺少人情味	不清楚怎么一回事	
出生年份	1970年前	计数	68	15	22	11	116
		出生年份中的%	58.6	12.9	19.0	9.5	100.0
	1970-1979年	计数	108	23	37	16	184
		出生年份中的%	58.7	12.5	20.1	8.7	100.0
	1980-1989年	计数	221	33	72	25	351
		出生年份中的%	63.0	9.4	20.5	7.1	100.0
	1990-1999年	计数	81	14	18	11	124
		出生年份中的%	65.3	11.3	14.5	8.9	100.0
合计		计数	478	85	149	63	775
		出生年份中的%	61.7	11.0	19.2	8.1	100.0

表 4-14 关于不同出生年份的农民工对有结余的钱如何用的调查

			如果您有结余的钱，您会：					合计
			存起来，以后养老、看病用	存起来，买房和车	存起来，结婚或给子女结婚	想办法把钱用于投资，以赚更多的钱	用掉	
出生年份	1970年前	计数	37	11	28	40	1	117
		出生年份中的%	31.6	9.4	23.9	34.2	.9	100.0
	1970-1979年	计数	31	28	37	78	6	180
		出生年份中的%	17.2	15.6	20.6	43.3	3.3	100.0
	1980-1989年	计数	27	44	63	203	11	348
		出生年份中的%	7.8	12.6	18.1	58.3	3.2	100.0
	1990-1999年	计数	8	21	19	73	1	122
		出生年份中的%	6.6	17.2	15.6	59.8	.8	100.0
合计		计数	103	104	147	394	19	767
		出生年份中的%	13.4	13.5	19.2	51.4	2.5	100.0

（5）新生代、中生代和老一代农民工还在人际价值观、道德价值观等其

他方面存在着差异。

在农民工与当地居民的人际交往中，各年龄阶段的农民工中的很多人都认为当地居民"多数人有歧视，看不起外来务工者"，这个我们从表4-15中可以看出，总体来说差异不大，但"60后"及以前的农民工中有34.7%的人持这一看法，比"70后""80后""90后"的比例略微低一些。而认为"大多比较公正、友好"的人中，"60后"及以前、"70后""80后""90后"在各自年龄阶段中占的比例分别为47.5%、46.4%、35.9%和29.8%，老一代、中生代觉得当地居民"大多比较公正、友好"的比例要相对高一点，这说明20世纪80年代以前出生的农民工相对来说更觉得当地人（指台州人）是公正的而不存有歧视。并且，在对于这个问题的回答中表示"说不清"的，在新生代农民工中所占比例也更高，"80后"和"90后"农民工中分别有26.4%和31.5%的人表示"说不清"，而"60后"及以前和"70后"中则分别为17.8%和14.8%，这也在一定程度上反映出新生代农民工融入城市、希望得到当地居民的认同与尊重的期望也相对较高，而压力也更大。

表4-15 不同出生年份的农民工觉得当地人（指台州人）对待他们的态度调查

			您觉得当地人（指台州人）对待外来务工人员的态度：			合计
			大多比较公正、友好	多数人有歧视，看不起外来务工者	说不清	
出生年份	1970年前	计数	56	41	21	118
		出生年份中的%	47.5	34.7	17.8	100.0
	1970-1979年	计数	85	71	27	183
		出生年份中的%	46.4	38.8	14.8	100.0
	1980-1989年	计数	125	131	92	348
		出生年份中的%	35.9	37.7	26.4	100.0
	1990-1999年	计数	37	48	39	124
		出生年份中的%	29.8	38.7	31.5	100.0
合计		计数	303	291	179	773
		出生年份中的%	39.2	37.6	23.2	100.0

在道德价值观方面，结合表4-16来看，在"看到踩草坪、随意吐痰、破坏公物等行为"的态度取向上，新老一代农民工也存在不少的差异。对于踩草坪、随意吐痰、破坏公物等，"觉得这是非常不道德的行为，应该受到谴责"的，"60后"及以前、"70后""80后""90后"在各自年龄阶段分别占

54.6%、53.8%、45.7%和50.4%，新生代农民工中所占的比例略低于老一代和中生代，但差别不是很明显。而表示"看到特别过分的行为，会上去制止"的，"60后"及以前、"70后""80后""90后"在各自年龄阶段中则分别占18.5%、22.3%、31.0%和32.8%，在新生代农民工中所占的比例明显要高出不少，这也在一定程度上反映了新生代农民工在道德实践过程中，更勇于与不道德行为作斗争，勇于参与不良社会环境的改变，教育家弗雷德·纽曼便十分重视公民的这种能力的培养，他特别强调要培养公民的行动能力，努力改变他们对于社会上不道德行为漠不关心的现象（本文会在下面继续结合纽曼的有关理论对这一问题做些分析）。

表4-16 对于不同出生年份的农民工"看到踩草坪、随意吐痰、破坏公物等行为"时会怎么做的调查

			看到踩草坪、随意吐痰、破坏公物等行为，您会：					合计
			虽然知道这样也不好，但如果别人也做了，而且比较方便，自己也就跟着做了	觉得这是非常不道德的行为，应该受到谴责	看到特别过分的行为，会上去制止	觉得这些都很正常，做了就做了	这些跟我没关系，不想管	
出生年份	1970年前	计数	9	65	22	9	14	119
		出生年份中的%	7.6	54.6	18.5	7.6	11.7	100.0
	1970-1979年	计数	12	99	41	8	24	184
		出生年份中的%	6.5	53.8	22.3	4.4	13.0	100.0
	1980-1989年	计数	20	161	109	25	37	352
		出生年份中的%	5.7	45.7	31.0	7.1	10.5	100.0
	1990-1999年	计数	6	63	41	3	12	125
		出生年份中的%	4.8	50.4	32.8	2.4	9.6	100.0
合计		计数	47	388	213	45	87	780
		出生年份中的%	6.0	49.7	27.3	5.8	11.2	100.0

4.4.2 性别对农民工价值观的影响分析

性别是人的最基本的生理基础，社会对两性个体在工作与生活中所应遵从的道德规范、所要扮演的角色、所应承担的责任与义务等方面的要求都会有些不同，两性个体在价值观上也会有些差异，通过统计分析发现，性别差异对农民工价值观的影响主要体现在以下几个方面。

（1）我们结合图4-1和图4-2的数据，可以看到，男女性农民工对"有钱能搞定一切"和"人生就是一场游戏，不必太认真，玩玩就行"这两个问题的问答呈现出了很大的差异。

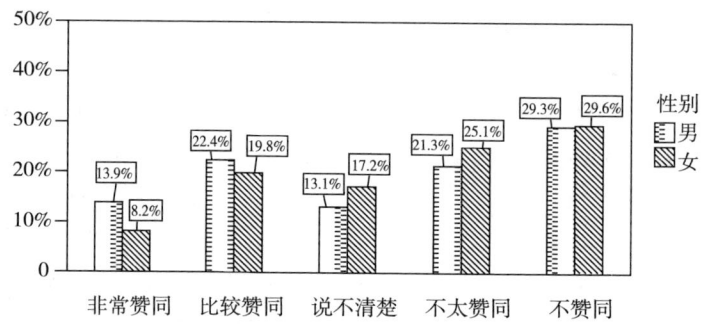

图4-1 男女性农民工对"有钱能搞定一切"的态度差异调查

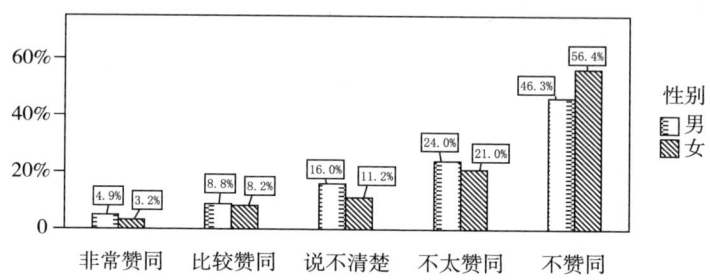

图4-2 男女性农民工对"人生就是一场游戏，不必太认真，玩玩就行"的态度差异调查

结合图4-1来看，在"有钱能搞定一切"这一问题上，男性农民工中有13.9%的人表示"非常赞同"，有22.4%的人表示"比较赞同"，分别高于女性的8.2%和19.8%，由数据可知，赞同"有钱能搞定一切"的人在男性农民工中所占的比例要高于在女性农民工中所占的比例。虽然从整体上来看，大多数农民工并不盲目地崇拜金钱，他们并不认同"有钱能搞定一切"，对于金钱万能持否定态度。但是仍然有不少农民工受到了西方拜金主义的影响；同时，在汹涌而来的市场经济大潮的冲击下，社会生活的世俗化使得理想信仰的"崇高"失去了往日的神圣光环，崇拜金钱、追求物欲等不良现象在农民工中有所蔓延。而面对西方拜金主义与市场经济大潮的冲击，男性农民工较女性农民工更易受到影响，而被错误的金钱观念所左右。因此，我们要注重对农民工正确金钱观念的教育，而在这方面，要根据男性农民工的特点，更加重视男性

农民工正确金钱观念的树立。在对于"人生就是一场游戏，不必太认真，玩玩就行"的态度上，男女性农民工也存在差异，从图4-2中我们可以得知，在男性农民工中有24.0%的人对这一观点持"不太赞同"态度，有46.3%的人持"不赞同"态度，两者总共占70.3%，而女性农民工中持"不太赞同"和"不赞同"态度的总共占77.4%，比男性农民工高了7.1%，从数据中表明，男性农民工中对于"人生就是一场游戏，不必太认真，玩玩就行"持反对态度的人的比例要低于女性，男性农民工更易受到这种态度的影响。总体来说，绝大多数农民工对"人生就是一场游戏，不必太认真，玩玩就行"持否定态度，但仍然有不少农民工受到西方后现代主义的"游戏人生"，以及享乐主义等错误思想的影响，在价值观上也产生了这样的错误倾向，而这其中，结合上面关于男女性农民工对金钱的态度的分析，可以看到，男性农民工更易受到各种思潮与转型期各类价值观念的影响与冲击，这就要求我们加强对于他们的教育与引导，增强他们对于正确的、合理的价值观的认同，防止他们受到各种错误思潮的影响而产生错误的价值观。

（2）在政治价值观方面，通过统计分析发现，男女性农民工在对"民不与官斗"的态度与看法上存在较大的差异，具体数据如表4-17所示。从表中我们可以看到农民工的性别差异对于农民工"民不与官斗"的看法所产生的影响。男性农民工与女性农民工在这一问题的回答上存在不少差异，在对"民不与官斗"这一问题的回答上，持"非常赞同"态度的在男性农民工中占18.1%，而在女性农民工中只占9.5%；持"比较赞同"态度的在男性农民工中占17.1%，而在女性农民工中则占16.1%，男性所占的比例也略微高一些。由此可见，相对于女性农民工而言，男性农民工更加趋向于认同"民不与官斗"这一观点。

表4-17 男女性农民工对"民不与官斗"赞不赞同的调查

			民不与官斗					合计
			非常赞同	比较赞同	说不清楚	不太赞同	不赞同	
性别	男	计数	70	66	85	58	107	386
		性别中的%	18.1	17.1	22.0	15.1	27.7	100.0
	女	计数	36	61	91	97	94	379
		性别中的%	9.5	16.1	24.0	25.6	24.8	100.0
合计		计数	106	127	176	155	201	765
		性别中的%	13.8	16.6	23.0	20.3	26.3	100.0

同时，男女性农民工在"你觉得哪类影视节目最好看？"这一问题的回答中也存在显著差异（具体数据如表4－18所示）。从表中我们可以看到，男女性农民工在这一问题的回答中的差异主要在于，选择"休闲娱乐方面的节目"与"饮食、健康等生活类节目"的人分别占女性农民工的26.6%和13.7%，明显高于男性农民工中的16.6%和3.9%；而在"新闻时政类节目"上，男性的关注比例要远高于女性。这说明男性农民工较女性农民工对国家的形势政策有更高的关注度。

表4－18 男女性农民工觉得哪类影视节目最好看的调查

		性别				合计	
		男		女			
		计数	性别中的%	计数	性别中的%	计数	性别中的%
您觉得哪类影视节目最好看？	有思想、有见解、有哲理的节目	76	20.0	87	23.4	163	21.7
	好看的武打动作片	30	7.9	13	3.5	43	5.7
	休闲娱乐方面的节目	63	16.6	99	26.6	162	21.5
	新闻时政类节目	64	16.8	33	8.9	97	12.9
	饮食、健康等生活类节目	15	3.9	51	13.7	66	8.8
	考古、探索宇宙奥秘类节目	28	7.4	26	7.0	54	7.2
	经济财经类节目	24	6.3	21	5.6	45	6.0
	体育类节目	28	7.4	6	1.6	34	4.5
	科学文化类节目	20	5.3	9	2.4	29	3.9
	与自己所从事的工作有关的节目	32	8.4	27	7.3	59	7.8
合计		380	100.0	372	100.0	752	100.0

这在男女性农民工对"是否关注每年'两会'"这一问题的回答中也可以看出，我们具体结合图4－3来进行分析。从图中我们可以看到，男性农民工中有45.2%的人表示对我国每年召开的"两会""很关心"，并表示"很多问题都关涉到自己，了解后对自己有很大帮助"，而女性农民工中只有30.8%的人持这样的态度与看法。可见，虽然从整体来说，农民工对于时政的关注度很高，大多数农民工对于国家政策与发展形势十分关心，并且对于国家政策感到满意，但相对于男性农民工，女性农民工在这方面要欠缺一些，需要进一步提高她们对国家政策与发展形势的关注度，使她们对国家的形势与政策更为了解。

4 农民工价值观的多维解析

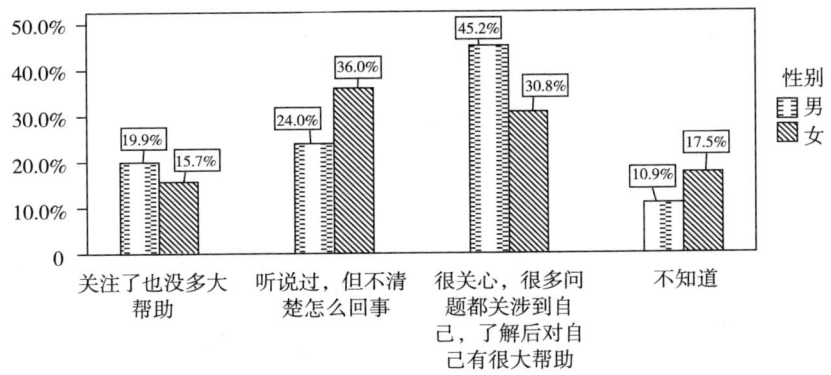

图4-3 对于男女性农民工是否关注每年"两会"这些重大时政热点问题的调查

(3) 性别差异对农民工价值观的影响，还表现在人际价值观、家庭价值观等方面。

在人际价值观方面，对于"请求帮助的陌生人"，男性农民工与女性农民工的态度有所不同，具体如表4-19所示。

表4-19 男女性农民工对于"请求帮助的陌生人"的态度差异调查

		性别				合计	
		男		女			
		计数	性别中的%	计数	性别中的%	计数	性别中的%
对于请求帮助的陌生人，您的态度是：	多一事不如少一事，以免给自己带来不必要的麻烦	33	8.4	29	7.7	62	8.0
	人心难测，以防被骗	64	16.4	54	14.2	118	15.3
	先弄清情况，看看事情是否麻烦，举手之劳就帮一下，如果比较麻烦就算了	100	25.6	75	19.7	175	22.7
	会尽量去帮助他	59	15.1	59	15.5	118	15.3
	看看是否真的需要帮忙，在确信需要帮忙时会帮忙	135	34.5	163	42.9	298	38.7
合计		391	100.0	380	100.0	771	100.0

从表中我们可以看到，对于请求帮助的陌生人，认为"多一事不如少一事，以免给自己带来不必要的麻烦"和"先弄清情况，看看事情是否麻烦，举手之劳就帮一下，如果比较麻烦就算了"的人分别占男性农民工的8.4%和25.6%，比女性中的7.7%和19.7%要高；认为"人心难测，以防被骗"的占男性农民工的16.4%，也高于女性的14.2%。从以上数据中可知，虽然整体上来说，对于请求帮助的陌生人，农民工群体绝大多数是热情的，绝大多数"会尽

量去帮助"或"看看是否真的需要帮忙,在确信需要帮忙时会帮忙",但相对于女性,男性农民工表现得更为谨慎,以防被骗,同时也表现得相对较"怕麻烦",没有女性农民工那样的热情,对此,应更加注重他们乐于助人品质的培养。

在家庭价值观方面,中国传统社会强调的是对特定人物的信奉与服从,维护的是君权、族权、父权和夫权的权威性,农民工整体来说对于"男主外,女主内"持否定态度的比例要高于持肯定态度的;并且,"60后"及以前、"70后""80后""90后"对这一看法持"不太赞同"和"不赞同"的态度的人在各自年龄阶段中所占的比例呈现递增趋势,这说明随着时代的发展,传统男权思想的影响日渐削弱,父权和夫权的权威性受到了强烈冲击,男女平等的思想渐渐被当代农民工所接受。然而,男女农民工在这一问题的看法上还是有分歧的,具体要结合下面的表4-20来阐述,从表中我们可以看到,男性农民工中有17.4%的人对"男主外,女主内"持"非常赞同"态度,有24.5%的人持"比较赞同"态度,分别高于女性的9.5%和22.7%。并且,对"男主外,女主内"持肯定态度的("非常赞同"和"比较赞同")的人在男性农民工中总计占了42.0%,高于持否定态度("不太赞同"和"不赞同")的人所占的39.7%,而女性则相反。以上数据表明,虽然随着时代的发展,传统男权思想对农民工的影响日渐削弱,但在男性农民工中对"男主外,女主内"持肯定态度的人所占的比例还是要高于持否定态度的人所占的比例,这就要求我们要更加重视在男性农民工中开展男女平等思想的宣传教育,改变他们"男主外,女主内"等对特定人物的信奉与服从的传统价值观念,引导他们树立正确的家庭价值观,根据男女性各自的性别优势合理地安排工作岗位,发挥出性别的组合优势。

同时,结合表4-21来看,男女性农民工对于"用明天的钱圆今天的梦"这种消费方式,在态度上也存在一些差异。整体来说,绝大多数农民工更倾向于接受"量入为出""积谷防饥""勤俭持家"等中国传统消费观念,而不大认同"用明天的钱圆今天的梦"这一消费行为。虽然如此,男女性农民工对此的态度与看法略有不同。持"非常赞同"和"比较赞同"态度的在男性农民工中分别占9.3%和16.3%,高于女性农民工的5.4%和7.8%。这一数据表明,相对于女性农民工,正如我们在上面所提到的,与男性农民工更易于受到西方拜金主义与后现代主义等思想的影响一样,男性农民工也更易于接受盛行于西方国家的超前消费行为,对于"用明天的钱圆今天的梦"这一消费行为的认同度也高于女性。相对于男性农民工,女性则表现得更为"持家",更倾向于接受中国"量入为出"这类传统消费观念。

表 4-20 男女性农民工对"男主外,女主内"的态度差异调查

			"男主外,女主内"的家庭模式					合计
			非常赞同	比较赞同	说不清楚	不太赞同	不赞同	
性别	男	计数	68	96	72	91	64	391
		性别中的%	17.4	24.6	18.4	23.3	16.4	100.0%
	女	计数	36	86	61	83	113	379
		性别中的%	9.5	22.7	16.1	21.9	29.8	100.0
合计		计数	104	182	133	174	177	770
		性别中的%	13.5	23.6	17.3	22.6	23.0	100.0

表 4-21 男女性农民工对"用明天的钱圆今天的梦"的态度差异调查

			用明天的钱圆今天的梦					合计
			非常赞同	比较赞同	说不清楚	不太赞同	不赞同	
性别	男	计数	36	63	75	88	124	386
		性别中的%	9.3	16.3	19.5	22.8	32.1	100.0
	女	计数	20	29	74	110	139	372
		性别中的%	5.4	7.8	19.9	29.6	37.3	100.0
合计		计数	56	92	149	198	263	758
		性别中的%	7.4	12.1	19.7	26.1	34.7	100.0

4.4.3 文化程度对农民工价值观的影响分析

(1) 农民工的文化程度越高,平等意识也越强,他们也越少保守,传统社会中"生死有命,富贵在天""多子多福",以及传统男权思想等对于他们的影响也越小。从图4-4和图4-5中我们可以看到,对"生死有命,富贵在天"表示"非常赞同"的,在小学及以下、初中、高中及以上文化程度的农民工中分别占23.1%、13.5%、10.4%,而表示"比较赞同"的则分别占25.0%、21.7%、15.3%;对"多子多福"表示"非常赞同"的,在小学及以下、初中、高中及以上文化程度的农民工中所占的比例分别为22.3%、16.9%、8.2%,而表示"比较赞同"的占17.5%、13.8%、10.7%。由以上数据可知,对"生死有命,富贵在天"和"多子多福"这类传统价值观持肯定态度("非常赞同"和"比较赞同")的在文化程度越高的农民工中所占的比例越小,说明文化程度越高的农民工,越少受到中国传统社会的宿命论思想

和养儿防老等价值观念的影响。

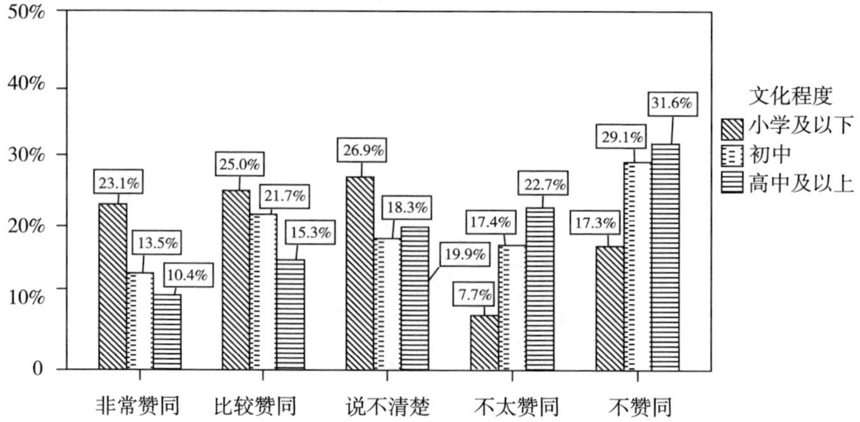

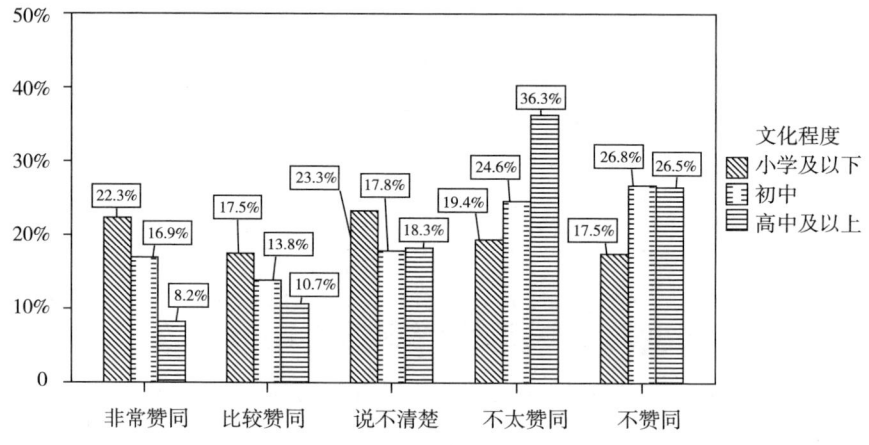

图 4-4 不同文化程度的农民工对"生死有命，富贵在天"的态度差异

图 4-5 不同文化程度的农民工对"多子多福"的态度差异

同时，从图 4-6 中我们还可以看到，对"男主外，女主内"的家庭模式表示"不太赞同"和"不赞同"的人在小学及以下、初中、高中及以上文化程度的农民工中分别占 8.7%、23.2%、27.9% 和 14.4%、24.8%、22.1%。对"男主外，女主内"持否定态度（"不太赞同"和"不赞同"）的人在小学及以下文化程度的农民工中所占的比例最高（占 23.1%），在初中文化中所占的比例为 48.0%，略低于高中及以上文化程度的 50.0%。农民工的文化程度越高，他们的民主、平等意识也越强，传统男权主义思想对他们的影响就相对较弱，他们中对"男主外，女主内"的家庭模式持否定态度的比例也就越高。

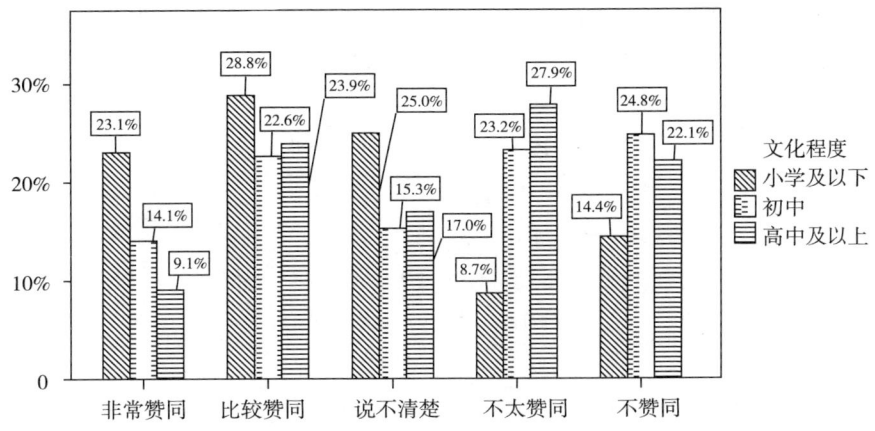

图 4-6 不同文化程度的农民工对"男主外,女主内"的态度差异

（2）在人际价值观方面，从调查数据来看，农民工的文化程度越高，他们越能妥善处理好与当地居民的人际关系，能以更为积极、友善的态度对待当地居民，并更加地愿意与他们交往。从表 4-22 中我们可以看到，在小学及以下、初中、高中及以上文化程度的农民工中，分别有 42.7%、51.3% 和 56.3% 的人表示"会积极和他们交往，处理好跟他们的关系"，以上数据表明，文化程度越高的农民工中持这一态度的人所占的比例也越高。从表 4-22 中还可以看到，在小学及以下、初中、高中及以上文化程度的农民工中，分别有 27.2%、23.0% 和 15.6% 的人表示"一般不愿和他们多打交道"，随着文化程度的上升而比例下降了。同时，农民工的文化程度越高，他们的人际交往观念也会越开放，便会与更多的当地居民交往，也就会结识更多的当地好朋友。在农民工对自身交往能力变化的看法与评价上，绝大多数人表示在人际交往能力、对各类问题的认识、理解与应变能力等方面都有了不少提高。而这其中，文化程度越高的人，表示自身在交往能力、对各类问题的认识、理解与应变能力等方面的提升也更快。从表 4-23 中我们还可以看到，在小学及以下、初中、高中及以上文化程度的农民工中，分别有 12.9%、7.8% 和 3.0% 的人认为出来务工以后"还是老样子"，随着文化程度的提高，认为"还是老样子"的人所占的比例在下降。文化程度越低，越不利于他们人际交往能力和对各类问题的认识与处理能力的提高。而表示"很明显，现在各方面能力都有了很大的提高"和"在一些方面有进步"的，在小学及以下、初中、高中及以上文化程度的农民工中所占的比例分别为 31.7%、34.9%、42.4% 和 40.6%、42.7%、47.0%，两者所占的比例均随着文化程度的

提高而提高。可见，农民工的文化程度越高，越有利于他们打破传统的封闭意识，使他们的人际交往变得开放，他们的人际交往能力也进步的更快，并愿意与更多的务工所在地的居民交往。

表4-22 男女性农民工对当地居民（指台州人）的态度差异

文化程度			您对当地居民（指台州人）的态度是：				合计
			会积极和他们交往，处理好跟他们的关系	各管各的，井水不犯河水	一般不愿和他们多打交道	其他	
	小学及以下	计数	44	22	28	9	103
		文化程度中的%	42.7	21.4	27.2	8.7	100.0
	初中	计数	172	39	77	47	335
		文化程度中的%	51.3	11.7	23.0	14.0	100.0
	高中及以上	计数	184	44	51	48	327
		文化程度中的%	56.3	13.4	15.6	14.7	100.0
合计		计数	400	105	156	104	765
		文化程度中的%	52.3	13.7	20.4	13.6	100.0

表4-23 关于不同文化程度的农民工"出来务工之后，在人际关系处理、工作技术能力、对各类问题的认识、理解与应变能力是否有提高"的调查

文化程度			您觉得出来务工之后，在人际关系处理、工作技术能力、对各类问题的认识、理解与应变能力是否有提高：				合计
			还是老样子	很明显，现在各方面能力都有了很大的提高	在一些方面有进步	说不清楚	
	小学及以下	计数	13	32	41	15	101
		文化程度中的%	12.9	31.7	40.6	14.8	100.0
	初中	计数	26	117	143	49	335
		文化程度中的%	7.8	34.9	42.7	14.6	100.0
	高中及以上	计数	10	139	154	25	328
		文化程度中的%	3.0	42.4	47.0	7.6	100.0
合计		计数	49	288	338	89	764
		文化程度中的%	6.4	37.7	44.2	11.7	100.0

（3）此外，不同文化程度的农民工在价值观上还存在其他很多方面的差异。

4 农民工价值观的多维解析

从调查数据来看，文化程度高的农民工相对于文化程度低的更加善于调整和改变自己的价值观念、思维方式与行为方式，以更好地适应新环境的要求。结合表4-24来看，进入城市以后，在这样一个新的环境中工作与生活，在小学及以下、初中、高中及以上文化程度的农民工中，分别有15.2%、10.3%和6.4%的人认为"不适应"，同时表示"还是原来怎么生活现在也怎么生活，没必要为适应这边而改变"。可见，持这一态度的人在文化程度低的农民工中所占的比例要高一点，文化程度低的农民工相对缺乏变革意识，他们改变自身适应新环境的意愿相对较弱。同时，文化程度低的农民工改变自身以更好地适应新环境的能力也相对较弱。从表4-24中我们可以看到，在小学及以下、初中和高中及以上文化程度的农民工中，分别有15.2%、10.6%和5.8%的人表示"虽然努力去适应"，但是还是适应不了新环境，觉得"很烦恼"，适应不了新环境的人在文化程度越低的农民工中所占的比例较高，从中可以看出，文化程度低的农民工改变自身以适应环境的能力相对也较弱，他们中的人正为之感到"烦恼"与不安的人所占的比例也相对较大。具体数据如下：

表4-24 出来务工之后，不同文化程度的农民工在全新的环境中的适应情况调查

			来这边务工，在这样一个全新的环境中工作、生活，您觉得自己：				合计
			不适应，但还是原来怎么生活现在也怎么生活，没必要为适应这边而改变	一开始不适应，但慢慢的就适应在新环境中工作与生活了	虽然努力去适应，但是还是适应不了，很烦恼	很适应，这边的工作与生活环境很适合我	
文化程度	小学及以下	计数	16	56	16	17	105
		文化程度中的%	15.2	53.4	15.2	16.2	100.0
	初中	计数	34	210	35	52	331
		文化程度中的%	10.3	63.4	10.6	15.7	100.0
	高中及以上	计数	21	223	19	65	328
		文化程度中的%	6.4	68.0	5.8	19.8	100.0
合计		计数	71	489	70	134	764
		文化程度中的%	9.3	64.0	9.2	17.5	100.0

同时，文化程度较高的农民工，他们的视野往往更为开阔，更加易于融入城市当中。他们更善于从网络、电视、报刊等多种渠道获取最新信息和知识，能够较快地改变自身观念以更好地接受现代文明与城市生活方式。这从对农民

工"是否上网",以及"上网主要干什么"的调查中也可以看出,经常上网的人在小学及以下、初中和高中及以上文化程度的农民工中分别占15.2%、27.8%和70.5%,出现了很明显的递增规律,说明经常上网的人在文化程度高的农民工中所占的比例也大,他们通过网络这些信息量大的渠道来获取信息的能力也更强。通过对问卷调查结果的分析还发现,文化程度越高的农民工,他们在上网时关注各类政策、信息的比例也越高。我们结合图4-7来看,选择上网时主要是"浏览各类网页,什么都看,像一些时政新闻、文化风俗习惯、小道消息、奇闻异事、小说"和"获取信息,了解就业、政策,以及其他有关自身的信息"的人,在小学及以下、初中和高中及以上文化程度的农民工中所占的比例分别为11.8%、17.9%、29.8%和12.9%、16.9%、21.0%,两者均随着文化程度的提高而显著提高,可见,文化程度高的农民工,他们中上网主要是为了浏览各类网页、获取各类信息、了解各项政策的人所占的比例也明显要高。

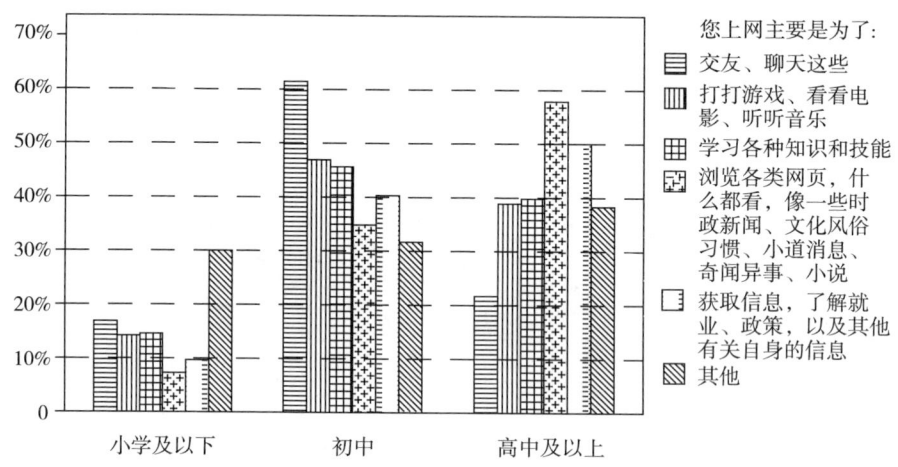

图4-7 关于农民工"上网主要干什么"的调查结果

在调查中我们还发现,农民工的文化程度越高,他们对于当地的现代价值观念与人文精神也更为认同,从表4-25中我们可以看到,在对"您最佩服当地(台州)什么"这一问题的回答中,选择最佩服当地"经济发达"的人在小学及以下、初中和高中及以上文化程度的农民工中所占的比例分别为41.0%、38.2%和30.8%,而选择最佩服"当地人的价值观念、创新意识与精神勇气"的则分别为21.0%、22.1%、35.5%。从表中我们可以发现,选择"经济发达"的农民工在小学及以下和初中文化程度中所占的比例在各选项中是最高的,而在高中及以上文化程度的人中选择最佩服"当地人的价值观念、创新意识与精神勇气"的人所占的比例最高(占35.5%),超过了选择"经济发达"的比例(30.8%),这也在一定程度上说明,农民工的文化程度越高,他们的视野更为开阔,理解能力越强,价值观也越开放,其不仅关注当地的经济发展状况,更能发现文化精神中的价值观这一深层次的内容,他们也更容易被当地人的那种开拓进取、敢干敢闯、敢为人先的价值观念和精神勇气所吸引,并接受与认同当地的这些积极的价值观念与优良的精神品质。这有助于他们更好地改变自身,积极主动地融入当地,融入现代社会,对于他们正确价值观的树立,起到了十分积极的作用。

表4-25 对不同文化程度的农民工"最佩服当地(台州)什么"的调查

		文化程度						合计	
		小学及以下		初中		高中及以上			
		计数	文化程度中的%	计数	文化程度中的%	计数	文化程度中的%	计数	文化程度中的%
您最佩服当地（台州）什么：	经济发达	43	41.0	126	38.2	99	30.8	268	35.5
	群众生活富裕	17	16.2	36	10.9	35	10.9	88	11.6
	当地人的价值观念、创新意识与精神勇气	22	21.0	73	22.1	114	35.5	209	27.6
	历史文化	2	1.9	6	1.8	5	1.5	13	1.7
	政治文明	2	1.9	7	2.1	6	1.9	15	2.0
	城市建设	8	7.6	21	6.4	16	5.0	45	6.0
	教育、医疗等社会事业发展	3	2.8	14	4.2	6	1.9	23	3.0
	其他	8	7.6	47	14.3	40	12.5	95	12.6
合计		105	100.0	330	100.0	321	100.0	756	100.0

此外,通过对调查结果的分析还发现,在农民工关于"是否有过看相、算命、卜卦、抽签、看风水"的回答中,表示"经常去"和"偶尔去过几次"的人在小学及以下、初中和高中及以上文化程度的农民工中所占的比例分别为6.5%、3.3%、1.5%和42.1%、41.4%、40.0%,所占比例逐步递减。而"没有过"看相、算命、卜卦、抽签、看风水的,在小学及以下、初中和高中及以上文化程度的农民工中分别占51.4%、55.3%、58.5%,所占比例随着文化程度的提高呈现升高趋势。参与封建迷信活动的人在农民工文化程度越高

的人群中所占的比例越低。这在一定程度上说明，农民工的文化程度越高，越有助于他们对封建迷信活动进行正确的认识与判断，更不易被看相、算命、卜卦、抽签、看风水这些封建迷信活动的表象所迷惑，因而他们中参与这类活动的人所占的比例会相对低一些（具体参见表4-26）。此外，农民工的文化程度对农民工的价值观还有其他一些方面的影响，通过问卷调查还发现，农民工的文化程度越高，自我发展意识会更强，实现自我价值的意愿会更加强烈，也会更多地将打工视为改变生活方式与寻求良好发展的契机，他们在职业的选择上由生存型向发展型的转变也表现得更为明显。

表4-26　不同文化程度的农民工对于"是否有过看相、算命、卜卦、抽签、看风水"选择的差异调查

			您是否有过看相、算命、卜卦、抽签、看风水：			合计
			经常去	偶尔去过几次	没有过	
文化程度	小学及以下	计数	7	45	55	107
		文化程度中的%	6.5	42.1	51.4	100.0
	初中	计数	11	138	184	333
		文化程度中的%	3.3	41.4	55.3	100.0
	高中及以上	计数	5	132	193	330
		文化程度中的%	1.5	40.0	58.5	100.0
合计		计数	23	315	432	770
		文化程度中的%	3.0	40.9	56.1	100.0

4.4.4　外出务工年限、政治面貌、收入水平等其他相关影响因素分析

农民工外出务工的年限对农民工价值观的许多方面也有较大影响。具体我们结合表4-27可以看到，对于打工地，认为自己是"其中一员，想办法长期在这边生活"的，在外出打工不到1年、1-4年、5-9年和10年以上的农民工中，分别占13.3%、17.6%、21.7%和23.5%，随着务工年限的增加所占比例也上升了；而表示"不属于这边，迟早要回去的"的则分别占37.3%、43.0%、38.2%和35.2%，随着务工年限的增加所占的比例出现了下降。农民工出来打工的时间越长，在务工地待得越久，便越能详细地了解当地的政治、经济、文化状况和风土人情；同时，当地的人文精神与价值理念也对他们产生了更为深刻的影响，并且经过长期的磨合，他们对当地的价值认同感与归

属感都增强了,也更加希望融入当地,并且越来越觉得自己是"其中的一员"了。

表 4-27 外出务工年限对于农民工价值观的影响调查

			对于您打工所在地,您觉得自己是:				合计
			其中一员,想办法长期在这边生活	不属于这边,迟早要回去的	不想回去,但感到想长期住下来也很困难	说不清楚	
外出打工时间	不到1年	计数	11	31	13	28	83
		外出打工时间中的%	13.3	37.3	15.7	33.7	100.0
	1-4年	计数	55	134	43	80	312
		外出打工时间中的%	17.6	43.0	13.8	25.6	100.0
	5-9年	计数	46	81	29	56	212
		外出打工时间中的%	21.7	38.2	13.7	26.4	100.0
	10年以上	计数	38	57	25	42	162
		外出打工时间中的%	23.5	35.2	15.4	25.9	100.0
合计		计数	150	303	110	206	769
		外出打工时间中的%	19.5	39.4	14.3	26.8	100.0

同时,不同政治面貌的农民工的价值观也表现出了一些差异。正如我们在表 4-28 中所看到的,对于"有钱能搞定一切",党员农民工与非党员农民工的态度也有一些差异,对这一观点,在党员和非党员农民工中,分别有 11.3% 和 11.5% 的人表示"非常赞同",15.5% 和 23.0% 的人表示"比较赞同",党员农民工中持赞同态度的比例要低于非党员农民工的比例,说明党员农民工相对来说能更好地看待金钱的作用,对于"一切向钱看"的拜金主义价值观也更为反对。对于"多子多福",党员农民工中分别有 14.1% 和 5.6% 的人表示"非常赞同"和"比较赞同",而非党员农民工则分别为 14.2% 和 13.6%,说明非党员农民工相对来说更为认同我国"多子多福"这一传统观念。

表4-28 不同政治面貌的农民工对于
"有钱能搞定一切"的态度差异调查

			有钱能搞定一切					合计
			非常赞同	比较赞同	说不清楚	不太赞同	不赞同	
政治面貌	非中共党员	计数	73	146	95	145	177	636
		政治面貌中的%	11.5	23.0	14.9	22.8	27.8	100.0
	中共党员	计数	8	11	10	18	24	71
		政治面貌中的%	11.3	15.5	14.1	25.3	33.8	100.0
合计		计数	81	157	105	163	201	707
		政治面貌中的%	11.5	22.2	14.8	23.1	28.4	100.0

从整体上来说，党员农民工的价值观是积极向上的，但我们也应看到，仍有部分党员农民工受到拜金主义和市场经济负面消极因素等影响，盲目崇拜金钱的作用，在思想上出现了"有钱能搞定一切"的错误倾向。还有不少党员农民工由于文化程度较低，缺乏相应的理论素养，他们中还有不少人对于马克思主义表示不大了解。同时，由于党员农民工的流动性较大，很多党员农民工难以参加正常的组织生活，缺乏正常的组织管理，他们中的一些人放松了自己，加上受到各种错误思想的影响，致使对于马克思主义基本理论的正确性、科学性和真理性产生了怀疑，调查中还发现有少数党员农民工也认为马克思主义在当前不大适用了，认为跟他们的实际生活关联不是太大。甚至于有一些人马克思主义信仰出现弱化，丧失了应有的精神支柱，转而信奉起了宗教和迷信，参与到了宗教与迷信活动之中。对于一些党员农民工价值观中出现的这些不良倾向，必须引起我们的重视。在后面，本文在借鉴与总结相关党员农民工教育实践经验的基础上，对如何加强党员农民工的价值观教育进行了进一步的探讨与研究。

当然，其中还有其他不少因素影响着农民工群体的价值观。例如，他们的收入水平不同、从事职业不同，他们的价值观也会有些差异。通过对调查结果的分析可以发现，收入水平不同的农民工在人际价值观上有着不少的差异，月收入水平在1000元以下、1001~2000元、2001~3000元、3000元以上的农民工中，分别有33.3%、36.5%、43.1%和48.5%的人觉得当地人对待外来务工人员的态度"大多比较公正、友好"，具体如表4-29所示。

4 农民工价值观的多维解析

表4-29 月收入水平不同的农民工觉得当地人（指台州人）对他们的态度差异调查

			觉得当地人（指台州人）对待外来务工者的态度：			合计
			大多比较公正、友好	多数人有歧视，看不起外来务工者	说不清	
月收入情况	1000元以下	计数	11	14	8	33
		月收入情况中的%	33.3	42.4	24.3	100.0
	1001~2000元	计数	175	183	121	479
		月收入情况中的%	36.5	38.2	25.3	100.0
	2001~3000元	计数	81	74	33	188
		月收入情况中的%	43.1	39.4	17.5	100.0
	3000元以上	计数	33	23	12	68
		月收入情况中的%	48.5	33.8	17.7	100.0
合计		计数	300	294	174	768
		月收入情况中的%	39.1	38.3	22.7	100.0

从表中我们可以看到，农民工的月收入越高，越觉得当地人比较公正与友好；而觉得当地人对待外来务工人员的态度"多数人有歧视，看不起外来务工者"的，月收入水平在1000元以下、1001~2000元、2001~3000元、3000元以上的农民工中分别占42.4%、38.2%、39.4%和33.8%，总体来说，收入越低的农民工越觉得他们受到了当地居民的歧视。农民工群体中收入相对更低的低收入群体，由于经济收入的劣势，更容易引起他们"二等公民"的自卑心理，以及过度的心理敏感性，这种自卑心理的存在往往会使他们在交往中缺乏自信，哀叹自身的经济条件差，社会地位低，这反过来则会进一步强化他们人际交往上的自我阶层定位，致使众多农民工在自身"自尊"或"自卑"心态的驱使下，使他们在与当地居民的交往中处处抱着谨慎的态度，尽可能地减少与当地人的接触机会。这在表4-30的调查数据中也有显现。

月收入水平在1000元以下、1001~2000元、2001~3000元、3000元以上的农民工中，分别有27.3%、48.5%、59.0%和63.8%的人表示"会积极和他们交往，处理好跟他们的关系"，从这一数据中表明，农民工的收入越高，与当地人交往的态度便越积极；而持"不愿和他们多打交道"这一态度的，在月收入水平1000元以下、1001~2000元、2001~3000元、3000元以上的农民工中，分别占39.4%、21.6%、16.8%、15.9%，这在一定程度上说明收入越低的农民工越是自觉或不自觉地回避与当地居民的往来。城市居民对农民工的戒心与歧视，也从另一方面影响了农民工对自身地位的评价与看法，加重了农民工的自卑心理，致使众多农民工在自身"自尊"或"自卑"心态的驱使下，尽其可能地主动减少与城里人的接触机会，这也造成了农民工与城市文明的隔离，使低收入农民工群体与当地居民的交往态度没有农民工群体中收入相对较高的那一部分人积极。

表4-30 月收入水平不同的农民工对当地居民（指台州人）的态度差异调查

			您对当地居民（指台州人）的态度是：				合计
			会积极和他们交往，处理好跟他们的关系	各管各的，井水不犯河水	不愿和他们多打交道	其他	
月收入情况	1000元以下	计数	9	6	13	5	33
		月收入情况中的%	27.3	18.2	39.4	15.1	100.0
	1001~2000元	计数	231	64	103	78	476
		月收入情况中的%	48.5	13.5	21.6	16.4	100.0
	2001~3000元	计数	112	29	32	17	190
		月收入情况中的%	59.0	15.3	16.8	8.9	100.0
	3000元以上	计数	44	10	11	4	69
		月收入情况中的%	63.8	14.5	15.9	5.8	100.0
合计		计数	396	109	159	104	768
		月收入情况中的%	51.6	14.2	20.7	13.5	100.0

5 农民工价值观的塑造体系的建构

面对当前我国社会转型期农民工价值观所呈现的这些状况,在深入分析有关影响因素的基础上,积极探索切实有效的应对策略,以更好地促进农民工群体正确价值观的树立,这在当前显得极为紧要。

5.1 以社会主义核心价值体系引领农民工价值观的塑造

核心价值体系是指在多元社会价值体系中,居于引领、主导和支配地位的价值体系。胡锦涛同志在十七大报告中提出"建设社会主义核心价值体系,增强社会主义意识形态的吸引力和凝聚力"的重大战略任务。十七大报告指出,社会主义核心价值体系是"社会主义意识形态的本质体现",要"切实把社会主义核心价值体系融入国民教育和精神文明建设的全过程,转化为人民的自觉追求"。❶

社会主义核心价值体系包括四个方面的内容,第一个是马克思主义的指导思想;第二个是中国特色社会主义共同理想;第三个是以爱国主义为核心的民族精神和以改革创新为核心的时代精神;第四个是以"八荣八耻"为主要内容的社会主义荣辱观。社会主义核心价值体系便是由这四方面的内容共同构成的辩证统一的有机整体。核心价值体系是一个社会的方向盘,是一个国家的稳定器。

因此,要根据实际情况,认真对待农民工对于社会主义核心价值体系的认同中所存在的一些障碍与不足,积极采取有效策略,以增强农民工对于社会主义核心价值体系的认同度。

---

❶ 胡锦涛. 高举中国特色社会主义伟大旗帜 为夺取全面建设小康社会新胜利而奋斗 [N]. 人民日报, 2007 – 10 – 25.

要进一步发挥社会主义核心价值体系在多元文化中的引领与整合作用。在当前，我国国内社会经济正处于转型期，我国的社会结构发生了巨大的变动，经济体制发生着剧烈的变革，利益格局也发生着重大的调整，人们的思想价值观念也随之发生了很大的变化。同时，国际形势十分复杂，出现了多种社会思潮，如在上面所分析的，西方后现代主义思潮与西方的"趋同论""意识形态终结论""淡化论"等非意识形态化思潮，都对我国农民工的价值观念产生了深刻影响。在这种情况下，更需要以社会主义核心价值体系为引领，来整合社会上存在的多种多样的价值观和价值取向，以更好地为农民工的思想与行为提供指导，为他们提供价值的导向与精神上的支柱。"在经济多元化、价值观念多样化的今天，突出核心价值体系的构建，有利于多元之中有主体、多样之中有主导、多变之中有定式的形成，有利于中国特色社会主义文化建设的发展繁荣。"❶

要引导农民工积极地追求崇高，坚定他们的中国特色社会主义共同理想。在各种价值观念中，理想信念是居于统摄、支配地位的价值观念，是人的灵魂问题。如果没有了理想信念，就没有了精神支柱，也就等于没有了灵魂。"为什么我们过去能在非常困难的情况下奋斗出来，战胜千难万险使革命取得胜利呢？就是因为我们有理想，有马克思主义信念，有共产主义信念。"理想信念指引着人的思想和行为，能调动人的全身心力量去为之奋斗，能推动一个人抵制诱惑和干扰，持之以恒地克服种种困难和障碍。然而，正如调查中所了解到的，仍有一些农民工对中国特色社会主义信心不足，对于社会主义的优越性不甚了解，对共产主义的前途感到困惑，需要进一步加强中国特色社会主义共同理想教育。共同理想便是共同的价值追求、价值取向与价值目标。而在当前，由于受到西方思潮等影响，一些人出现理想信念淡化现象。在本书第3章关于西方思潮对农民工价值观的冲击中，特别是对后现代主义思潮对农民工尤其是青年农民工的价值观的消极影响已经作了一些论述。后现代主义拒绝深度，消解"不确定"的意义，而专注于表层，片面追求平面化、娱乐性与消遣性，而不再对精神境界、终极关怀，以及真、善、美之类的东西感兴趣。这也使得不少农民工特别是青年农民工受其影响，不再认真地去思考社会、历史、人生、道德等问题，对树立正确的人生信仰与追求崇高等问题表现出不屑一顾的态度，他们不再有所追求，"一无所有"成了他们共同的名字。在这种情况

---

❶ 周锦尉. 新理念、新要求、新任务 [N]. 解放日报，2007-11-05.

下，更是要加强农民工的理想信念教育，引导农民工积极地追求崇高，坚定他们的中国特色社会主义共同理想。人是一种有限而追求无限的存在物，是一种超越性的存在，其只有在不断创造和生成新的世界与人自身中生存。同时，也正由于人深深地感受到了自身的有限性，才迫切渴望超越自身以趋于无限与永恒。因此，我们要善于唤起当代农民工对自身的"有限性"、不完满性生存境况超越的欲求，唤起他们对真、善、美的向往，引导他们不断地超越有限追求无限。人不能没有精神支撑与精神家园的慰藉，特别是在当前，面对汹涌而来的市场经济大潮，面对纷繁喧哗的物质世界，更要注重农民工的共同理想教育，努力引导他们确立起远大的理想与崇高的信念，以帮助他们重建精神家园，使他们不沉溺于物欲与眼前，让他们的心灵有所寄托。

还有，爱国主义是社会主义核心价值体系的重要内容，也是中华民族精神的核心。社会主义核心价值体系只有被农民工所接受、所认同，才能真正发挥作用。而爱国主义是中华民族在数千年的历史进程与文明创造活动中凝结和巩固起来的对于自己祖国的一种积极的、支持的态度，是社会主义核心价值体系的情感纽带，具有很强的可接受性。在中华民族的历史长河中，正是出于对自己祖国的热爱，才有这么多的仁人志士，他们在国家、民族处于危难之时，毅然挺身而出，为了江山社稷不惜抛头颅、洒热血，视死如归。爱国主义在不同的历史背景下，会有不同的要求与具体内容，正如毛泽东同志所指出的，"爱国主义的具体内容，看在什么样的历史条件之下来决定"。❶ 而在当代中国，在农民工的爱国主义教育中，当务之急是要引导他们坚持爱国主义与爱社会主义的高度统一。农民工中仍有一些人对中国特色社会主义信心不足，缺乏坚定的信念，有一些农民工认为社会主义与资本主义"没什么区别，只要搞得好都一样"，甚至还存在着少数人认为"资本主义比社会主义更文明、更优越"。在这种情况下，引导当代农民工坚持爱国主义与爱社会主义的高度统一，显得十分紧迫而又意义重大。在当今中国，必须坚持爱国主义与爱社会主义的高度统一，胡锦涛同志在北京大学师生代表座谈会上的讲话中强调，要"大力弘扬爱国主义精神"，他指出，"在革命、建设、改革各个历史时期，北京大学师生满怀'以天下为己任'的赤诚，与全国人民一起投身民族振兴的伟业，形成了爱国主义的光荣传统"，而在"今天，大力弘扬这一光荣传统，就是要坚持爱国主义与爱社会主义的高度统一，时刻心系民族命运、心系国家发展、

---

❶ 毛泽东选集（第二卷）[M]. 北京：人民出版社，1991：208.

心系人民福祉,使爱国主义精神在新的时代条件下发扬光大"。❶ 爱国主义有不同的层次要求,在当代中国,爱国主义不仅是对祖国壮丽山河的热爱、对祖国悠久历史文化的热爱,以及对家乡故土与同胞的热爱等朴素爱国主义情感;其还包括在更深层次上的对于社会主义制度与走中国特色社会主义道路的坚定信心,充分认识到在中国走社会主义道路是社会历史发展的必然选择,并把爱国主义与共产主义远大目标联系起来,自觉树立起为实现共产主义奋斗终身的崇高理想。因此,在当代中国,进行农民工爱国主义价值观的塑造中,必然要注重把当代农民工朴素的爱国主义情感引向更深的爱国主义层次上,引导他们把坚持爱国主义与爱社会主义高度统一起来。

最后,农民工进城务工以后,他们的开拓进取意识、主体意识与创新意识不断增强,但农村许多封闭的、保守的传统思想价值观念仍然对他们有着很大的影响,需要进一步增强他们改革创新精神,要努力打破中国传统社会封闭地理条件下的自给自足和安于现状所带来的"中庸"居间的价值观对农民工的影响与束缚,积极培养他们自信、勇于创新、开拓进取的精神,使他们能更好地适应当代社会发展的要求。

5.2 农民工价值观塑造的基本理念

5.2.1 以人为本、促进农民工健康全面发展的目标理念

以人为本是科学发展观的本质与核心,它既是一种新的基本理念和新的价值取向,又是一个基本的教育工作原则。坚持以人为本的科学发展观,就要以人为出发点,努力促进人的全面与和谐发展。正如2001年《在庆祝中国共产党成立八十周年大会上的讲话》中江泽民就已经指出的:"我们建设有中国特色社会主义的各项事业,我们进行的一切工作,既要着眼于人民现实的物质文化生活需要,同时又要着眼于促进人民素质的提高,也就是要努力促进人的全面发展。"❷ 因此,对于农民工问题,我们不仅要关注农民工生存技能和生活条件的改善,还需要关注他们深层次的价值观问题,要提高农民工的需求层次,坚定他们的理想信念,丰富他们的精神境界,这样才能有助于他们健康、

---

❶ 胡锦涛. 在北京大学师生代表座谈会上的讲话 [N]. 光明日报,2008 - 05 - 04.
❷ 江泽民文选(第三卷)[M]. 北京:人民出版社,2006:294.

全面地发展。

奥尔波特认为,"是否拥有坚定的价值观这一点,把健康人从神经病患者中清楚地区分开来"。❶ 其进一步指出,"神经病患者没有价值观,或者仅仅有片段的和短暂的价值观","神经病患者的价值观不能持久或强烈到足够连接或统一生活一切方面的程度"。❷ 可见,心理学家是把能否拥有坚定的价值观视为一个人健康与否的一个重要标志。因此,帮助农民工树立起正确的价值观,有助于促进他们人格的完善,促进他们健康而全面的发展。特别是在当前,也只有帮助农民工树立起正确的价值观,才能更好地促进他们的健康而全面的发展。随着改革开放的深入和市场经济的发展,必然会引起人们利益结构的变化;再加上农民工从农村进入城市之后,他们的价值观念正处于转变之中,乡村社会的价值评价标准受到了强烈的冲击与挑战,人们原有的价值观、成就观、世界观、人生观也会不断受到冲击,而与当前社会发展相适应的新的价值体系又尚未完全确立。在这样错综复杂的环境下,如果缺乏正确价值观的指导,他们极易会受到错误价值观的干扰或外界的诱惑而迷失自我。"一个人无论其将来想从事什么职业,干什么工作,都必须有一个正确的价值观的指导,因为没有价值的支撑,没有正确的价值观,人的内心世界就不可能抵御'利'之诱惑与挑战。"❸ 一些农民工在繁华的城市中,面对扑面而来的商品经济大潮,面对各种各样的诱惑,逐渐变得浮躁起来,导致急功近利、道德失范等现象的出现。甚至有一些人,他们在金钱观念、人生价值观念、人际价值观念等方面发生了严重扭曲,以至于一些人为追逐个人私利,不择手段,铤而走险,最后走上了违法犯罪的道路。

同时,要坚持以人为本,促进农民工的健康全面发展,就需要改变传统农民工价值观教育中,把农民工当做预防犯罪的重点,把农民工价值观的塑造与教育只是看做为防范农民工道德失范和违法犯罪的措施,导致农民工价值观的塑造存在工具主义倾向,强调管理而忽视了服务和促进他们身心健康发展的这一根本性的目的。浙江台州市玉环县成立全国第一个流动人口服务管理局,对于农民工价值观的塑造来说,其不仅有助于加强对农民工的相关教育,维护他们的合法权益,可以更好地组织调研农民工价值观中的新问题,掌握他们价值观发展变化的新动态;而更为重要的一点是,这在一定程度上有助于促进农民

---

❶ 转引自:袁贵仁. 价值观的理论与实践 [M]. 北京:北京师范大学出版社,2006:135.
❷ 同上.
❸ 陈章龙. 价值观研究 [M]. 南京:南京师范大学出版社,2004:5.

工价值观教育理念的转变,"标志着玉环流动人口管理服务工作已开始由偏重公安部门治安为主的防范式管理向政府主导的服务型管理转变"。❶

5.2.2 讲求平等、注重情感体验的方法理念

情感体验与价值的关系极为密切,谈价值问题必然会涉及情感体验。我们把价值理解成主客体之间的需要与满足的关系,那么情感便是主客体之间需要与满足关系的反映。"体验就是因客体满足主体需要而产生积极情感的过程"❷,情感体验的实质是主体对客体的整体感受与领悟,当客体满足主体的需要时,就会引起主体积极的情感体验;反之,如果客体不能满足主体的需要,则会导致主体消极的情感体验。特别是在审美活动中,正如在上面所述的,审美体验是一种特殊的审美经验,而当代农民工又缺乏审美经验与审美体验,在这种情况下,增加他们审美体验的机会,有助于提升他们的审美能力。自我效能感理论也认为,一个人成功的经验可以增强或提高自我效能感,而失败的经验则会削弱或降低自我效能感。因此,可以通过让农民工更多地参与企业管理、社区管理,在"培训""评先"等方面与其他员工一视同仁,让他们更多地体验各方面的关心,同时努力营造一种大家庭的氛围,这样才有助于增强他们对于当地的情感认同,有助于在企业中增强主人翁感,增强他们的集体主义感与团结意识。同时,心理学的研究也表明,情感取决于客体满足主体需要的程度,它总是在一定的情境下产生的,因此,可以通过创设和分析有关消费、人际交往、家庭生活等方面的情境,并引导大家积极地参与讨论,能有效地促进他们正确的消费观、人际价值观与家庭婚恋观等的确立。此外,还可以采取表演、竞赛、小组合作、集体讨论等多种形式,让他们在参与各类活动中,得到新的体验。

在帮助农民工确立正确价值观的过程中,需要创设民主、平等、宽松的主体参与氛围,避免存在管理主义倾向,不能一开始便把农民工看成需要教育、灌输的对象,这严重地剥夺了他们的自主性,也会使他们的自尊心受到伤害,自信心受到打击。正如蔡元培所说:"教育是帮助被教育的人,给他们能发展自己的能力,完成他们自己的人格,于人类文化上能尽一分子的责任;而不是

---

❶ 新华网. 我国首个流动人口管理局在浙江玉环成立 [EB/OL]. http://news.xhby.net/system/2007/09/08/010119384.shtml.

❷ 王智慧. 价值与体验 [M]. 桂林:广西师范大学出版社,2008:173.

把被教育的人，造成一种特别的器具，给抱有他种目的的人应用的。"❶ 因此，在帮助农民工树立正确的价值观时，相关管理者、宣传教育工作者切不可居高临下，盛气凌人，而是要坚持以人为本，尊重他们的独立人格、民主权利和思想情感，相信他们并能够与之平等地对话与交流。要树立平等的对话意识，首先就必须学会倾听，尊重他们的表达权，通过平等的对话与交流来增进他们对于主导价值观的认同。相关管理者和宣传教育工作者要切实实现自身的角色转换，要从传统管教者、宣传教育者的角色中解放出来，成为带领农民工一起探讨、发现和接受真理的组织者和参与者，要在平等的、相互尊重、相互促进的交流促进农民工确立起正确的价值观。

在这其中，台州市路桥区积极探索流动人口的管理新模式，他们的"以情管人"模式的基本实践充分体现了在农民工价值观塑造中讲求平等、注重情感体验的方法理念。他们提倡的以情管人的基本途径就是"把平等理念贯穿于流动人口管理的始终，以感化取代强制，消除内外有别、区别对待、硬性制约等行政管理手段产生的管理隔阂，培育流动人口的主人翁精神，并积极配合和支持流动人口的服务与管理工作"。❷

5.2.3　全员参与、贴近实际的实施理念

转型期我国农民工价值观的塑造工作，不是哪一个部门、单位或者是哪一个群体的事情，它是一项复杂的系统工程，需要各方面通力合作，相互配合，形成合力，并努力探索各种行之有效的实施办法，这样才能取得实效。农民工输入、输出地的政府及宣传、司法、社保、教育、工会、共青团等相关部门都要结合自身特点，负起这方面的责任，做好党和国家关于农民工的方针政策的宣传、农民工的法律服务和法律援助，以及农民工享有的合法政治权益保障等工作。大众传媒是农民工了解国家有关政策法规和国内外政治经济发展形势的主渠道，电视、报刊、互联网等大众传媒要充分发挥其在农民工树立正确价值观中的作用，增长农民工的知识，开阔他们的视野，引导他们做出正确的价值判断，促进农民工对于我国社会主义主导价值观的认同。企业也要为农民工科学、合理的价值观的形成与发展创造良好条件。企业要协同相关部门做好农民

---

❶ 彭寿清. 高校学生德育存在的问题与对策［J］. 西南民族大学学报（人文社会科学版），2004（6）：28.

❷ 台州市公安局路桥分局：对路桥区流动人口村企自主"落地式"管理的调查与思考［EB/OL］. http：//www.linhai.gov.cn/html/lgj/gztbView/2011－03/105828.html.

工的法制教育和培训等工作，增强农民工的法制意识；要让农民工和其他职工一样，享有企业民主管理的参与权，《国务院关于解决农民工问题的若干意见》中也指出，"招用农民工的单位，职工代表大会要有农民工代表，保障农民工参与企业民主管理权利"。❶ 同时，使他们在参与企业民主管理的过程中，培养起民主意识和参与意识。此外，由于党员农民工和其他农民工的工作环境、经历、生活条件和生活方式等都较为相似，交往较多，可以发挥他们在农民工群体中的引领和示范作用，通过他们的言谈、举止影响他人形成正确的价值观。例如，近年来，台州玉环县龙溪乡党委根据县委组织部关于开展外来党员教育管理服务"接纳确认、组织覆盖、教育学习、双向管理、关爱服务、作用发挥"六步法的要求，切实发挥地缘型外来党员党组织——蕲春党建工作站党支部、村级外来党支部的优势，逐步建立、健全"双向联系、双向服务、双向反馈"的外来党员双向互动管理模式，使外来党员"安家在龙溪、创业在龙溪"，并以外来党员为支点，辐射全乡外来人员和谐融入第二故乡，逐步形成两地"地缘相通、人员相亲、平安共创、和谐共享"的浓厚氛围。

在具体的实施过程中，农民工价值观的塑造还要贴近他们的实际、贴近生活。要根据农民工的实际情况开展农民工价值观教育，例如，农民工群体整体文化水平相对较低，我们就应当用简明易懂的语言，用他们乐于接受的方式来开展。对于一些涉及农民工切身利益的问题需要引起足够重视，切实解决他们关心的社会实际和热点问题，要做好答疑解惑的工作，解答他们关注的热点难点问题，努力化解矛盾，使他们能正确认识我国当前的形势与政策，引导他们对于自身关心的问题作出正确的价值判断。

5.3 农民工价值观塑造的力量整合

5.3.1 政府及相关部门在农民工价值观塑造中的组织力与推动力

政府及有关部门要充分发挥自身的组织宣传力，通过整合各种资源，进行政企联动，以宣传、服务、教育辅导、动员等多种手段，采取在农民工集中的地方摆摊设点、悬挂横幅、发放宣传资料、张贴标语这些传统形式与利用网

---

❶ 国务院关于解决农民工问题的若干意见 [N]. 光明日报，2006-03-28.

络、手机这些新兴载体相结合等方式，进行社会主义主导价值观的宣传教育，推动与促进农民工正确价值观的塑造。

在这里，要特别重视外来流动人口服务管理局在农民工价值观塑造中的重要作用。在台州市玉环县成立了全国第一个流动人口服务管理局之后，台州市下属的温岭、路桥、椒江等外来务工人口较多的县（市、区）也相继各自成立了流动人口服务管理局，负责外来人口的管理与宣传教育工作，他们是农民工价值观塑造中的一支重要力量。要充分发挥流动人口服务管理局宣教科的宣传教育作用，积极拓展宣传渠道，以农民工乐于接受的方式进行广泛宣传教育。台州温岭市流动人口服务管理局还成立了"流动人口服务管理宣教服务团"，并积极地利用"流动人口服务管理宣教服务团"这个平台，深入企业等外来务工人员集中的地方，为更多的外来务工者上门送服务、送知识、做宣传，这也是农民工价值观塑造的一个新方式。同时，各地的流动人口服务管理局还应当积极地发挥其调查研究流动人口工作的有关信息动态的职责，深入实地开展有关农民工价值观方面的调研，努力掌握农民工群体的价值观动态，以及存在的问题，以更好地为解决农民工价值观上的冲突与困惑，为采取合理的服务管理决策提供依据。

还应充分发挥政府及相关部门教育职能，提高农民工的文化素质。正如在农民工的内部变量因素对农民工价值观的影响部分中所分析的，农民工的文化程度对农民工的平等观念、人际价值观，以及对待宗教与迷信的态度等方面都产生了巨大的影响，也影响着他们改变自身落后、消极价值观而适应新环境的意愿与能力，诸如这些等等，都反映了在农民工价值观塑造中，提高他们的文化素质的重要意义。因此，要充分发挥政府及相关部门的教育职能，努力促进农民工的全面发展和素质提升。农民工文化素质提升是一项长期的工作，必须长期重视，既要积极引导他们开展自我教育，又要建立起形式多样的社会大学，注重在党员农民工、文化程度较高、自我学习能力与学习积极性高的人中树立典型，来影响和带动其他农民工，以在农民工中创造热爱学习、努力提升自我素质的良好氛围。可以通过鼓励农民工积极参与自考、夜大等学习班，主动为农民工文化素质提升创造有利条件，帮助他们实现自我素质的提升。

同时，政府要发挥自身的组织力，整合各方面的力量，广泛开展各类精神文明创建活动，为农民工价值观的塑造创造良好的环境与氛围。良好的环境，积极、和谐、高雅、健康的文化生活，能使农民工在潜移默化中受到熏陶与感染，接受其中所蕴涵的积极的价值观。而社会上的不良习气、不正之风，以及不健康、不文明的休闲娱乐活动，会使农民工的价值取向与行为方式在不知不觉中受到侵蚀与影响，从而产生消极的价值观念。一些人由于当前社会上的这些不良习气、不正之风与他们原先的价值取向与行为要求相互冲突，而产生了困惑与迷茫。甚至于一些人受这些消极因素的影响，价值观发生严重扭曲，而走上了违法犯罪的道路。在《国务院关于解决农民工问题的若干意见》中也要求："开展精神文明创建活动，引导农民工遵守交通规则、爱护公共环境、讲究文明礼貌，培养科学文明健康的生活方式。"❶ 因此，政府一定要积极组织和整合各方面的力量，加强引导，努力推进农民工这一群体的精神文化建设，丰富他们的精神文化生活，为他们正确价值观的树立创造良好的环境与氛围。要结合农民工的兴趣爱好，经常在他们中开展舞蹈、乐器、戏剧等各类培训活动，要向他们开放社区内各类活动场馆，注重多功能活动室、远程教育播放室、阅览室等活动阵地建设，定期开展"流动人口读书会"等活动。这样才能更好地丰富他们的精神文化生活，满足他们学习交流与业余活动的需要，也能为他们学习交流与提高自身素质提供平台。同时，也能让他们更好地感受到积极、和谐、高雅、健康的文化生活理念，使他们能在和谐的文化氛围的影响与熏陶下学习与生活，也只有在这样的环境与氛围下才更有利于他们正确价值观的树立。

  政府及相关部门还要关注农民工的现实需要，保障他们的合法权益。制度的严重滞后乃至缺失，二等公民待遇，以及合法权益经常受到侵犯等，往往会导致他们价值观的失范；政府及相关部门要认真贯彻国家关于解决农民工问题的各项法律、法规和政策规定，做好农民工的法律援助等工作，以更好地保障农民工的合法权益。政府及相关部门在做好农民工的法律援助，保障他们的合法权益的同时，还要加强对他们的人文关怀。社会对农民工的人文关怀的缺失和根深蒂固的漠视，无法达到农民工所要求的价值期许，往往会使他们的价值观发生扭曲。在《国务院关于解决农民工问题的若干意见》中也指出，"社会各方面都要树立理解、尊重、保护农民工的意识，开展多种形式的关心帮助农民工的公益活动"❷。政府及相关部门不仅要对他们进行法律援助，还需要进行"情感援助"，可以通过为他们开通情感咨询、服务热线等方式，促进他们良好、健康心态的形成。

---

  ❶ 国务院关于解决农民工问题的若干意见［N］. 光明日报，2006 - 03 - 28.
  ❷ 同上。

5.3.2 企业要充分发挥良好企业文化的感召力

农民工长期在企业中工作与生活，企业在农民工价值观的塑造中，也应当要承担起自身的责任。一个企业拥有优良的企业文化，能使农民工在无形中受到其熏陶与影响，对于农民工科学、合理的价值观的树立能起到巨大的促进作用。

企业在长期发展过程中逐渐积淀下来的为企业员工所普遍接受的理念、价值观念，以及发展目标等思想价值体系，具有巨大的历史震撼力和时空穿透力。企业文化可以以其所包含的共同的价值观念来影响长期生活于其中的农民工，可以以各种方式促进他们与同事之间、管理者之间、当地人之间的思想与情感的交流。它能创造一种大家庭的和谐氛围，在相互理解、相互尊重与相互认同的基础上，在农民工与其他员工之间，在农民工与管理者之间建立起一种相互信任、相互合作、相互促进与关心的良好氛围，从而使农民工更好地融入企业之中，使他们能与其他所有成员紧紧地团结在一起，促进他们与其他成员共同成长，成为一个朝气蓬勃的整体，这样可以有效增强农民工的认同感和归属感，能使他们更好地将个人的理想、言行与企业的目标协调统一起来，从而产生巨大的凝聚力。其中，企业精神是企业全体成员的一种精神存在，是一种自觉形成的意志和信念，是企业发展和全体员工创造活动的动力源泉和精神支撑，农民工长期工作、生活于企业之中，会受到企业精神的鼓舞，从而使自身内在的潜能与创新热情得到激发。

一个企业拥有优良的企业文化，能为农民工营造出一种良好的思想、道德与行为氛围，能对他们的价值观产生巨大的导向、规范与定型作用。在一个企业中，从具有标志性的厂房，到企业的制度规范，再到管理者的仪表举止，无不传递着一定的信息，在告诉生活于其中的人什么能做、什么不能做、什么值得做、什么不值得做。长期在企业中工作与生活的农民工也会在潜移默化中感受、认同大家所公认的或企业所倡导的价值观念与行为准则。

同时，企业文化是企业在长期发展过程中的历史积淀，是蕴涵在企业员工的深层心理中的巨大而稳定的力量，它具有一种无形而又巨大的感染力，会渗透到企业的生产、管理、服务等方方面面，农民工生活于其中，必然会受到其潜移默化的熏陶与感染。在一个企业之中，优良的管理制度、鲜明的企业发展理念，以及丰富多彩的企业活动，以至于企业中的一草一木，都无时无刻不在影响和塑造着农民工的思想与行为，起到了情感陶冶、思想感化、价值认同和行为养成的作用,对长期工作、生活于其中的农民工的道德人格、伦理规范、思维方式的形成和发展有着深刻的影响。

5.3.3 家庭要充分发挥自身在农民工价值观塑造中的亲和力

家庭在农民工价值观的形成中起到了十分重要的作用,正如在调查结果中所能看到的,信仰基督教的农民工中,有占30%的人表示其信仰基督教的主要原因是"受家庭环境的影响"。有研究者指出,儿童一生都要效仿他长大的那个家庭的持家模式,假如那个模式有缺点,他们也可能会运用这种不正常的持家模式。例如,关于孩子挨打的例子便表明,那些打骂孩子的父母常常也是在年幼时遭父母打骂的孩子,所以他们现在成人了就重复小时候曾经历过的以打骂来行使职权。❶ 家是人们接受教育的第一课堂,每个成员的身心发展,知识与技能的学习积累,以及人生观、价值观的形成与发展等,都与他们所在的家庭紧密相关。

在家庭中,家长的作风会对家庭成员的价值观产生重要影响,例如,夫妻之间、家长与孩子之间,彼此能够相互尊重、平等相处,能够相互宽容与理解,成员各自可以发表自身的意见,家庭民主氛围好,这样无疑能在无意中增进家庭成员对于平等、民主、关心他人这类价值观念的认同;企图用训斥、命令等方法来培育孩子对民主、平等与自由等价值观念的认同是很难取得成效的。正如在问卷调查中所了解到的,男性农民工在家庭生活中,更加倾向于接受"男主外,女主内"这种家庭模式,在家庭生活中,家长制会对家庭成员的民主、平等等现代价值观的形成产生消极影响。同时,农民工由于长时间在外务工,很多人将孩子交由孩子的爷爷奶奶、外公外婆或者是由自己的兄弟姐妹来代养,还有的选择将小孩寄宿于学校学习。而"留守儿童"由于父母不在身边,无法享受到父母正常的情感与关爱,常常感到无助,还会碰到无人辅导、生活缺乏关怀、思想情感问题得不到及时发泄与疏导等问题,这对于他们身心的健康发展与正确的人生观、价值观的形成极为不利。

家庭是人们精神的归属,是人们心灵的港湾。在一个和睦的家庭中,亲情、责任、关爱等交织成一个温馨的网络,可以孕育出信任、责任、关爱等价

---

❶ 中央教育科学研究所比较教育研究室. 人的发展 [M]. 北京:教育科学出版社,1999:363-364.

值观念,在这样的家庭情感网络体系中体验与感受信任、责任、关爱这些,十分有助于家庭成员正确价值观的形成。

5.3.4 大众传媒要充分发挥导向力

随着社会的进步与信息技术的迅猛发展,广播、电视、网络等大众传媒以其传播速度快、渗透力强、信息容量大,以及信息涵盖面广等优势,正以其强大的力量渗入人们的学习与生活的方方面面,同时也把多种多样的价值观念、思维方式、生活方式,以及文化类型等展现在人们的面前,其变革着人们的生活方式、娱乐方式与价值观念,这无疑会对当代农民工的价值观产生巨大的影响。就如在问卷调查中了解到的,当问及"哪个渠道是您获取各类信息、新想法、新见解的主要渠道"时,"广播电视"(占23.1%)与"书籍、报刊"(占20.6%)居于前两位(具体数据见第87页的表4-2),可见现代大众传媒对于当代农民工的巨大影响。

大众传媒是当代农民工获取信息的主要渠道,其能够及时地向他们提供各种信息,可以增长他们的知识,开阔他们的视野,让他们更加了解外面的世界,同时也使他们更好地接受现代价值观念与生活方式。也就如在前面所述,正是电视、广播等大众传媒在我国农村的日益普及,使农民工更加地了解外面的世界,使他们的价值观念也开始发生了巨大的变化,使他们的传统恋土观念等日益削弱,这也是他们外出务工的深层动因。但另一方面,面对大众媒体所带来的各种信息,由于农民工群体整体文化水平相对较低,分辨能力也相对较弱,价值取向很容易会出现一定的偏差。同时,当前一些大众传媒过分看重娱乐功能和商业利益,在传播活动过程中出现了低俗化现象,背离了它自身的社会职责,片面迁就受众低级趣味的倾向、情绪与要求,一味迎合受众低层次的审美情趣与感官刺激,不利于农民工正确审美价值观等方面的发展。而不断重复展现与宣传的电视广告,无休止地激发人的消费欲望,这显然会对农民工的消费观念产生影响。同时,一些违法音像制品更是充满了反动、恐怖、色情、迷信等内容,这些对于农民工正确价值观的树立提出了极大的挑战。

在这里,还要特别重视网络对于当代农民工的影响,农民工在获取各类信息、新想法、新见解的主要渠道中,"上网"(占18.5%)紧随"广播电视"与"书籍、报刊"之后,位居第3。同时,在问卷调查中还了解到,农民工表示"经常上网"的人数占44.7%,有时上网的占31.2%,而基本上没上网的占24.1%,具体如表5-1所示。

表 5-1　关于农民工是否上网的调查

		频率	百分比	有效百分比	累积百分比
有效	基本没有	189	23.5	24.1	24.1
	有，但很少	245	30.5	31.2	55.3
	经常上网	351	43.6	44.7	100.0
	合计	785	97.6	100.0	
缺失	不愿填、漏填等造成的缺失	19	2.4		
合计		804	100.0		

特别是其中的新生代农民工绝大多数都有上网，"80后"和"90后"就分别有63.4%和46.7%的人经常上网，而"80后""90后"的农民工表示"基本没有"上网的人在各自年龄阶段中所占的比例分别只为7.8%和6.6%（具体数据见第87页的表4-3）。网络传播速度快，信息容量大，人们越来越将其作为获取知识和各种信息的重要渠道。而网络同时也是一个垃圾厂，网络上渲染暴力的网络游戏、低级庸俗的网聊较为普遍，就如在调查中所了解到的，农民工上网的主要目的是"交友、聊天这些"和"打打游戏、看看电影、听听音乐"的分别占到了12.1%和23.8%。许多青年农民工通过网络学会的不是宽宏大量、与人为善、乐善好施，而是如何去追逐私利、满足私欲，这对他们的健康成长极为不利。同时，不少青年农民工长期沉迷于虚拟的网络世界，而同时又缺乏相应的理论修养，在不知不觉中受到了各种错误价值观的影响。他们满足于网上嬉戏、调侃、玩世不恭的娱乐性视听觉享受，而不再关注社会理想、人生意义和国家前途，价值评价标准和政治信仰开始变得模糊不清。加上西方信息大国利用网络的便捷性和超地域性对我国进行思想文化的渗透，对于西方思潮的传播更是推波助澜，在一定程度上削弱了我国主导价值观对青年农民工的激励作用，这给农民工树立正确的价值观带来了前所未有的挑战。

因此，在当代农民工价值观的塑造过程中，要充分发挥大众传媒的宣传、教育与引导功能。在《国务院关于解决农民工问题的若干意见》中也指出，"新闻单位要大力宣传党和国家关于农民工的方针政策，宣传农民工在改革开放和现代化建设中的突出贡献和先进典型，加强对保障农民工权益情况的舆论监督。"❶ 大众传媒要负起自身的责任，让农民工更好地了解国家的相关法规政策，提高他们对于国家时政的关注度，更好地维护农民工的合法权益，这有助于提高他们对于国家政策法规的满意度，提高他们的法制意识与对相关服务部门和政府机构的信任度，从而有助于促进他们正确价值观的形成。大众传媒面对各类信息，以及在对信息进行阐释时要有正确的价值导向，并结合自身渗透力强、信息容量大，以及信息涵盖面广等优势，努力在社会上形成良好的舆论导向，营造弃恶扬善的舆论环境，引导他们去选择与接受我国社会所倡导的价值观念，让农民工更加清楚什么是真善美，什么是假恶丑，让他们更加了解什么是当今社会所提倡的，什么是要反对的。同时，要主动地占领网络阵地，积极采取有效措施应对网络上各种消极、低俗的网络文化对农民工所产生的消极影响。网络是一个信息宝库，其传播速度快，信息容量大，它的合理利用能给农民工的工作与生活带来极大的便利。但是，一些人上网浏览信息时片面求快、求新、求时尚，对问题缺乏深度的思考，思维方式和思维水准呈现出狭隘和浅薄的趋势。他们追求舒适，寻找感觉，喜欢低级趣味的东西，而拒绝崇高、避谈理想。对此，必须高度重视网络文化对农民工特别是青年农民工所产生的影响，要引导他们养成良好的网络阅读习惯，让他们明白长期沉迷于无中心的虚拟的网络世界所具有的危害性，教育他们不浏览、不传播有害信息。同时，要建立网上马克思主义理论教育阵地，增强先进、高雅文化的宣传力度，使网络成为弘扬主流文化、开展马克思主义教育的重要阵地。要加强网络文化的管理，努力培养一支政治强、业务精的队伍，加强网络舆论引导和信息把关，使网络成为弘扬主旋律、增强农民工对于社会主义主导价值观的认同的重要手段。

5.3.5 社会风俗与社会舆论的约束力和规范力

人是社会关系的总和，不能离开社会和群体而独立存在，而在人与人长期的交往活动中，逐渐产生了一些约定俗成的风俗、礼俗和习惯。社会风俗习惯便是社会上历代相沿、积久而成的风俗、礼俗和习惯的总和。久而久之，这些风俗、礼俗和习惯成为人们在衣食住行、休闲娱乐、婚丧嫁娶、宗教信仰等方面的广泛的行为规范与文化心理。而生活于特定社会中人的价值观总是会受到那个社会的风俗习惯的影响，德国哲学家伽达默尔便指出，"被传统和习俗所支持的事物有不可名状的权威。流传下来的权威（不仅仅是有明显根据的权

---

❶ 国务院关于解决农民工问题的若干意见 [N]．光明日报，2006-03-28．

威）总是对我们的态度和行为有某种权利。这一事实决定了我们有限的历史存在"。❶ 良好的社会风俗习惯会潜移默化地影响着农民工的价值观，对他们正确价值观的塑造能起到积极的促进作用；而农民工长期在不良的社会风气中耳濡目染，则极易使他们受到不良思想的浸染，导致价值观的扭曲，对他们正确价值观的树立产生了极为消极的阻碍作用。

而社会舆论则是指在一定群体内有相当数量的成员对事物所发表的具有共同倾向性的意见或看法。强化理论的主要代表人物斯金纳发现，"当行为的结果有利于个体时，这种行为就可能重复出现，行为的频率就会增加"。❷ 因此，社会对农民工正确的价值观与行为选择给予肯定性的确认与赞赏性的评价，他们的正确言行便会得到有效强化；反之，如果农民工预知自己的价值观念与行为选择与社会舆论不相一致，会受到社会舆论的批评与谴责，那么他们便会努力避免这种不愉快后果的发生。这就会促使他们考虑什么是当今社会所提倡的，是值得做的，会得到社会舆论的支持；什么又是不能做的，不然会遭到舆论的谴责。社会舆论就这样影响着农民工的价值选择，使他们趋向于接受社会舆论相一致的价值观。

5.4　农民工价值观塑造的主要内容

5.4.1　农民工政治价值观的塑造

要注重农民工的民主法制教育，增强他们的权利意识，进一步促进他们政治价值观的现代转型。

中国传统政治是崇尚"为政在人""贤人政治"和"法自君出"的人治政治，人治的特点在于用个人的意志和任性代替法律。在人治社会中，皇帝、官僚等权力者的个人意志至高无上，而普通百姓的合法权利得不到保护，这也必然会导致对法律的轻视和对权力的尊崇，产生权力本位意识和"官本位"意识。与人治相对，法治则是现代政治文明的重要标志，其特点是依法治国，法律高于一切，任何组织和个人不能凌驾于宪法和法律之上。加强法制教育，增强农民工的法律意识和权利意识，对于当代农民工进一步摆脱传统的羁绊而走

---

❶ 宋希仁. 道德观通论 [M]. 北京：高等教育出版社，2000：12.
❷ 张德. 组织行为学 [M]. 北京：清华大学出版社，2005：152.

5 农民工价值观的塑造体系的建构

向现代具有巨大的价值意义。在《国务院关于解决农民工问题的若干意见》中也指出,"要在农民工中开展普法宣传教育,引导他们增强法制观念,知法守法,学会利用法律、通过合法渠道维护自身权益"。❶ 因此,要重视农民工法制教育并建立相应的领导机制,加强对农民工法制教育的组织和领导。同时,也要加强农民工政治参与素质和能力的培养,让他们懂得如何维护自身的合法权益、充分行使政治权利,以及如何采取合法的形式参与政治等。还要进一步增强农民工的法制观念,引导他们以合法的方式致富,通过合法的渠道解决经济纠纷。社会主义市场经济是法制经济,在社会主义市场经济下,所有经济活动都要遵从法律、法规。这就需要不断提高农民工的法制意识,引导农民工努力靠勤劳致富,靠合法收入致富,而不是通过弄虚作假、投机诈骗等不正当手段来获取经济利益。近年来,党中央、国务院对于农民工问题十分重视,并制定了一系列保障农民工权益和改善农民工就业环境的政策法规,相关部门、企业要及时做好这些政策法规的宣传教育工作,使农民工及时了解到新的相关政策法规。对此,要善于结合农民工群体的特点开展形式多样的普法宣传活动,可以通过发放具有趣味性、简洁易懂的法制动漫宣传小画册,组织开展"法制进企业"和农民工法制讲座等活动,来增强农民工的法制观念,引导他们以合法的方式解决工资被拖欠等问题,而不是采取罢工、上访、群体内渠道等非正式渠道,甚至于采取跳楼和一些报复性行为来解决。

民主是社会主义的本质属性与内在要求,"没有民主就没有社会主义,就没有社会主义现代化"。在我国当前社会主义现代化建设进程中,也必须注重农民工的民主意识的培养,在他们当中宣传民主知识,促进他们民主素养的提升。但是任何民主都是具体的、历史的,人类社会自有阶级以来的任何一种民主都具有鲜明的阶级性,这一点,在前面关于马克思主义经典作家对民主、平等、自由的有关论述中,已经做了很多阐述。在这里,我们要发展的是社会主义的民主,我们要建设的是社会主义的政治文明。我们在培养农民工的民主意识,向他们宣传民主知识时,也需要向他们讲明这个问题,让他们懂得什么是他们真正需要的民主。对此,邓小平同志曾明确指出:"我们一定要向人民和青年着重讲清楚民主问题。社会主义道路、无产阶级专政、共产党的领导、马列主义毛泽东思想,都同民主问题有关。什么是中国人民今天所需要的民主呢?中国人民今天所需要的民主,只能是社会主义民主或称人民民主,而不是

---

❶ 国务院关于解决农民工问题的若干意见 [N]. 光明日报, 2006 - 03 - 28.

资产阶级的个人主义的民主。"❶ 特别是在当前，西方资产阶级把他们所推行的民主、自由、平等说成是代表全人类的共同的价值观，并大肆加以宣扬，力图掩盖民主所具有的阶级性，在这种情况下，通过向农民工进行民主知识的宣传教育，着重向他们阐明社会主义民主与资产阶级民主所存在的根本差异，这样才能真正促进他们社会主义民主意识的增强与民主素养的提升。同时，要增强农民工的民主意识，促进他们民主素养的提升，还需要创造出一个良好的环境与氛围。良好的环境与氛围有助于提升农民工对民主观念的认同。职工代表大会要有农民工代表，来保障农民工参与企业民主管理的权利。农民工的户籍所在地在组织村委换届选举时，或者在其他决定涉及农民工权益的重大事务时，应当要及时地通知农民工，并通过适当的方式来保障他们正常地行使民主权利。就如在调查中所了解到的，农民工参与当地事务管理的意愿较强，认为在打工地非常需要一定的组织或机构来代表和维护他们的利益的人占比高达55.6%，还有29.0%的人表示"有总比没有好"。可见，随着农民工权利和法制意识的增强，其要求参与当地管理与监督的意愿也不断增强，因此，要为农民工提供参与当地民主管理的机会，例如，可以在人民满意机关评议活动中，也邀请农民工代表参与，让他们有更多的机会行使监督权和评判权，这样才能更好地激发农民工的主人翁意识，使他们更认真地行使自己参与企业与当地事务管理的民主权利。如果农民工缺乏有效参与企业民主管理的渠道，他们的诉求与需要缺乏有效的表达机制，在有关的技术职称评定、职务晋升，以及劳动模范与先进工作者的评选中，他们的意见与权利又得不到保障，这就极不利于他们对民主、平等这些价值观的认同。

　　要进一步要畅通农民工的政治参与渠道，增加他们的政治参与机会，更好地满足他们的政治参与需求，使他们更充分地行使政治权利，这样才能更好地增强他们的政治效能感，也有助于提高他们对于政治现实的满意度。帕特曼和麦克弗森认为："只有通过参与才能促进人类发展，强化政治效能感，弱化人们对权力中心的疏离感，培养对集体问题的关注，并有助于形成一种积极的、具有知识并能够对政治事务更敏锐兴趣的公民。"❷ 只有进一步消除农民工政治参与中所遇到的障碍，更好地满足他们的政治参与需求，提高他们的政治参与度，才能有效增强他们的政治效能感，弱化传统政治价值观对他们的影响，促进他们现代政治价值观的生成。首先，要努力消除农民工政治参与的制度性

---

❶ 邓小平文选（第二卷）[M]. 北京：人民出版社，1993：175－176.
❷ [英] 戴维·赫尔德. 民主的模式 [M]. 上海：上海译文出版社，1987：339.

障碍。要积极推进户籍制度改革，打破城乡分割的政治参与状态；要努力进行管理制度的创新，如台州市玉环县成立了全国首个流动人口服务管理局，专门服务和管理流动人口，将农民工纳入了当地政府的服务和管理范畴。其次，要探寻农民工参与当地政治事务管理的新形式，努力解决农民工在当地缺乏政治参与机会的问题。台州市玉环县龙溪乡与湖北蕲春县联合成立了龙溪蕲春党建工作站，将在龙溪务工的蕲春籍党员纳入了正常的组织管理和组织生活。最后，要善于创新农民工参与家乡政治生活的新渠道。例如，随着网络的普及与发展，有上网的农民工也越来越多，通过问卷调查也了解到，当前农民工中占45.2%的人"经常上网"，还有31.2%的"有，但很少"。因此，可以通过加强新农村信息化建设，建立政务网上公开制度，让农民工通过网络平台更好地了解家乡政务，通过网上论坛等方式参与家乡政治生活，表达自己的意见和诉求。这样既有利于畅通信息，也有利于节约农民工的往返成本。

5.4.2 农民工经济价值观的塑造

要进一步培育农民工的竞争意识。随着我国社会主义市场经济的稳步发展，竞争也被推向了各个领域。竞争无处不在，也无法躲避。要培育农民工的竞争意识，帮助他们摆脱保守心理与自卑心理的束缚，使他们敢于竞争，勇于竞争。要培育农民工的竞争意识，也需要进一步消除传统农业社会安于现状、小富即安等思想对于农民工的影响，鼓励他们要不甘落后，培养他们的拼搏进取精神，使他们勇于参与到激烈的竞争中去。通过竞争，发现与学习别人的长处，改进自身的不足，通过自身一点一滴的努力，通过不断地激发自身的潜能，努力去追求成功，这样才能真正体会到成功带来的愉悦感与成就感，才能更好地实现自身的价值。同时，要引导农民工正确地看待挫折与失败，增强他们的抗挫力。在竞争中没有常胜将军，有成功也会有失败。竞争失利后，要积极寻找自身存在的不足，也需要不断地积累经验，然后振奋精神，使自己变得更具竞争力，而不是消极地沉沦下去，从此一蹶不振。

要特别重视农民工风险意识的培育。农民工进入城市之后，各种不确定性因素与风险因素很多。例如，在市场经济条件下，激烈的竞争中常伴随很多的风险，像竞争失败后的失业、淘汰等风险。同时，农民工开始逐渐摆脱传统农民求稳、不敢于冒风险的思想束缚，也开始敢于投资，勇于投资，就如在调查结果中所能看到的，对于有结余的钱，51.1%的农民工表示会"想办法把钱用于投资，以赚更多的钱"（具体数据如第146页的表5-2所示）。而有投资，就会存有投资失败后的亏损风险。与此同时,通过问卷调查发现很多农民工缺乏相应的风险意识,对于可能存在的风险缺乏防范意识,他们中有16.0%的人认为,"眼前的很多事情都忙不过来,未来的这些事情不想去思考",还有33.7%的人认为,"现在这个社会变化太快、太复杂,将来这些东西不好把握,现在思考太多也没有什么意义,遇到了再说",这两者合计49.7%,占了将近一半,而剩下的50.3%则表示,"对自己将来可能会遇到的一些大的困难、风险与危机还是有所思考的,对于有些担心会出现的困难与风险已经在积极的防备,努力加以化解"(详见第92页的表4-5)。可见,有近半数的农民工对于风险缺乏防范意识。"人无远虑,必有近忧",对于潜在的风险缺乏思想准备,到时候往往会措手不及。正如邓小平所说:"我们要把工作的基点放在出现较大的风险上,准备好对策","这样,即使出现了大的风险,天也不会塌下来"。❶ 只有提高防范意识,对于有些担心会出现的困难与风险积极的防备,准备好对策,这样才能更好地应对风险。要用多种多样的形式,并结合农民工群体的现实,来向他们介绍风险的多样性、多发性和危害性等特征,与他们一起探讨他们随时可能遇到的各类风险,以及相应的预防措施与善后的处理方法。在引导他们要居安思危的同时,也要引导他们正确地看待风险,风险并不可怕,要勇敢地面对风险,积极地迎接挑战。邓小平曾说:"我总是告诉我的同志们不要怕冒风险,胆子还要再大些。如果前怕狼后怕虎,就走不了路。"❷对于风险,不能害怕,要勇敢面对,积极增强风险意识,要做好准备,这样,即使风险出现,用邓小平同志的话说,"天也不会塌下来"。

表5-2 农民工对于有结余的钱的用法调查

		频率	百分比	有效百分比	累积百分比
有效	存起来,以后养老、看病用	103	12.8	13.1	13.1
	存起来,买房和车	106	13.2	13.5	26.5
	存起来,结婚或给子女结婚用	154	19.2	19.5	46.1
	想办法把钱用于投资,以赚更多的钱	403	50.1	51.1	97.2
	用掉	22	2.7	2.8	100.0
	合计	788	98.0	100.0	
缺失	不愿填、漏填等造成的缺失	16	2.0		
合计		804	100.0		

---

❶ 邓小平文选(第三卷)[M]. 北京:人民出版社,1993:372.
❷ 同上,263.

5 农民工价值观的塑造体系的建构

要引导农民工正确地认识与看待金钱。金钱作为财富的一般代表，和人们的衣食住行紧密相关，在当前整个社会生活中发挥着重要的作用。随着市场经济的深入发展，对于财富和富裕生活的合理追求也逐渐为社会所肯定。农民工进城打拼，也积极地追求物质财富，努力改变自身的生存境况。通过勤劳致富，通过合法的方式努力赚钱，这在当前是无可厚非的。农民工中大多数人能正确地看待金钱的作用，对于"有钱能搞定一切"多数人也持否定态度。但由于受到拜金主义思潮等因素的影响，"一切向钱看"的现象在当代农民工中也有所蔓延，他们中对于"有钱能搞定一切"持"非常赞同"和"比较赞同"态度的分别还占到11.1%和21.2%，甚至于还有一些党员农民工也存在这种倾向，这也显示了在当前进一步加强农民工正确金钱观培育的重要性。要引导农民工树立起科学的金钱观，让他们懂得，金钱在人们的生产和生活中是重要而不可缺少的，但金钱不是万能的。金钱是货币的俗称，马克思主义的货币理论对于金钱的本质和作用都作了揭示，它是从商品世界中分离出来的、固定地充当一般等价物的特殊商品，具有价值尺度、流通手段、储藏手段、支付手段和世界货币这五种职能。金钱（货币）是人类创造的，也是为我们人类服务的，人应当要做金钱的主人，而不能反被金钱所俘虏，成为它的奴隶。马克思、恩格斯肯定了资本主义社会相对于封建社会所具有的进步意义的同时，也对资本主义的"金钱至上"作了深刻的揭露和批判："资产阶级撕下了罩在家庭关系上的温情脉脉的面纱，把这种关系变成了纯粹的金钱关系"，"它使人和人之间除了赤裸裸的利害关系，除了冷酷无情的'现金交易'，就再也没有任何别的联系了。"❶ 金钱不是万能的，它换不到亲情与友情，换不到崇高的思想、信念与人格，买不到正义与良心，对于金钱不能盲目地崇拜，不能为金钱而不顾一切，不择手段。金钱至上观念会导致人性的严重扭曲，使人在金钱面前失去理性，一些农民工为了尽快过上富裕生活，或是为了满足不合理的消费需求，不惜通过阴谋欺诈、投机取巧等方法，不择手段地去获得金钱，有些甚至因此而走上了违法犯罪的道路。在这种情况下，更要引导农民工通过自己的辛勤劳动来创造财富，通过正当的手段来获取金钱，而不是去攫取违法之财、不义之财与昧心之财，这样去获得金钱才是光荣的。

农民工进入城市之后，由于受到城市人的消费习惯与消费观念的影响，他们的消费意识也发生了不少变化。但大多数农民工在消费上还是倾向于接受

---

❶ 马克思恩格斯选集（第1卷）[M]．北京：人民出版社，1995：275．

"量入为出""积谷防饥""勤俭持家"等中国传统消费观念,对于以美国为代表的、盛行于西方国家的超前消费等这些消费行为不大认同;但对于"用明天的钱圆今天的梦"这一消费行为,持"非常赞同"和"比较赞同"的也还占到了19.2%的比例,还有19.4%的农民工认为"说不清楚"。同时,在对农民工最有价值的26种道德品质的调查结果中也可以看到,"节俭"这一传统美德排得比较靠后。

表5-3 各年龄阶段农民工对于"节俭"的选择

出生年份	对于"节俭"的有效选择次数	对26种道德品质的有效选择总次数	"节俭"有效选择所占的比重
"60后"及以前	18	581	3.1
"70后"	19	912	2.1
"80后"	36	1739	2.1
"90后"	11	610	1.8

我们结合表5-3来看,"60后"及以前、"70后""80后""90后"的农民工中,分别有3.1%、2.1%、2.1%和1.8%的人选择"节俭"。这一方面说明"节俭"在26种道德品质的有效选择总次数中所占的比重很小,说明农民工赋予"节俭"的价值意义在这26种道德品质中排得很靠后。同时,从数据中还说明,"90后"赋予"节俭"的价值要低于其他年龄阶段的农民工,而"60后"及以前的老一辈农民工在各年龄阶段中最为重视"节俭"。在2009年出版的《广东消费蓝皮书》中,广州大学广州发展研究院常务副院长魏伟新领衔的课题组所作的调查报告中,对老一辈农民工和新生代农民工的消费观念的差异作了调查分析:80%~90%的老一代农民工把工资寄回家或带回家,而65%~70%的新生代农民工将收入都用于自己的吃穿住行;很多新生代农民工开始吃麦当劳了,而老一辈的农民工一般不舍得吃。❶ 因此,仍然需要在农民工中开展勤劳节俭的宣传教育,在这里,要特别重视对于新生代农民工消费观的引导与教育,如果缺乏科学的消费引导,新生代农民工往往会出现盲目消费的情况,因此而引发的社会问题也将层出不穷。新生代农民工更渴望融入城市之中,他们年轻,因而也更喜欢追求时尚,例如,青年农民工高峰说:"我也不知道什么叫时尚,反正我喜欢的明星怎么打扮,我就照着葫芦画

---

❶ 黄蓉芳. 老一代农民工辛苦都为家人 新生代农民工流汗多为自己[N]. 广州日报,2009-10-07.

瓢，我感觉这样挺好的。"卫生纸、快餐盒、汽水瓶用完即扔，电子产品不断地更新换代，日益扩展的消费主义思潮，总是促使人们不断地去追求新的消费品，而不少新生代农民工也开始加入这支队伍之中，"我最近花钱方面就一个计划，准备买个新手机，现在的这个手机是个山寨的，用起来有点掉价了"，青年农民工徐盛这样说道。❶ 新生代农民工文化程度比老一辈农民工相对来说要高，他们的职业期望值也更高些，对于物质与精神上的享受要求也相对老一辈高。与老一辈相比，他们空闲时除了打牌、睡觉、看电视外，也会去唱KTV、逛逛街和搞些小型规模聚会，并且也经常上网，正如在调查中所了解到的，"80 后"和"90 后"农民工表示"经常上网"的在各自年龄阶段中分别占到了63.4%和46.7%，他们在一定程度上形成了城市化的消费方式。但他们的工资收入却没有随之相应增长，加上攀比心理等因素影响，使得他们常常入不敷出。因此，一定要注重对新生代农民工消费观的引导，倡导勤俭节约的消费方式，培养他们的艰苦奋斗意识。但勤俭节约并不是说要抑制消费，而是说在自己的经济承受能力之内合理的消费，不能浪费。要避免盲从，要从自己的实际需要出发，不能为了攀比、赶时尚而胡乱消费，应当养成良好的消费习惯。

5.4.3　农民工道德价值观的塑造

要加强农民工的社会公德、职业道德与传统美德的教育，促进农民工正确道德价值观的树立。在《国务院关于解决农民工问题的若干意见》中也明确指出，要"开展职业道德和社会公德教育，引导他们爱岗敬业、诚实守信，遵守职业行为准则和社会公共道德"。在这里，我们不仅要提高他们的道德认知，让他们懂得什么是善，什么是恶，什么是值得提倡的，什么是要反对的，使他们能对于人们的行为与社会现象做出正确的价值判断；同时，也要特别注意培养农民工的道德行动力，增强他们改变现实社会不良道德现象的信心。正如在上面对于农民工道德价值观的调查数据与相关分析中所能看到的，对于"看到踩草坪、随意吐痰、破坏公物等行为"，绝大多数农民工都能够做出正确的价值判断，"觉得这是非常不道德的行为"，是"应该受到谴责"，但是真正表示会去谴责的人，还是不多，甚至于看到特别过分的行为，表示"会上去制止"的人，所占的比例也不高。因此，必须努力改变对于道德问题采取"事不关己、高高挂起"

---

❶ 青岛新生代农民工消费不差钱 渐成有力消费群［N］．青岛早报，2010－05－03．

的冷漠态度，使他们敢于与不道德的社会现象作斗争，引导他们真正勇于在现实社会中践行正确的道德价值观。可以通过在农民工中开展广泛的精神文明创建活动和诚信、感恩等主题教育活动，来提高农民工的道德素质，使他们能更好地遵守城市公共秩序和管理规定，履行自身应尽的道德义务，养成讲文明、守信用、懂感恩的好习惯，以更好地适应现代文明的新要求。

要加强中华民族传统美德的宣传教育。中华民族有着五千年的悠久历史，中华民族传统美德是中华民族优秀的道德遗产，是经过几千年的文化积淀而逐步升华而成的，它是我国人民处理人与人之间、人与社会之间，以及人与自然之间的关系的实践的结晶。广泛开展传统美德的宣传教育，让农民工能更好地继承和弘扬谦虚礼让、勤劳节俭、尊老爱幼这些民族传统美德，是农民工价值观塑造中的一项重要内容。就如在对农民工最有价值的26种道德品质的调查中所看到的，"节俭"和"自强"排得比较靠后，"谦虚"则更是排到了第20位。这也进一步凸显了在农民工中开展"勤俭节约""谦虚礼让"等传统美德教育的紧迫性。特别是对于新生代农民工来说，更要注重他们勤劳肯干、吃苦耐劳等精神的培育，对于传统农民工来说，吃苦耐劳是土地给予他们的秉性，勤劳朴实是农村给予他们的标签，而新生代农民工大部分是直接从校门跨入社会，还有一部分是随着父辈进城，本身就在城市中长大，他们基本不干农活，因此对于土地的感情也就没有他们父辈那样的深厚，他们勤劳肯干、吃苦耐劳的精神也不如他们的父辈。结合表5-4来看，对于最有价值的道德品质的选择中，"60后"及以前、"70后""80后""90后"农民工中分别有10.7%、8.0%、7.2%和7.2%选择"勤劳"，"60后"及以前、"70后"的比例要高于新生代的"80后""90后"，这一数据也说明，相对于新生代农民工，老一代农民工相对来说更认同"勤劳"的价值。

表5-4　各年龄阶段农民工对于"勤劳"的选择

出生年份	对于"勤劳"的有效选择次数	对26种道德品质的有效选择总次数	"勤劳"有效选择的所占的比重
"60后"及以前	62	581	10.7
"70后"	73	912	8.0
"80后"	125	1739	7.2
"90后"	44	610	7.2

同时，《北京晨报》2010年12月的一则题为《新生代农民工犯罪猛增 不甘贫困不吃苦是主因》的报道引起了各界的广泛关注，报告称2010年1~10

月，北京顺义法院公布的调研数据显示，新生代农民工犯罪占全部刑案被告人总数的39%，较上年同期增长60.7%。这个数字也印证了北京市多家法院的信息：新生代农民工犯罪率正呈上升趋势。新生代农民工怀揣着梦想来到城市，正如在前面所述的，他们要"钱途"，但更要"前途"，他们努力寻求自身职业的发展空间，对于那些超出法定工作时间、工作环境恶劣的职业，他们选择了"用脚投票"，从捍卫自身权利与寻求自身更好的发展这一方面来说，这是无可厚非的。但不管什么时候，不管从事哪方面的工作，勤劳、肯干的品质是不能丢的，踏实肯干、勤劳务实是一个人对待工作的正确态度，也只有踏实肯干、勤劳务实才能更好地获得发展与成功的机会。同时，也要充分挖掘中国传统文化中自强不息、刚健有为的进取精神，以此促进农民工在生活与工作上更加的奋发有为，更加的自信、自强。此外，面对汹涌而来的市场经济大潮，一些人唯利是图，为获取个人私利而置国家、集体与他人的利益于不顾，积极汲取"见利思义""以义取利"等中国传统义利观中的积极因素，对于反对自私自利、发不义之财这些与社会主义道德相背的行为，以及引导农民工通过勤劳致富、靠合法的收入致富等方面都有着重要的价值意义。

5.4.4 农民工人际价值观的塑造

在人际价值观上，要进一步引导农民工由封闭走向开放，突破原来血缘与地域的限制，把交往扩张到城市中新形成的地缘、业缘等关系之中。也要引导他们学会沟通与交流。乡村熟人社会人际关系相对比较稳定与简单，而城市社会则更具流动性、变化性与复杂性。在城市里，大家来自五湖四海，农民工面对的交往对象已不像农村中的那样具有同质性，而是更为多样化了。各种文化与价值观在这里有交融也有冲突，大家的思维方式、思想观念，以及生活习惯等各方面可能有着较大的差异。同时，正如我们在上面调查与分析中所看到的，农民工在与当地居民的交往中仍然表现出很强的自我阶层定位。他们中有37.7%的人认为多数当地居民对外来务工者有歧视，看不起外来务工者，对于当地居民的态度，表示"各管各的，井水不犯河水"和"一般不愿和他们多打交道"的也还占13.9%和20.7%。在这种情况下，农民工与当地居民都要学会沟通与交流，在相互的交流与沟通中，增进彼此的了解，这样双方也能更充分地理解与认同对方。社会心理学家戈登·奥尔波特（Gordon Allport）的研究也发现，在某些情况下，增加对立群体之间的接触，能够有效地减少偏见。要通过鼓励两者的平等交流与接触，纠正双方彼此之间的不信任与偏见，并为此营造良好的社会舆论环境，提供与创造他们接触与交流的平台。例如，可以通过举办各类比赛、文艺演出等，让当地居民与农民工共同参与，为彼此之间的沟通与接触搭建起平台。也要引导他们学会换位思考，站在对方的角度，理解对方的想法，对于大家不同的价值观念与行为习惯，要学会包容，这样可以大大减少不必要的误会与不愉快的冲突，从而有利于促进人际关系的和谐。

此外，还要注重农民工应变能力、乐于助人与奉献精神等的培养。面对城市社会更为复杂的人际交往关系，必须注重农民工应变能力的培养，引导他们正确认识与处理各类复杂关系。可通过设立咨询热线、开办心理辅导室等多种方式，消除他们在人际交往中的困惑，为他们正确处理好人际关系提供指导。也要进一步培养农民工的助人为乐与奉献等精神。农民工群体在当前社会中依然处于弱势，也难免会需要他人、社会的馈赠、援助和支持。同时，农民工自身也应当要对他人、社会心存感恩，在享受别人的付出给自己带来美好生活的同时，在别人需要帮助之时，也要积极地伸出自己的援助之手。对于需要帮助的陌生人，不能"怕麻烦"，而是要勤于帮忙，给予他们力所能及的帮助。台州市龙溪乡组织的慈善分会捐款仪式上，一边带瘫痪儿子治病一边打工的詹书松，在捐出100元钱后说："在我困难时，第二故乡给予我帮助，现在我也要献一点爱心，用乡情和友爱帮一手、拉一把比我还需要帮助的人。"也只有这样，人们相互帮助，懂得感恩，乐于奉献，才能促进"人人为我，我为人人"的良好人际关系的形成。

5.4.5 其他方面的塑造

（1）在家庭价值观塑造方面，要努力改变以父权、家长、夫权为核心，长辈和男性拥有绝对权威的传统观念，促进男女平等、尊老爱幼、夫妻和睦等观念的树立。正如在调查中所了解到的，当前仍有很多农民工，特别是男性农民工，依然存在男权主义倾向。要通过宣传教育，努力消除这些传统价值观的消极影响，促进男女平等。夫妻双方要互相尊重，共同发展。调查中还发现，"重男轻女""养儿防老""多子多福"等传统观念在一些农民工的头脑中仍然根深蒂固，对于"多子多福"，持"非常赞同"和"比较赞同"还分别占13.9%和13.3%。这也要求进一步加强男女平等的宣传教育，大力倡导少生优生、生男生女都一样的思想，引导他们进一步摒弃旧思想，努力改变"重男轻女""多子多福"等传统思想观念。还要大力倡导尊老爱幼、孝敬父母这些家庭美德。很多农民工由于外出打工，常常不能很好地照顾留守的父母，对此，50.0%的农民工表示"经常不在身边，很愧疚"，还有24.5%的人表示"工作很忙，顾不得想很多"；但就如在调查结果中所看到的，依然有14.7%的农民工表示，对于父母只要"给一些生活费就行了"，还有4.7%的农民工表示，"由于各种原因，几乎没有什么来往"（具体数据参见第37页的表2-2）。孔子说："今之孝者，是谓能养。至于犬马，皆能有养。不敬何以别乎？"❶赡养父母，不仅指物质生活方面，也包括精神生活方面，对于父母，不能仅是"给一些生活费就行了"，而且还要经常在精神上多关心他们，多与他们沟通。此外，家庭成员要积极追求科学文明的生活方式，移风易俗，反对迷信，这样才能为下一代正确价值观的形成创造良好的家庭环境。

（2）在审美价值观的塑造方面，首先，要丰富农民工的审美经验。正如在调查结果中所显示的，农民工的业余生活相对比较贫乏、单调，主要就是打牌打麻将、睡觉聊天和看电视这些，他们的审美经历与审美经验相对缺乏。因此，要广泛开展丰富多彩的文化娱乐活动，引导农民工广泛接触各类事物，帮助他们培养起广泛的兴趣与爱好，也要经常组织他们出去走走，感悟一下外面世界的美好。美在生活中无处不在，正如伟大艺术家罗丹所说："美是到处都有的，对于我们的眼睛，不是缺少美，而是缺少发现。"❷ 然而，"忧心忡忡的穷人甚至对最美丽的景色都没有什么感觉"，农民工由于常为经济收入问题所困，所从事的工作又大多较累，工作时间较长，使得他们常常显得很疲惫，缺乏足够的休息，加上他们的居住条件也较差，这些因素的综合作用导致农民工缺乏良好的审美心境。这也使得他们对于生活中到处都有的美缺乏关注，没有用美的眼光去关注这些无处不在的美，这使得他们对于美的体验相对缺乏。对此，需要通过各项措施努力改变农民工的工作与生活条件，使他们获得审美需要的良好心境。但同时，也需要培养农民工对于美的洞察力与感受力，训练他们发现美的眼光，使他们更善于用美的眼光去发现、欣赏和体验这生活中无处不在的美。

其次，要提高农民工对于美的认识与理解能力，提升农民工对于美的鉴赏水平。农民工对于画展、交响乐这些，因为缺乏相关的审美素养，缺乏这方面的认识与理解能力，便不利于他们在这方面审美活动的展开。一个人审美情趣正确与否，健康与否，与一个人对于美的认识与理解能力有关。一个人相关审

---

❶ 《论语·为政》。
❷ 沈琪. 罗丹艺术论 [M]. 北京：人民美术出版社，1978：62.

美素养越好，在审美活动中，对于审美对象的认识与理解越透彻，在这方面的审美情趣也会越浓厚，并也越能开展正确的、健康的审美活动。例如，对于绘画中的人体素描，便要求对裸体艺术有正确的认识与理解能力，"同样欣赏裸体艺术，道德高尚，有一定文化修养的人，当他们看到安格尔的《泉》或米开朗琪罗的《大卫》等全裸的艺术形象时，通过对健美的人体的观赏，获得高雅的艺术享受；而在思想肮脏、道德低下的人看来，则充满淫欲和邪念，这不仅是对裸体艺术的亵渎，更是他们丑陋灵魂的暴露"。❶ 这便要求我们要提高农民工的文化素养，提高他们对于美的鉴赏水平。要增长农民工审美知识，训练他们美的眼光，引导他们在审美活动中反复体验、感悟美的内涵与品格。要通过大量审美欣赏活动，由浅入深逐渐扩大他们的欣赏面。可以通过鼓励和组织农民工参加文艺晚会、文艺汇演等各类活动，使他们更好地感受和发现形象、艺术的魅力，不断提高他们对于美的感受与理解能力。

要帮助农民工确立起正确的审美标准，让他们知道什么是美，什么是丑，什么是值得提倡的，什么是要反对的。一些农民工受不良社会风气的影响，在思想上出现了一些是非善恶不辨、美丑颠倒的问题。一些人不是以勤俭为美，而是错误地以奢侈、浪费为美，在婚丧嫁娶等红白喜事上大操大办，盲目攀比；有一些人错误地把审美看做是单纯的享乐，只是为了获取感官上的刺激与满足。就如在调查中所了解到的，当代农民工有 44.7% 的人经常上网，而有一些农民工特别是部分新生代农民工长期沉迷于虚拟的网络世界，他们在网络作品的欣赏中，不是以关爱他人、弘扬人性中的善，以及遵守社会准则为美，而是喜欢欣赏那些如何圆滑处世、报仇血恨、闯荡黑社会、满足肉欲等方面的东西。胡锦涛总书记提出的以"八荣八耻"为核心的社会主义荣辱观，对于当前社会中一些人在思想上出现的是非善恶不辨、美丑颠倒的问题具有很强的针对性，其强调在当前，是非、善恶、美丑的界限绝对不能混淆，坚持什么、反对什么，倡导什么、抵制什么都必须旗帜鲜明。社会主义荣辱观的提出，也有助于进一步明确农民工在审美活动中应当要坚持的标准，让他们更好地认清什么是美，什么是丑，什么是值得提倡的，什么是要反对的。同时，也要用崇高的美来熏陶和激励农民工，促进他们的审美活动逐渐实现由俗到雅的转变，使他们的审美品位得以提高。正如鲁迅先生在《且介亭杂文·中国人失掉自信力了吗》中所说："我们自古以来，就有埋头苦干的人，有拼命硬干的人，

---

❶ 赵连元. 修养自己 审美生活 [N]. 北京青年报，2009-11-11.

5 农民工价值观的塑造体系的建构

有为民请命的人,有舍身求法的人……这就是中国的脊梁。"❶ 在农民工审美价值观的塑造中,要大力倡导和弘扬为祖国、为人民勇于奉献、不怕牺牲的精神美,倡导和弘扬为了远大的理想和坚定信念而不懈奋斗、拼搏进取的崇高美,并要用这些美来熏陶和感染他们,促进他们"准备为取得高级的享受而放弃低级的享受",提高他们的审美品位。

(3) 当然,在农民工价值观的塑造中,还有不少其他方面的内容。例如,人们幸福感的获得往往是以个体需要的满足、期望的实现为前提条件的,而人不仅有物质需要,还有精神世界的追求,是多种需要的统一体。美国社会心理学家马斯洛把人的需要归纳为五大类,并将前三种需要(生理的需要、安全的需要和爱与归属的需要)归纳为因缺乏而产生的需要——基本需要,而将后两种需要(尊重的需要和自我实现的需要)归纳为存在的价值或后需要——发展需要。马克思主义认为,真正的幸福是物质幸福与精神幸福的结合。在努力创造各种条件,提高农民工的生活水平,改变他们的生存状况的同时,还必须努力提高当代农民工的需求层次,引导他们进行崇高的精神追求。而当前我国农民工群体过于关注基本需要的获得,而往往忽视对于精神上的高尚、发展需要的追求。幸福需要物质基础,但是不能仅仅停留在对于物质生活享受的追求之中,在追求基本的物质生活需要的同时,还应当积极主动地追求精神层面的生活价值,这才是合理的生活选择。由于我国体制机制、农民工群体自身文化素质等因素的影响,他们在追求幸福时难免会遇到挫折与失败。对此,一定要做好心理咨询与教育工作,要引导他们辩证地看待幸福与痛苦的关系,引导他们体味不幸对于幸福的价值,让他们通过自己积极的努力,去改变逆境,争取自己的人生幸福。使他们充分认识到,"幸福作为人的理想完美存在状态,应当通过人的努力以一定的代价才有可能换取,幸福作为对人现实存在的体验,只有通过日常生活中对痛苦不幸的感受才有可能真正被感受。所以,我们又可以说,幸福内在蕴涵着痛苦"。❷ 同时,我们一方面要积极净化社会环境,努力消除社会不良现象,以及享乐主义、拜金主义等价值观对农民工幸福观所产生的负面消极影响。另一方面,也要积极完善体制机制,解决好农民工的工资标准、子女上学、工作环境、工伤、医疗保障等方面的问题,为农民工追求幸福创造良好的社会环境。

---

❶ 鲁迅全集(第6卷)[M]. 北京:人民文学出版社,1981:118.
❷ 转引自:高兆明. 幸福论[M]. 北京:中国青年出版社,2001:87.

再如，农民工中信仰宗教的人数很多，因此，也需要注意引导农民工树立正确的宗教价值观。马克思主义深刻地揭示了宗教的本质及其虚伪性，恩格斯指出："一切宗教都不过是支配着人们日常生活的外部力量在人们头脑中的幻想的反映，在这种反映中，人间的力量采取了超人间的力量的形式。"❶ 辩证唯物主义与历史唯物主义是驱除虚幻的、唯心的思想的强有力的武器，要以科学的理论武装教育农民工，增强他们对于马克思主义无神论的立场与观点的认同。同时，要引导农民工热爱科学，热爱知识，在农民工中广泛开展科学知识的普及教育。正如在调查与分析中所看到的，在农民工对于最有价值的 26 种道德品质的调查中，"热爱科学"被排到了最后一位，这就要求我们进一步引导农民工转变观念，使他们更加注重科学知识的学习。他们的科学知识越丰富，对于各类现象越能做出科学、合理的解释，便越不会盲目迷信外部神秘力量。也要加强国家相关政策法规的宣传教育，让农民工能更好地认清宗教与封建迷信活动的区别，以及国家对于宗教与迷信活动政策上的不同。

5.5 农民工价值观塑造的方法选择

在当前，必须根据转型期农民工价值观的特点，在深入分析转型期农民工价值观形成与发展过程中的各类影响因素基础上，积极进行农民工价值观塑造方法的创新，探寻转型期农民工价值观塑造的各种有效方法，以推进转型期农民工价值观的塑造能够更加切实、有效地实施。

5.5.1 实行分层教育法 提高农民工价值观塑造的针对性

要在农民工价值观的塑造过程中实施分层教育法，以增强针对性与有效性。实行分层教育法，就是要针对不同的农民工群体进行分类施教。正如在调查中所了解到的，农民工群体由于他们群体内部成员间在生活与工作环境上的差异，以及性别不同、年龄不同、文化程度不同等因素的影响，使得他们的价值观有时会有很大的差异性。因此，要帮助农民工确立起正确的价值观，首先需要了解农民工内部每个特定群体的价值观所表现出来的特点，然后进行分析与教育，这样才能做到有的放矢，取得实效。

本文在"男女性别差异对农民工价值观影响"的部分分析到，男性农民

---

❶ 马克思恩格斯选集（第 3 卷）[M]. 北京：人民出版社，1995：666 - 667.

工较女性农民工更加地关注国家政策与形势,因此,对于女性农民工要更加注重她们的国家形势与政策的宣传教育。而男性农民工在对于请求帮助的陌生人则显得更加的谨慎和"怕麻烦",他们乐于助人的热情不及女性农民工,因此,对于男性农民工在乐于助人精神的培养方面要更为注重,要改变他们在帮助他人时"怕麻烦"的毛病,使得他们更加"乐"于助人,"勤"于助人。同时,男性农民工认同"男主外,女主内"的人要高于持否定态度的人,而女性则相反,这在一定程度上说明男性农民工更具男权主义思想,这就要求男性农民工要进一步解放思想,加强对他们的男女民主平等思想的宣传教育。在调查中也已经就新生代与老一代农民工价值观的差异作了阐述,依据调查结果,与新生代农民工相比,老一代农民工的价值观相对更为保守和安于现状,他们相对来说更加求稳,用结余的钱进行投资的积极性不如新生代农民工;同时,老一代农民工的进取意识和竞争意识与新生代农民工相比也相对缺乏,因此,对于老一代农民工要引导他们更好地摆脱安于现状、封闭保守、求稳怕变等传统价值观的束缚,帮助他们树立与现代社会相适应的开拓进取、竞争等新型价值观,进一步培育他们改革创新的精神。

在对农民工"看相、算命、卜卦、抽签、看风水最主要的原因"的调查中还发现,新生代与20世纪80年代以前出生的农民工参与看相、算命、卜卦、抽签、看风水等封建迷信活动的原因存在巨大的差异,具体我们结合表5-5来分析。"60后"及以前、"70后""80后""90后"农民工中分别有20.0%、26.4%、18.1%和11.4%的人,表示参与这些活动主要是为"消灾祈福"。因为"有时觉得对自己不了解,感觉无助与困惑,想多了解下自己命相这些,知道接下来怎么做更好"而参与这些活动的,在"60后"及以前、"70后""80后""90后"农民工中则分别占40.0%、29.6%、25.9%和22.9%。在这两个选项中,20世纪80年代以前出生的农民工所占的比例要明显高于新生代农民工,他们更多的是因为无助,或是为了消灾祈福,祈求家人顺畅、发达、平安等因素而参与这些活动的,这说明他们多少还是有些信,或者是希望能得到精神上的寄托。而感到"很好奇,觉得有些挺有趣的,可以娱乐下"而参与这些活动的,在"60后"及以前、"70后"与"80后""90后"农民工中所占的比例分别为11.7%、19.8%、33.7%和25.7%,由这一数据可知,在"80后""90后"的新生代农民工中,选这个选项的比例较高,他们参与封建迷信活动的主要因素在于好奇,或者只是为了娱乐下,而并非是出于真正的相信而参加这些活动。新生代农民工正处于价值观逐渐形成并最具可塑性的关键时期,他们思想活跃,求知欲强，兴趣爱好广泛，他们对于迷信活动也更具好奇心，而他们的思想又未完全成熟，易被看相、算命、卜卦、抽签、看风水这些封建迷信活动的表面现象所迷惑，而出现思想上的混乱和动荡。因此，我们要在向他们揭示封建迷信活动的本质及欺骗性的同时，还要注意将他们的兴趣爱好引向积极的方面。新生代农民工精力充沛，需要参与各类活动，他们中很多人参与迷信活动只是为了"娱乐"一下，这也从一个方面反映了缺乏向他们开放的娱乐设施，以及健康的娱乐活动，不能满足新生代农民工的娱乐需求，因此，需要为他们提供更多的娱乐场所和娱乐设施，同时要开展各类积极、健康的娱乐活动，丰富他们的休闲娱乐生活。

表5-5 不同出生年份的农民工参加看相、算命、卜卦、抽签、看风水的原因差异调查

		出生年份								合计	
		1970年前		1970-1979年		1980-1989年		1990-1999年			
		计数	出生年份中的%	计数	出生年份中的%	计数	出生年份中的%	计数	出生年份中的%	计数	出生年份中的%
您看相、算命、卜卦、抽签、看风水最主要的原因是：	消灾祈福	12	20.0	24	26.4	30	18.1	4	11.4	70	19.9
	现在这个很流行，很多人去，我也去	6	10.0	6	6.6	8	4.8	5	14.3	25	7.1
	有时觉得对自己不了解，感觉无助与困惑，想多了解下自己命相这些，知道接下来怎么做更好	24	40.0	27	29.6	43	25.9	8	22.9	102	29.0
	很多说法灵验得很，不得不让人信服啊	6	10.0	3	3.3	9	5.4	4	11.4	22	6.2
	很好奇，觉得有些挺有趣的，可以娱乐下	7	11.7	18	19.8	56	33.7	9	25.7	90	25.6
	亲朋好友或其他人让我去，我就去了	5	8.3	13	14.3	20	12.1	5	14.3	43	12.2
合计		60	100.0	91	100.0	166	100.0	35	100.0	352	100.0

同时，我们还必须根据党员农民工价值观的特点，加强他们正确价值观的教育。对于党员农民工，应当具备先进性，在价值观上也应有更高的要求，他们的思想境界相对于普通农民工应当更高、精神面貌更好、道德修养更优，这样才能是先进的，才能成为别人学习效仿的榜样。当前党员农民工价值观整体上是积极向上的，但也有少部分党员农民工受到各种错误思想的影响而产生消

极的价值观。例如，作为共产党员，应当要自觉抵制拜金主义、享乐主义、极端个人主义等错误价值观的侵蚀，邓小平同志说："要批判和反对崇拜资本主义，主张资产阶级自由化的影响，批判资产阶级损人利己，唯利是图的思想，一切向钱看的腐朽思想，要批判和反对无政府主义。"❶ 农民工中的绝大多数共产党员的价值观在这方面是积极向上的，他们能够正确看待金钱的作用，他们中大多数人对于"有钱能搞定一切"持否定态度，但依然有不少的人对这一观点持肯定态度。同时，共产党员是中国工人阶级有共产主义觉悟的先锋战士，必须做彻底坚持辩证唯物主义和历史唯物主义的无神论者，坚定地信仰马克思主义，要对共产主义远大理想和中国特色社会主义共同理想坚信不疑，而由于党员农民工流动性大，不好管理，使得很多党员农民工很难参加正常的组织生活，接受党组织的教育和管理，由于教育与管理上的放松，以及其他各种因素的影响，党员农民工中有少数人的政治信仰发生动摇，对于马克思主义的唯物论和无神论产生了怀疑，而对宗教和迷信活动产生了兴趣，丢掉了党性。因此，必须进一步加强党员农民工的管理和教育，不断提高他们的思想政治素质，强化他们的价值观教育，使他们成为其他农民工树立正确价值观的学习与效仿的榜样。而在加强党员农民工的管理和教育这一问题上，台州市玉环县最早成立了外来流动人口服务管理局，在加强党员农民工的管理和教育方面也开展了不少工作，其中玉环县龙溪乡在这方面的实践与探索有很多值得借鉴与学习的地方，在下面的一个小节中会结合和借鉴他们的实践经验与措施，来进一步探讨如何才能更好地加强党员农民工的价值观教育问题（具体参见第171页的"注重实践经验的提炼与理论升华 不断创新党员农民工价值观的塑造路径——台州市龙溪乡党员农民工的管理和教育工作经验借鉴与启示"）。

5.5.2 运用先进典型示范法 增强农民工价值观塑造的感染性

可以把先进典型评选活动与农民工价值观的塑造工作相结合，充分发挥农民工先进典型在农民工价值观塑造过程中的示范与引领作用。榜样的力量是无穷的，一个农民工先进典型就是一面旗帜，可以照耀他们身边的人，带动生活在他们周围的人产生互动与共鸣，这具有很强的影响力与说服力。"在我们的人民中间，工人和农民中间，有千千万万个先进的典型，他们是我们民族的优

---

❶ 邓小平文选（第二卷）[M]．北京：人民出版社，1994：369．

秀分子，在他们身上体现着我们民族的精神，体现了我们民族的希望"，"我们要以先进模范人物为榜样，把我们的工作推向前进"。❶ 同样，在广大农民工群体中，也存在着许许多多的先进典型。2010 年 4 月 27 日，在北京召开了全国劳动模范和先进工作者表彰大会，其中农民工劳模总数比上届翻了三番，有 74 名农民工当选，分别占农民人选和总人选的 12.7%、2.7%，其中跨省（市、区）的农民工人选有 16%，比 2005 年增加 53 名。当代农民工在学习先进榜样、崇尚先进模范、争当先进典型的过程中，也会有意无意地认同和模仿先进典型的言行及其所体现的我国社会所主导的价值观，充分发挥农民工先进典型的榜样力量，对于倡导先进的思想和价值观意义巨大。在台州各个县、市、区，也都开展了农民工先进典型的评选活动，在台州市的黄岩区、路桥区，以及临海、玉环等地，开展了"十佳新黄岩人""十佳新路桥人""十佳新玉环人"等评选活动。在首届"十佳新玉环人"中，有的为不让民工子弟失学而创办三所民工子弟小学，也有的他乡创业有成而致富不忘慈善事业的；还有的如曾获省、市劳动模范的李彦斌，热心为民工服务、积极宣传第二故乡等先进典型。

对于农民工中这些优秀人物的事迹要多角度地加以宣传，通过其言行所体现出的思想力量和人格力量来凝聚、鼓舞和塑造他们旁边的人，使其在农民工群体中能产生强大的示范效应。在《国务院关于解决农民工问题的若干意见》中便明确指出："新闻单位要大力宣传党和国家关于农民工的方针政策，宣传农民工在改革开放和现代化建设中的突出贡献和先进典型。"❷ 通过对农民工先进典型事迹的宣传，可以把农民工价值观的宣传教育变得更为生动形象，能够更加有效地引起其他农民工价值情感上的共鸣，使他们进行思考、比较、学习和模仿。对于先进农民工典型，必须综合运用现身说法、纪实文学、组织报告团、网络等进行多形式、立体化、全方位的宣传，让农民工先进典型自己说话，拿他们的优秀事迹说话，使广大农民工更深切地感受到他们身边的先进模范的可亲性、可敬性、可信性与可学性，从而更好地发挥其以点带面、激发人的积极情感与价值追求的作用。农民工中的先进典型为其他农民工确立起正确的价值观与进行崇高的价值追求树立了最有感召力的路标，他们在农民工群体正确的价值观的树立过程中起到了巨大的示范作用。

---

❶ 江泽民论社会主义精神文明建设 [M]. 北京：中央文献出版社，1999：208.
❷ 国务院关于解决农民工问题的若干意见 [N]. 光明日报，2006 - 03 - 28.

5.5.3 重视业务渗透法 增加农民工价值观塑造的渗透性

要把农民工价值观的塑造与农民工的业务工作有机结合起来。虽然当前大多数农民工对待工作的态度比较积极，据我们"转型期农民工思想道德教育研究"课题组对全国212名农民工的调查，他们对于自己当前的工作，32.1%的人表示会"尽量做好，争取被提拔"，38.2%的人表示"尽量做好，没有考虑是否会被提拔"，但仍有26.9%的农民工对待工作的态度是"过一天是一天"，缺乏工作热情，只是应付了事而缺乏进取精神，他们对待工作的态度无疑会影响到他们工作的积极性与工作效率。而农民工的工作态度、工作热情，以及工作效率等与农民工的价值观紧密联系。结合图5-1的调查数据可以看到，有4.2%的人对待生活"很没信心，觉得努力了也没什么意义"，12.1%的人认为"只要能够养家糊口，过安稳日子就行"，"只要认真、努力过就行了"的人占21.0%，表示"努力打拼，使自己的人生更加绚丽多彩"的人最多，占57.9%，还有4.8%的人认为"人生苦短，及时行乐"，他们的价值观不同，人生价值追求不同，那么他们对待工作的态度与热情也会有很大差别，认为"只要能够养家糊口，过安稳日子就行"和"只要认真、努力过就行了"的人，他们在工作中便相对缺乏积极打拼、努力创业的热情，在事业与工作上没有很强的进取意识。"很没信心，觉得努力了也没什么意义"的人则在工作上会表现得缺乏信心，丧失斗志。而大多数农民工表示会"努力打拼，使自

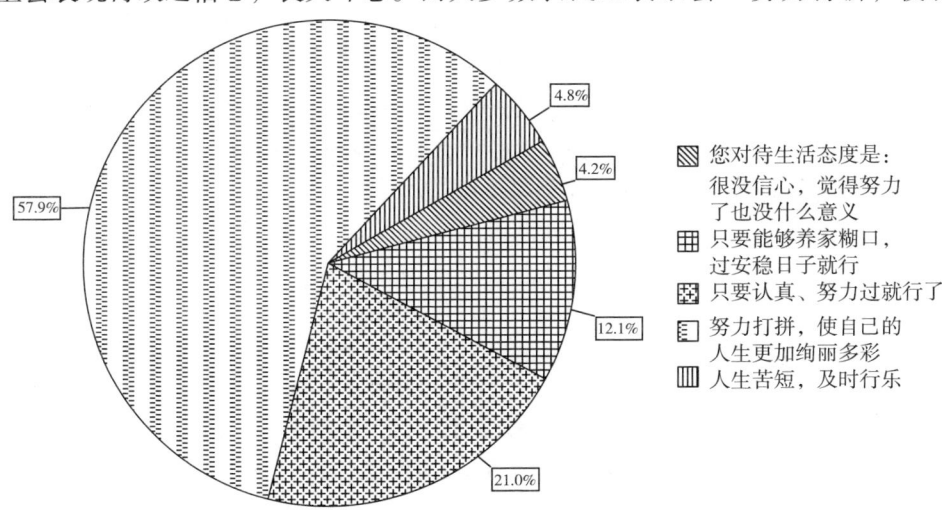

图5-1 农民工对待生活的态度

己的人生更加绚丽多彩",这表现在日常生活中,也便会更加努力地奋斗,在工作中也更具热情。同时,在农民工的就业培训中,也不能只关注农民工技术能力的提升,还要关注他们爱岗敬业、团结合作、认真钻研、乐于奉献等价值观的树立,不仅要培养他们如何做事,更要培养他们与人相处、合作的能力。

5.5.4 采用思想疏导法　遵循农民工价值观塑造的规律性

当前,不少农民工,特别是青年农民工,他们面对转型期价值标准的多元化、传统权威的弱化和社会上存在的一些腐败、不公等现象,感到理想与现实之间存在巨大反差,他们在现实中找不到精神的寄托了,开始怀疑自己正确的人生信仰,怀疑以前学校的理想、信念教育,导致原先确立的信仰无法坚持,从而深陷虚无与迷茫之中。因此,要深入了解他们关注的热点话题,对于他们在现实社会生活中所产生的这些困惑与不解,要及时做好思想疏导与答疑解惑的工作。转型期的阵痛与迷茫终将会过去,要引导他们以积极的心态去面对现实,拥抱生活,坚定他们追求美好的信心。正如邓小平同志所指出的,"群众关心的实际生活问题和时事政策问题,各级领导一定要经常据实讲解,告诉大家客观的情况,以及党和政府所作的努力,并且对群众所反映的不合理现象及时纠正","群众从事实上感觉到党和社会主义好,这样,思想纪律教育,共产主义思想教育和爱国主义教育,才会有效"。❶ 同时,思想疏导要与优化社会环境相结合。正如在调查中所了解到的,由于受社会不良风气的影响,少数农民工的价值观发生扭曲,他们中的一些人"对于婚前性行为、有婚外情人"这一现象表示"很羡慕",甚至于有调查对象在调查问卷上对于这一问题的回答中,自己写上"努力成为其中一员"这样的答案。因此,在农民工正确价值观的塑造过程中,对于这些不良社会现象,一方面,我们要做好思想上的教育引导工作;另一方面,对于这些不良现象和不正之风,需要相关部门一起齐心协力,防止这些不良风气愈发蔓延而对农民工价值观所造成的负面消极影响。此外,还要努力克服市场经济下崇拜金钱、追求物欲等消极价值观对人的崇高信念、纯洁心灵的侵蚀与消解,极力防止耻言理想、蔑视道德、躲避崇高等社会不良现象的滋生与蔓延。这样才能更好地防止各种不良社会风气和消极价值观对农民工价值观的塑造所产生的不利影响,更好地防止西方后现代主义

---

❶ 邓小平文选(第3卷)[M].北京:人民出版社,1993:144-145.

等社会思潮在我国社会转型期乘虚而入，使农民工特别是青年农民工产生悲观的、虚无的、消极的价值观。

5.5.5 借鉴国内外相关教育方法　使农民工价值观塑造的方法更具多样性

在转型期农民工价值观的塑造中，要善于借鉴国内外的相关教育方法，例如，我国古人的教育方法、社会行动法、价值澄清法、角色扮演法等对于转型期农民工价值观的塑造都很有借鉴与启示意义。

（1）借鉴我国古人的教育方法　开展农民工价值观教育

我国以儒家为代表的古代思想家、教育家在对教育的长期研究与实践过程中，积累了丰富的经验，特别是其中的道德修养法，只要积极剔除其中与当前时代发展不相适应的成分，汲取充分体现时代精神与要求的内容，那么其在当前，依然能成为农民工正确价值观塑造的有效方法。道德修养法能有效调动农民工群体自身在价值观塑造过程中的自觉性与主动性，主要有以下三个方面：

首先，要注重反省自己。"自省"是古人非常看重的道德修养法，孔子说："见贤思齐焉，见不贤而内自省也。"❶ 曾子则说："吾日三省吾身——为人谋而不忠乎？与朋友交而不信乎？传不习乎？"❷ 也即是说，每天都要从多方面来再三反省自己，看看有没有什么"不忠""不信"和"不习"的地方，以便及时改正。自省即是自我反省，要求人们经常进行自我检查与自我总结，以便及时发现自己的缺点并改正。而"慎独"一词则出自《礼记·中庸》："是故君子戒慎乎其所不睹，恐惧乎其所不闻。莫见乎隐，莫显乎微。故君子慎其独也。"这里的"慎"是指小心谨慎、随时戒备，而"独"是指独处，独自行事。"慎独"则是指一个人能在独处、无人监督的情况下，凭着高度自觉，按照一定的道德规范行动，而不做任何违背道德准则的事。可见，慎独是一种道德境界更高、自觉性更强的自律方法。

当前，农民工在跨入城市这一陌生社会之后，失去了农村熟人社会下的那种道德约束，也没有了规范的组织的制约，而他们自身的自律意识又不强，正如在关于最有价值的道德品质的调查结果中所显示的，自律更是排在了26种

---

❶ 《论语·里仁》。
❷ 《论语·学而》。

道德品质中的倒数第 2 位。农民工外部道德约束力的减弱，内在自律意识又不强，这必须引起我们的重视，我们在加强外部教育的同时，也要积极汲取传统道德教育中的自省法、慎独法，充分发挥农民工在提升自我道德修养中的自觉性与主动性，让他们通过经常的内省，发现自己的不足并加以改正，以此不断提高自身的修养。同时，也能使他们在缺乏外部熟人社会与规范的组织监督的情况下，能更为自觉地遵循道德规范的要求。

其次，要躬身践行。帮助农民工树立正确的价值观，不仅仅只是让他们对于事物做出正确的价值判断，对事物的善恶、美丑能正确地分辨，知道什么是值得提倡的，什么是要反对的；同时，也要使他们在正确价值观的指引下身体力行。但正如对农民工"看到踩草坪、随意吐痰、破坏公物等行为"的态度的调查结果中所显示的，绝大多数农民工对此都"觉得这是非常不道德的行为，应该受到谴责"，但仍然有 6.3% 的人表示，"虽然知道这样也不好，但如果别人做了，而且比较方便，自己也就跟着做了"，说明还是有不少人存在知行脱节问题。在中国传统道德教育中，对于行十分重视，要求人们言行要相顾、知行要并进。孔子便要求弟子"言必信，行必果"。❶ 同时也劝诫人们不要只顾说而不去做，"君子耻其言而过其行"❷，认为说得多而做得少那是可耻的。荀子说："知之而不行，虽敦必困。"❸ 一个人即使懂得许多道理，却"知"而不会用，不能变成行动，虽然知识很丰厚，但也必将会遇到困厄。而墨子更是认为道德实践比学识更为根本，他说，"士虽有学，而行为本焉"。❹ 因此，我们在农民工价值观教育中，一定要引导他们言行一致，不能只重视知识的传授与灌输，还必须关注他们是否真正接受和认同社会所传授给他们的知识，并且把他们所学到的道德规范内化成为自身人格的一部分，并且践行之。要引导他们在长期的道德实践中"积善成德"，鼓励他们从身边的小事做起，从一点一滴做起，认真践行道德规范。

最后，要立志有恒。立志是指一个人要志存高远，要有远大的志向和理想，要有坚定的信仰。孟子说："士贵立志，志不立，则无成。"认为人最重要的就是要立志，如果没有志向，那么将会一事无成。同时，有了坚定的志向与远大的理想之后，还要持之以恒地为之奋斗，自强不息，发奋努力。孔子在

---

❶《论语·子路》。
❷《论语·宪问》。
❸《荀子·儒效》。
❹《墨子·修身》。

道德修养时曾"发愤忘食,乐以忘忧"。❶而孟子则说:"天将降大任于斯人也,必先苦其心志,劳其筋骨,饿其体肤,空乏其身,行拂乱其所为,所以动心忍性,曾益其所不能。"❷从中可见,要实现远大的志向与理想,必须发愤图强,付出艰辛的努力。而当前,正如在上面的调查分析中所阐述的,一些农民工的理想信仰出现淡化倾向,他们对马克思主义基本理论的正确性、科学性和真理性产生怀疑,对于马克思主义理论,在调查中,有20.4%的农民工认为"跟我实际生活没多大关联或者在当今社会已经不大适用了"(具体数据见表5-6)。一些人对中国特色社会主义信心不足,对社会主义的优越性产生怀疑,对共产主义的前途感到困惑,理想信仰出现淡化倾向。此外,在最有价值的26种道德品质的调查中可以看到,"服务人民"排得也很靠后。在这种情况下,加强农民工立志教育,要引导他们立志高远,自觉地把个人的理想追求同全面建设小康社会的伟大事业紧密地结合在一起,并为之努力奋斗;要引导他们把个人理想与我们国家的前途与民族的命运相结合,为实现民族复兴的共同理想而奋斗;要引导他们立志为祖国与人民的利益而奋斗,勇于奉献,服务人民;要引导他们做有远大志向的人,坚定他们的共产主义远大理想。

表5-6 农民工对于马克思主义理论的认识情况调查

		频率	百分比	有效百分比	累积百分比
有效	不了解,没法说	293	36.5	37.1	37.1
	跟我实际生活没多大关联或者在当今社会已经不大适用了	161	20.0	20.4	57.5
	在当前还是比较适用、有一些指导意义的	187	23.3	23.6	81.1
	在当前还是很适用、有很大指导意义的	149	18.5	18.9	100.0
	合计	790	98.3	100.0	
缺失	不愿填、漏填等造成的缺失	14	1.7		
合计		804	100.0		

(2)在20世纪70年代,欧美各国兴起了以教育家弗雷德·纽曼为代表的社会道德行动模式(the social action model of moral education),在这一模式中着重阐述了培养学生道德行动的重要意义与具体方法。要了解与把握这一模式,

---

❶《论语·述而》。
❷《孟子·告子下》。

必须首先要知道"环境能力"这一个核心概念,弗雷德·纽曼把公民影响环境的能力称为"环境能力"(environment competence),环境能力是指对环境造成特定后果的行动能力,它由物质能力(影响物体的能力)、人际能力(对人的影响能力)和公民能力(在公共事务中的影响能力)所组成。在弗雷德·纽曼看来,当代各种道德教育理论都存在一个共同的问题,那就是只注重道德知识的传授、道德认知能力的发展、价值原则的分析与寻找,以及道德教育环境的改变等方面,却都忽视了实施行动的训练和技能。弗雷德·纽曼所强调的社会行动模式的关键在于培养人的环境能力,特别是培养公民的行动能力,使他们成为一个"道德行为者"。所谓的"道德行为者",是指在自己与他人、有矛盾的伙伴等可能发生利益冲突的情况下,或者,在政党发生冲突的情况下,审慎地考虑自己该做什么样的人。而弗雷德·纽曼发现,个体对于环境施加影响的能力,则会直接影响到个体是否,以及在多大程度上把自己视为道德行为者,如果个体觉得自身没有能力或者是没有必要去影响或是改变社会环境,他们对于这些社会问题就会变得漠不关心。

社会道德行动模式是农民工价值观塑造中很值得借鉴的一种教育模式,它提出了必须注重公民社会行动方面的教育,注重个体社会行为的培养,很有启发意义。在对农民工价值观的问卷调查中,对"看到踩草坪、随意吐痰、破坏公物等行为",农民工中的大多数人"觉得这是非常不道德的行为,应该受到谴责",而表示"看到特别过分的行为,会上去制止"的,这部分只占27.2%,其所占比例并不高,这也说明当代农民工对于不道德行为的认识还是比较清楚的,但在道德行为上却缺乏积极的道德行动力。因此,吸取社会道德行动模式中关注人的环境能力的培养,特别是注重公民的行动能力的培养和训练,以及其中很多关于培养社会行动能力与技能的方法,在当代农民工正确价值观的塑造中具有很大的启发意义。同时,再如在农民工政治价值观的调查数据中所看到的,"对于参加农村或者工会组织的选举",有21.9%的农民工表示"会参加但觉得自己这一票也起不到什么作用";还有22.8%觉得"没什么意义参不参加无所谓"(具体数据见表5-7)。从中可见,很多农民工对于农村或者工会组织的选举,觉得自身没有能力去影响或是改变社会环境,也即是说缺乏相应的环境能力,影响了他们对于选举的态度与积极性。而在社会道德行动模式中,其中的核心概念——环境能力中的公民能力(在公共事务中的影响能力),就含有公共选举过程中的能力(帮助候选人选举获胜)。因此,探索各种路径以提高农民工参与选举的积极性,以及影响选举的能力,可以有效提高他们对于选举问题的关注度与参与度，其对农民工正确价值观的塑造无疑具有很大的价值意义。

表5-7 农民工"对于参加农村或者工会组织的选举"的态度调查

		频率	百分比	有效百分比	累积百分比
有效	会参加，但觉得自己这一票也起不到什么作用	175	21.8	21.9	21.9
	积极参加选举，认真行使这一权利	443	55.1	55.3	77.2
	没什么意义，参不参加无所谓	183	22.7	22.8	100.0
	合计	801	99.6	100.0	
缺失	不愿填、漏填等造成的缺失	3	.4		
	合计	804	100.0		

（3）国内外还有其他很多教育模式与教育方法对于转型期农民工价值观的塑造也是很值得借鉴的。例如，可以运用角色扮演法，使农民工亲身体验和实践他人的角色，这样可以使他们能更好地理解他人的处境，体验和感受他人的价值世界、了解他人的价值追求，以及社会对于他们的价值期望，也可以更好地培养农民工对于其他人的需要、处境、价值追求，以及社会对于他们的价值要求的敏感性，并能按照社会对于那个特定角色的价值期望来行事。并且角色扮演法可以在不同场合、以不同方式进行灵活运用，例如可以通过鼓励和引导农民工参与企业的民主管理和决策，鼓励和引导农民工共议企业发展大事，参与讨论员工的工资标准与企业管理干部的评议等，这在充分发挥农民工为企业管理和发展献计献策的同时，也能使农民工更加地了解企业的发展目标与价值理念，增强他们对于企业核心价值理念的认同感与关注度，也增强了他们的主人翁意识，使他们在做好本职工作的同时，对于企业、集体也更为关心，从而能有效增强他们的集体主义感与团结合作的精神。还可以通过让农民工参与社区居民自治、城市卫生的监督与管理活动，以增强他们对于社区的相关管理制度与规定的认识与认同，也有助于增强他们的环境卫生意识。角色扮演法除了在这些现实情境中运用以外，还可以在模拟的情境中进行。

5.6 农民工价值观塑造的实践路径

5.6.1 提高农民工的理论素养 为农民工价值观的塑造奠定理论基础

江泽民同志讲道："不认真学习和研究马克思主义，我们就会在错综复杂的形势中迷失方向，失去判断是非的能力，解除思想武装，就要犯极大错误。"❶ 农民工文化程度普遍偏低，他们对于马克思主义理论缺乏了解。在调查中也发现，有37.4%的农民工对于马克思主义理论表示"不了解"，表示"只了解一点"的占45.5%，"很了解"的只占3.6%，具体数据如表5-8所示。而即使选择对马克思主义有所了解的人，其中很多也是认识比较模糊的，当进一步问及他们了解哪些方面时，他们中的很多人都只觉得了解一些，但具体说不出到底是哪些方面，也即是说，他们对于马克思主义的认识是不系统的、零碎的。农民工在"多花些钱在什么方面比较值得"这一问题的回答上，就如前面第53页的表3-10所示，其中"提高自身业务知识水平与专业技术能力"的占22.3%，而表示"提高自身思想文化修养"的只占14.0%，这也在一定程度上说明，相对于思想文化素养的提升，当代农民工却更为重视业务与专业技术能力的提升，以及相关知识的获取。一个人如果缺乏相应的思想文化素养，会影响一个人作出正确的价值判断，不利于他们正确价值观的形成。由于缺乏理论素养，农民工中的很多人对资本主义生产社会化与资本主义私有制之间这一基本矛盾缺乏了解，对于社会主义与资本主义之间的区别认识不足，对于社会主义经济制度在集中力量办大事等方面所具有的优越性不够了解，使得他们对于共产主义信仰、社会主义本质等问题缺乏正确认识，这也是他们中的一些人政治信仰出现淡化，对于社会主义和资本主义之间的区别说不清楚的一个重要原因。同时，农民工收入水平普遍较低，常为物质匮乏所困扰，这使得他们更为关注自己与家人眼前的经济利益问题，而对于社会理想、经济制度这些问题则关注的相对较少。加上农民工缺乏理论素养，是非鉴别能力相对较差，极易受西方实用主义思潮与"意识形态终结论""淡化论"，以及"趋同论"等西方非意识形态思潮的影响，这些因素都影响着农民工对于社会主

---

❶ 新时期党的建设文献选编[M]. 北京：人民出版社，1991：707.

义制度及其优越性的认识，严重干扰了他们正确价值观的形成与发展。

表 5-8 农民工对于马克思主义理论的了解情况调查

		频率	百分比	有效百分比	累积百分比
有效	很了解	29	3.6	3.6	3.6
	基本了解	107	13.3	13.5	17.1
	只了解一点	362	45.0	45.5	62.6
	不了解	297	37.0	37.4	100.0
	合计	795	98.9	100.0	
缺失	0		9	1.1	
	合计	804	100.0		

特别是在当前，我国正处于社会转型的关键时期，市场经济、中国传统价值观，以及西方思潮等都对农民工的价值观产生了强烈的冲击和影响。而农民工对马克思主义理论又缺乏了解，理论知识较为欠缺，鉴别能力较差，在这样复杂的形势下极易会迷失方向，被错误的价值观所左右。因此，必须提升农民工的理论素养，提高他们对于社会主义制度的认同度，让他们懂得我国当前所实行的经济制度是由我国社会主义性质和初级阶段的国情所决定的，让他们充分了解社会主义制度所具有的优越性。同时，要加强马克思主义理论的宣传教育，而他们的文化水平又较低，因此，需要用农民工易懂的语言、喜闻乐见的形式来表达和阐述马克思主义的范畴和原理，可以通过播放短片、文艺表演、典型案例、小知识、有奖问答等多样化的形式来增进农民工对于马克思主义理论的了解。这样才有助于提高他们的理论素养与鉴别能力，提高他们对于社会主义制度的认同度，以更好地应对市场经济下的世俗价值观淹没、消解理想信仰的现象，使他们能更好地抵御西方实用主义、趋同论等思潮的影响和冲击，从而有助于他们树立起正确的价值观，坚定他们的理想信念。

当然，在其他方面也要结合具体情况，进行有针对性的理论教育，以提高他们的相关理论素养。例如，在对于幸福的看法与追求方面，马克思主义者把幸福跟劳动创造、物质生活、精神生活、集体主义等思想联系在一起。其认为幸福是物质生活满足与精神生活满足的统一，是幸福创造与幸福享受的统一。其把个人幸福和集体幸福紧密结合在一起，强调集体幸福，但也不否定个人幸福，把个人幸福融于集体、民族、阶级和人类的幸福之中。而农民工的文化素质相对较低，并且常年劳碌，对于幸福问题缺乏系统、深入的思考，同时，在我国社会转型这一背景下,农民工群体由于自身的生存境况与受小农意识影响,使得他们比较关注个人幸福,而对集体幸福关注不够;比较重视物质生活的追求,而对精神幸福则重视不够。因此,必须重视他们的马克思主义幸福观教育,使他们对于马克思主义幸福观有更加清晰的认识,从而能更好地改变其幸福观上存在的不足。再如,当代农民工在对宗教的态度与看法上,由于他们对于有关宗教方面的知识,以及相关政策缺乏了解,很多农民工不能把"宗教信仰"与"封建迷信"区分开来,很多农民工错把封建迷信活动混同于宗教信仰活动。其中有9.7%的人认为"看相、算命、卜卦、抽签、看风水"等封建迷信活动就是"宗教信仰活动",占15.0%的人认为这封建迷信活动"总的来说和宗教信仰差不多",还有51.7%对于"宗教信仰"与"封建迷信"的关系表示"说不清楚"。这对于农民工正确宗教价值观的树立极为不利,要求我们进一步加强相关方面的宣传与教育,提高他们有关方面的认识水平,使他们更好地了解宗教信仰与封建迷信之间的差异。同时,要让他们明白国家对于宗教信仰活动与封建迷信活动之间的政策差别,这样才有利于他们正确宗教价值观的树立。

5.6.2 增强农民工的价值意识 引导他们对自己的思想与行为作出正确的价值判断

价值观作为一种社会意识,它在人们的头脑中一经形成,便会对人们认识世界与改造世界的活动起到导向作用。我们要增强农民工的价值意识,这样才能更好地引导他们发挥自身的能力与特长,使他们运用自身所学到的知识、技术和能力,为他人和社会多做贡献。一个人有知识、有技术和能力,不等于就能够充分而正确地发挥,造福于他人和社会。不少人由于价值观念的扭曲、错位,不仅使知识、技术和能力难以发挥其正面作用,反而严重危害人类自身,甚至给人类带来难以想象的灾难。如电子信息技术、生化技术的合理利用可以发展经济、造福人类;而其不当使用则会造成前所未有的破坏,甚至于毁灭人类。网络技术的合理利用可以为人们的学习、工作与交往提供极大的便利,但如果高智商的计算机高手将掌握的网络技术用于计算机病毒、黑客攻击和计算机犯罪,那给人类造成的则是危害。可见,缺乏正确的价值观,没有高尚的目的,往往会把人们的活动引向堕落的深渊。这就要求我们懂得学习和掌握知识、技术与能力的目的何在、为谁服务等问题,这些问题越来越受到人们的重视。马克思说:"在社会历史内进行活动的,倒是全是具有意识的、经过思虑或凭激情行动的、追求某种目的的人；任何事情的产生都不是没有自己的意图、没有预期的目的的。"❶ 一个人的价值观往往决定其追求什么样的目的，以及如何运用自己学习和掌握的知识、技术与能力。价值观是个体对周围的客观事物的意义、重要性的总评价和总看法，是个体的基本信念和判断。人们决定选择和追求什么样的目的，以及如何运用知识、技术与能力的过程，也是人们如何运用和发挥自身知识、技术与能力进行价值判断、抉择的过程。

人们的活动需要正确价值观的引导，要有价值标准，不能只讲求经济效益，而且还要考虑所从事的活动可能带来的结果。要增强农民工的价值意识，引导他们对自身的思想与行为进行科学的价值评价，促进他们对知识、技术和能力运用的合理化，避免不负责地盲目求利行为，把他们的认识与创造活动引导到指向社会共同的事业上，使他们的活动能够更好地造福于人类，这是一个十分重要的任务。爱因斯坦曾指出，对于一个科技工作者来说，如果不能"获得美和道德上的善的鲜明判断力"，那么，"他——连同他的专业知识——就更像一只受过很好训练的狗，而不像一个和谐发展的人"。❷ 只有增强农民工的价值意识，使他们更加深刻地理解自己所负有的社会责任和道德义务，更好地对自己行为的是非、善恶作出合理的评价，才能更好地促使他们由"生物人""经济人"向全面发展的"道德人""社会人"转型。当前，以"八荣八耻"为主要内容的社会主义荣辱观，旗帜鲜明地指出了什么是真善美、什么是假恶丑，应当坚持和提倡什么、反对和抵制什么，有助于农民工确定正确的活动目的，判断自身思想与行为的得失，以及为如何运用知识、技术和能力提供基本的价值准则和行为规范。

5.6.3 注重实践经验的提炼与理论升华　不断创新党员农民工价值观的塑造路径❸

党员农民工是农民工中的先进分子，帮助他们确立起正确的价值观，使他们能更好地起到示范作用，这在农民工价值观的塑造中具有巨大的价值意义。而党员农民工由于流动性大等因素的影响，很多党员农民工很难参加正常的组

---

❶ 马克思恩格斯选集（第4卷）[M]. 北京：人民出版社，1972：243.
❷ 爱因斯坦文集（第三卷）[M]. 北京：商务印书馆，1979：310.
❸ 龙溪乡政府为我们这部分的写作提供了翔实的资料，并向我们讲述他们在基层的工作经验，同时还帮助我们对龙溪乡蕲春党建工作站流动党支部的党员农民工进行了调查，对于他们的帮助，在此表示感谢。

织生活，接受党组织的教育和管理，这对于党员农民工价值观的塑造极为不利。要对基层所开展的有关党员农民工价值观教育的实践活动进行经验总结与理论升华，不断创新党员农民工价值观的塑造路径。笔者深入基层，以台州市龙溪乡党员农民工的教育与管理实践为例，来进一步探讨各地所开展的党员农民工管理与教育实践活动对他们价值观的塑造所具有的借鉴与启示意义。

首先，要做好党员的确认与接纳，把党员农民工纳入正常的组织管理和组织生活体系之中，这样才能使他们更好地接受党组织的教育与管理。对此，可以针对外来流动党员同属一地的情形，通过与流出地组织部门联系，实行共同组建、共同管理，例如，龙溪乡便建立了地缘型外来党员党组织——蕲春党建工作站党支部；也可以在流动人口居住相对集中的村居、集中居住点等，建立流动党员服务站及党支部实施组织管理，例如，玉环县楚门镇建立了山北新民小区流动党员服务站党支部；还可以在部分规模以上企业里单独组建外来党员党支部，将农民工党员，纳入企业党组织管理。只有深入基层，不断总结党员农民工管理与教育实践经验，积极探索党员农民工管理与教育的新模式，将党员农民工更好地纳入正常的组织管理和组织生活体系之中，这样才能使他们更好地接受党组织的教育，保持他们的先进性，这在他们价值观的塑造中，无疑具有巨大的价值意义。

其次，对于党员农民工，要注重他们基本理论、基本知识和基本政策的教育与学习，也要注重他们业务能力的提升，要将两者有机结合，促使党员农民工成为农民工群体中政治强、业务精的示范者。要把党员农民工教育和培训工作同步纳入本地党员干部教育培训的范围之内，通过举办培训班、座谈会、专题讲座等多种形式，来不断加强对党员农民工的基本理论、基本知识和基本政策的教育，以促进他们正确价值观的树立。与此同时，要十分重视党员农民工业务能力的提升，广泛开展数控车床、计算机初级操作等实用技能的培训，不断提高他们的就业能力。此外，还要不断创新党员农民工价值观教育的方法，以贴近党员农民工实际、用他们喜闻乐见的方式进行教育。龙溪乡在外来党员中推选优秀的文艺骨干组成新龙溪人文化巡演团、远程教育大篷车播放队、湖北大鼓队，选用并创作既体现外来文化特色又体现两地文化和谐交融的文艺节目进行巡演，他们举办了新龙溪人红歌演唱会，开展了"远教"大篷车送法、送戏进外来人员聚居点等活动，这对于党员农民工正确价值观的树立与当地良好社会风气的形成，起到了积极的作用。

最后，要将党员农民工价值观的塑造融入农民工的管理中。可以通过建立党员农民工的信息库，采用走访面谈、双向约谈和集中恳谈等方式，来传达党组织的重大决策等事项，并及时地掌握党员农民工价值观的最新动态和他们的工作情况。可以通过建立、健全定期反馈制度，与流出地党组织互访交流，反馈外来党员的最近动态与工作表现。这种定期反馈制度的建设对于党员农民工价值观的塑造是很有价值意义的，有助于及时掌握农民工党员价值观的动态，以便根据反馈回来的信息，及时采取有针对性的应对策略与教育方法，来引导他们正确价值观的树立。

总之，要善于深入社会基层，掌握和汲取各地广泛开展的农民工教育的实践经验与好的做法，并以此推进农民工价值观教育方式方法的改进与创新，提高教育的实效性。当然，除了台州市玉环县龙溪乡农民工共产党员的管理和教育工作中这些好的做法与经验外，还有许多其他好的做法需要不断总结。例如，在2010年，台州市玉环县楚门镇作为省、市村级组织换届选举工作试点镇，积极地探索实行在部分新玉环人聚集村将优秀的外来党员选入村支部班子，让"中间人"成为"当家人"。新玉环人郭松平作为山北村党支部委员候选人，最后成功当选，楚门镇党委、政府对于新玉环人的种种关心、帮助让他感动，他表示愿意挑起这一重担，为山北村的经济社会发展作出贡献。充分发挥这些先进党员的引领与示范作用，可以起到以点带面的效果，他们的思想言行与价值取向可以影响很多党员农民工，对于党员农民工正确价值观的树立能起到很好的效果。

5.6.4 "破""立"结合 为农民工价值观的塑造创造良好的外部环境

在农民工价值观的塑造过程中，要坚持"破""立"结合。一方面，要努力破除各种阻碍因素；另一方面，还需要积极倡导新的、先进的价值观，要为当代农民工新的、积极的价值观的树立营造良好的条件与氛围。

我国是一个有着几千年封建历史的国家，深受迷信、愚昧、庸俗等封建流毒的影响，落后的封建主义思想残余与现代社会所要求的勇于牺牲、顽强拼搏、敢于冲破权威等价值观是格格不入的，只有努力革除这些不良的文化积习，才能更有利于农民工正确价值观的塑造。毛泽东同志在《新民主主义论》中说道："不把这种东西打倒，什么新文化都是建立不起来的。不破不立，不塞不流，不止不行。"在农民工价值观的塑造过程中，不破除这些旧的、消极的价值观对于农民工的束缚与影响，就难以帮助他们树立起新的与当今时代发展相适应的价值观。正如在上面乡村环境对农民工价值观的影响中所论述的，农民工与农民、农业、农村依然保持着千丝万缕的联系，特别是在农村长大的农民工，他们是在农村文化环境的熏陶下成长起来的，他们中的很多人的价值观中也难免会留下传统乡村环境影响下的一些印记，一些农村陋习仍然对他们的价值观产生了巨大影响，例如打牌赌博、封建迷信、宗族活动，以及缺乏良好的卫生习惯等，就是如在问卷调查中了解到的，当代农民工群体中仍有3.1%的人表示经常去参与"看相、算命、卜卦、抽签、看风水"等活动，还有高达41.3%的人则是"偶尔去"。再如我们"转型期农民工思想道德教育研究"课题组对全国212名农民工的调查中也可以看到，他们在空闲时间，除去"聊天、睡觉"（占36.8%），紧接着最多的活动便是"打牌打麻将"（占23.6%）。积极、和谐、高雅健康的文化生活对于农民工能起到陶冶情操、净化心灵的作用，能促进他们的健康成长；而低俗、不健康、不文明的休闲娱乐活动却是"精神鸦片"，极大地威胁着他们的身心健康，对于他们正确价值观的树立极为不利，甚至还有极少数人被引诱走上歧途。因此，必须注重在农民工群体中广泛开展破除农村陋习与倡导新风尚的活动，以努力破除这些消极因素对农民工价值观的影响。

在努力革除各种不利因素影响的同时，另一方面也要积极倡导新的、正确的价值观，要为当代农民工新的、正确的价值观的树立营造良好的条件与氛围。要注重农民工开拓进取、讲求效率、重视知识等充分体现时代精神的现代价值观的培育。充分发挥电视、广播、报刊和互联网等大众传媒的舆论导向作用，对于自私自利、不思进取、因循守旧等价值观进行纠偏；对于乐于奉献、开拓进取、讲求效率与民主等价值观念与行为取向要大力倡导与宣传。

产业工人是先进生产力的代表，他们最富于组织性和纪律性，农民工要实现由"农"向"工"的转变，必须适应现代工业生产规则和社会化大生产秩序的要求，努力摆脱"日出而作、日落而息"的劳作方式下所形成的松散拖沓、自由散漫、不讲效率等传统劳作习惯的影响，不断增强自身的纪律意识与效率意识，在价值观念与行为方式上逐步向产业工人靠拢。要加强当代农民工的集体主义价值观教育，培养他们顾全大局、大公无私、乐于奉献与自我牺牲等精神，对于这些精神，毛泽东同志曾说："自私自利，消极怠工，贪污腐化，风头主义等，是最可鄙的；而大公无私，积极努力，克己奉公，埋头苦干的精神，才是最可敬的。"❶ 邓小平同志也要求大力弘扬"严守纪律和自我牺牲精神""大公无私和先人后己精神"。❷ 在现实生活之中，要引导农民工把自我价值的实现与社会价值的实现有机地统一起来，要让他们懂得，人生的真正价值在于对集体与社会的贡献之中，评判一个人的人生价值的普遍标准，是看他的劳动，以及通过劳动对他人、集体和国家所作出的贡献。正如爱因斯坦所说，"一个人的价值，应当看他贡献什么，而不应当看他取得什么"。因此，要培养当代农民工乐于奉献的精神，善于引导和鼓励他们通过自身的辛勤、诚实劳动，在努力为他人、集体和国家多作贡献中真正实现自身的社会价值。同时，正如我们在调查中看到的，农民工对于知识重视不够，在最有价值的 26 种道德品质的调查结果中，"热爱科学"被排在了倒数第 1 位；而在审美价值观中"学到知识、弄清道理后的喜悦感"也排得比较靠后，科学知识的学习不大引起农民工的兴趣，也缺乏学到知识、追求真理过程中的苦与乐的体验。因此，要在农民工中广泛开展科普宣传教育，传播科学知识，提高他们对于科学的认识，使他们更加地重视科学知识的学习。也还要加强农民工开放、合作、自信等体现时代精神的各类现代价值观的培育，这样才能更好地促进他们实现价值观念上的更新，促成他们现代价值观的生成。

同时，要培养当代农民工勇于变革、勇于创新的价值观念与精神勇气，不管是要破除旧的、落后的价值观念与文化积习的影响，还是要树立新的、正确的价值观，都需要勇于变革、勇于创新的精神。要想变革落后的文化积习与消极的价值观对人的影响，要想树立新的价值观，难免会碰到腐朽、守旧势力的阻碍，会受到种种诱惑的干扰，也难免会遭受挫折和失败，没有开拓进取、勇于变革、勇于创新的精神的支撑是很难想象的。面对传统文化积习、传统权威与价值观，如果当代农民工缺乏变革与创新的精神，不敢越雷池半步，那么就难以帮助他们确立起新的、正确的价值观来。正如邓小平所说："要克服一个怕字，要有勇气。什么事情总要试第一个，才能开拓新路。"❸ "没有一点闯的精神，没有一点'冒'的精神，没有一股气呀、劲呀，就走不出一条新路，就干不出新的事业。"❹ 同时，正如美国学者英格尔斯所指出的，相对于传统人，现代人更倾向于同外界事物和见闻进行广泛的接触和了解，更加地愿意接

---

❶ 毛泽东选集（第二卷）[M]．北京：人民出版社，1991：509．
❷ 邓小平文选（第二卷）[M]．北京：人民出版社，1993：367－368．
❸ 邓小平文选（第三卷）[M]．北京：人民出版社，1993：367．
❹ 同上，372．

受新经验和准备接受改变而不迷信传统与权威等,这就要求我们要更加注重农民工与时俱进、勇于变革、勇于创新等价值观与精神的培养,这样才能更好地促进农民工冲破传统价值观的束缚,改变中国小农安土重迁、自给自足、自我封闭等传统意识,促进他们的价值观由传统的、守旧的向进取的、勇于创造的价值观转换,也只有这样才能更好地促进他们由传统走向现代,使他们更好地适应与融入城市生活。

5.6.5 关注农民工的现实需求与实际问题 充分展现农民工价值观塑造中的人文关怀

本文在马克思主义经典作家的有关论述、价值观的基本概念等章节对价值与人的需要的关系问题已经作了多次阐述,所谓的事物具有价值,表示的是:"它能够满足人、阶级或社会的某种需要,成为他们的兴趣、意向和目的所追求的对象。"❶ 价值观作为主体对于客观事物能否满足主体某种需要而进行评判时所持的观点,是主体对于自身需要与生活意义的理解与追求,它总是和主体的需要紧密联系在一起的。不同的群体由于所处的阶层不同、生活状况与所处环境等的不同,他们的需要与利益要求也会有很大的差异,要研究一个群体的价值观问题,必须同他们的具体需要与利益要求结合在一起分析。马克思曾指出:"人们奋斗所争取的一切,都同他们的利益有关。"❷ 因此,要帮助当代农民工树立起正确的价值观,就必须关注农民工的现实需要与现实利益,要努力帮助他们解决实际困难与实际问题,这样才能有利于他们正确价值观的树立。台州市路桥区建立外来流动人口的各种救助基金,广泛开展各种爱心救助活动,以帮助农民工解决实际困难,注重为他们提供人文关怀,这很值得借鉴。在汶川大地震后,其还专门组织人员对四川籍农民工进行摸底调查,并开展救济和捐款送爱心活动,以帮助他们解决实际困难。

在当前,农民工这一群体在现实生活中最急切的需要便是要增加经济收入,以此尽快摆脱贫穷的困扰。这在上面对于调查数据的分析中已有多次阐述,当代农民工"现在觉得最苦恼的问题"和"家庭生活的主要困扰"最主要的还是经济收入问题。在第4章4.3.4小节关于"生活境况使农民工的价值观显得有些困惑和迷离"这一部分中,详细阐述了农民工的生活境况对于他

---

❶ 袁贵仁. 价值观的理论与实践 [M]. 北京:北京师范大学出版社,2006:72.
❷ 马克思恩格斯全集(第1卷)[M]. 北京:人民出版社,1972:62.

5 农民工价值观的塑造体系的建构

们的政治价值观、对于他们的审美心境、对于幸福的理解与态度,以及人际价值观中的自我阶层定位等所产生的多方面的影响。美国学者科恩认为:"使公民体力情况恶化并迫使他们主要或完全关心自己或家庭生存问题的经济条件是不可能产生有生气的民主的。"❶ 因此,必须切实改变农民工工资偏低和"同工不同酬、同工不同时、同工不同权"的"三同三不同"状况,要严格执行最低工资制度,努力保障农民工的合法经济权益,改变他们的生存境况。

同时,要关注农民工的现实需要与现实利益,就需要建立、健全农民工的利益表达机制。农民工群体虽然参与城市事务管理的意愿较强,他们中的绝大多数人也认为在打工地非常需要一定的组织或机构来代表和维护他们的合法权益,使自身的合法权益不受损害,而由于缺乏利益需求表达渠道与利益诉求的代言人,他们往往成为城市社会的"沉默阶层"与"边缘群体",他们的意愿与诉求往往得不到重视,这就要求建立、健全农民工的利益表达机制,畅通他们的利益表达渠道,使他们的利益需求通过利益表达机制充分地表达出来。

此外,还有其他很多值得关注的问题,例如,子女教育也是农民工十分关注的一个问题,在对于"多花些钱在什么方面比较值得"这一问题的回答上,我们可以看出,"子女教育"在调查问卷中列举出的几个选项里居于首位。而另据我们"转型期农民工思想道德教育研究"课题组对全国 212 名农民工的调查显示,在"子女教育的态度"问题上,"上不上学无所谓"和"有学上就行"的占 2.8% 和 20.3%,有 74.1% 的人希望能让子女"尽量上较好的学校",这些都显示了农民工对子女教育问题的关注(具体如表 5-9 所示)。对于农民工的这些现实需求与现实问题,必须切切实实解决。在《国务院关于解决农民工问题的若干意见》中也明确要求"输入地政府要承担起农民工同住子女义务教育的责任",要切切实实落实、贯彻好这些政策,解决好农民工子女的教育问题。

表 5-9 对子女教育的态度

		频率	百分比	有效百分比	累积百分比
Valid	上不上学无所谓	6	2.8	2.8	2.8
	有学上就行	43	20.3	20.3	23.1
	尽量上较好的学校	157	74.1	74.1	97.2
	其他	6	2.8	2.8	100.0
	Total	212	100.0	100.0	

(数据来自我们"转型期农民工思想道德教育研究"课题组对全国 212 名农民工的调查)

---

❶ 科恩. 论民主 [M]. 聂崇信,译. 北京:商务印书馆,1994:110.

6 结 语

在当前我国社会转型期间,要推动农民工的现代转型,促进他们由农民到产业工人的转变,不仅仅是他们跨入城市,进入工厂,"洗脚上田"这么简单;他们要真正融入城市,还需推进他们价值观的变革,促进他们价值观念的现代化,使他们更好地实现"洗脑进城"。正如社会心理学上的研究所指出的,态度、信念和价值观是影响人际交往的最为主要的因素,虽然在人们交往的初期,信念、价值观的相似性往往显示不出来,这时性别、社会地位、经济状况、文化程度、所从事的职业、籍贯、外貌等的吸引力往往起着重要作用,而随着交往时间的加长与彼此之间更为了解后,信念、价值观等因素的作用便会越来越明显。农民工进城以后,信念、价值观的因素对于农民工的影响也越来越明显,对于农民工问题的研究也需要不断地深入,要由农民工的工作、生活、社会保障等问题的研究向更为深层的价值观问题的研究拓展。因此,各界也需要关注农民工的价值世界,进一步加强农民工价值观问题的研究。

在农民工价值观的研究中,我们总结一下,有这么几个方面值得引起重视:

第一,农民工的价值观集中体现了当前我国转型期各种价值观的激烈争斗与交锋,必须重视农民工正确价值观的塑造,同时,农民工正确价值观的塑造是个长期任务,需要长抓不懈。农民工这一群体是与我国当前社会处于"社会过渡期"相适应的"过渡人",是社会过渡与农民工这一社会群体自身由"农"向"工"过渡的集合。在"社会过渡"与农民工自身过渡这样一种"双重过渡"的背景下,各种价值观的冲突与农民工自身过渡所产生的角色、价值观的冲突交织在一起,使这种争夺与交锋显得异常的激烈,当前我国转型期各种价值观的激烈争夺与交锋在农民工这一群体上集中地体现了出来。

并且,我们从传统农业社会向现代工业社会过渡,农民工从"农"向"工"过渡,不是一朝一夕就能完成的,这是一个漫长而艰巨的过程。在这个过程中,各种价值观的激烈争斗与交锋的局面将会伴随着我国转型期而长期存

6 结　语

在，我们对于农民工正确价值观的塑造工作也就不可能一蹴而就，而是需要长抓不懈。

第二，农民工价值观整体上来说是积极向上的，但也存在一些不容忽视的问题。例如，在政治价值观上，一些农民工出现政治信仰淡化倾向，在人际交往中表现出了一定的自我阶层定位现象，以及宗教信仰比例较高等问题，特别是少数党员农民工也信奉宗教，甚至于一些人还参与封建迷信活动，对于这些问题必须引起我们的重视。我们对于这些问题也提出了一些应对性的策略，同时也需要各界的关注，共同探讨与应对这些问题。

第三，农民工群体内部相关变量因素对于农民工的价值观有着十分重大的影响，年龄、性别、文化程度、政治面貌等不同的农民工在价值观上存在巨大差异。这就要求我们在农民工价值观的塑造中，要注意采用分层教育法，来开展农民工的价值观塑造活动，而不能什么都搞一刀切，对于所有的农民工都是一样的要求，一样的内容与方式，要依据农民工不同年龄、性别、文化程度、政治面貌等的不同特点，采取有针对性的教育方法，内容上也要有所侧重，要求上也应有所不同。例如，对于普通农民工与党员农民工，我们对于党员农民工便会有更高的要求。只有这样，才能更好地增强农民工价值观塑造的针对性与实效性。

第四，农民工价值观的状况是各种因素综合作用的结果，既包括我国社会处于转型期、当今世界的全球化与信息化趋势等因素，也包括国家相关政策、家庭、乡村文化、人际关系等因素，还包括农民工群体自身因素的影响。因此，农民工价值观的塑造就需要全员动员，而不只是哪一个部门、单位或者是哪一个群体的事情，它是一项复杂的系统工程，需要各方面通力合作，相互配合，形成合力，并努力探索各种行之有效的实施办法，来共同应对各种因素、形势对于农民工价值观的影响，这样农民工价值观的塑造工作才能取得好的效果。

对于农民工价值观，总体来说，随着我国社会由从传统农业社会向现代工业社会、从计划经济向市场经济过渡，他们也逐渐抛弃旧的、落后的价值观，现代的、正确的价值观开始日渐深入人心，他们在价值观上终将逐渐由"农"向"工"靠拢，这是农民工价值观的未来发展的必然趋势，也是社会历史发展的必然要求。

参考文献

A. 经典文献类

［1］ 马克思恩格斯全集（第1、2、3、39、42卷）［M］. 北京：人民出版社，1979.

［2］ 马克思恩格斯选集（第1～4卷）［M］. 北京：人民出版社，1995.

［3］ 列宁全集（第55卷）［M］. 北京：人民出版社，1990.

［4］ 列宁选集（第4卷）［M］. 北京：人民出版社，1972.

［5］ 斯大林选集［M］. 北京：人民出版社，1979.

［6］ 毛泽东选集（第1～4卷）［M］. 北京：人民出版社，1991.

［7］ 毛泽东文集（第8卷）［M］. 北京：人民出版社，1999：139.

［8］ 邓小平文选（第1～3卷）［M］. 北京：人民出版社，1993－1994.

［9］ 江泽民文选（第1～3卷）［M］. 北京：人民出版社，2006.

［10］ 中共中央文献研究室. 毛泽东邓小平江泽民论世界观人生观价值观［M］. 北京：人民出版社，1997.

［11］ 中央宣传部. 毛泽东邓小平江泽民论思想政治教育［M］. 北京：学习出版社，2000.

［12］ 中共中央马恩列斯著作编译局马列部等. 马克思主义经典著作选读［M］. 北京：人民出版社，2004.

B. 著作类

［1］ 袁贵仁. 新世纪中国共产党的价值观［M］. 北京：人民出版社，2003.

［2］ 袁贵仁. 价值观的理论与实践［M］. 北京：北京师范大学出版社，2006.

［3］ 李德顺. 价值论（第2版）［M］. 北京：中国人民大学出版社，2006.

［4］ 吴鲁平. 后现代化理论视野下的青年价值观研究［M］. 北京：社会科学文献出版社，2013.

［5］ 刘应杰. 中国城乡关系与中国农民工人［M］. 北京：中国社会科学出版社，2000.

［6］ 陈章龙. 论主导价值观［M］. 南京：江苏人民出版社，2006.

［7］ 陈章龙. 价值观研究［M］. 南京：南京师范大学出版社，2004.

［8］ 赵孟营. 跨入现代之门：当代中国的社会价值观报告［M］. 北京：北京师范大学出版社，2008.

[9] 改革开放以来思想政治工作大事记［M］．北京：中国人民大学出版社，2007．

[10] 沈立人．中国农民工［M］．北京：民主与建设出版社，2005．

[11] 仓道来．中西方价值观的冲撞与交融［M］．石家庄：河北人民出版社，2001．

[12] 叶松龄．当代未成年价值观的演变与教育［M］．合肥：安徽人民出版社，2007．

[13] 车铭洲．现代西方思潮概论［M］．北京：高等教育出版社，2001．

[14] 费孝通．乡土中国·生育制度［M］．北京：北京大学出版社，1998．

[15] 陈安民．中国农民工——现实与历史的思考［M］．北京：华龄出版社，2006．

[16] 郑永廷．人的现代化理论与实践［M］．北京：人民出版社，2006．

[17] 石海兵．青年价值观教育研究［M］．合肥：安徽人民出版社，2007．

[18] 程新征．中国农民工若干问题研究［M］．北京：中央编译出版社，2007．

[19] 黄希庭．当代青年价值观与教育［M］．成都：四川教育出版社，1994．

[20] 龚海泉，万美容，梅萍．当代公民道德教育［M］．北京：中央文献出版社，2000．

[21] 詹万生，刘庆龙．时代的脉搏——当代大学生价值观演变的轨迹［M］．郑州：河南人民出版社，1997．

[22] 黄向阳．德育原理［M］．上海：华东师范大学出版社，2000．

[23] 黄凯锋．当代中国价值观研究新取向［M］．上海：学林出版社，2007．

[24] 邱吉，王易，王伟玮．当代中国青年价值观变迁研究［M］．北京：人民出版社，2012．

[25] 叶南客．中国人的现代化［M］．南京：南京出版社，1998．

[26] 田秀云．社会道德与个体道德［M］．北京：人民出版社，2004．

[27] 陆学艺．当代中国社会流动［M］．北京：社会科学文献出版社，2004．

[28] 邱伟光，张耀灿．思想政治教育学原理［M］．北京：高等教育出版社，1999．

[29] 江畅，戴茂堂．西方价值观念与当代中国［M］．武汉：湖北人民出版社，1997．

[30] 金耀基．从传统到现代［M］．北京：中国人民大学出版社，1999．

[31] 司马云杰．文化价值论［M］．西安：陕西人民出版社，2003．

[32] 兰久富．社会转型时期的价值观念［M］．北京：北京师范大学出版社，1999．

[33] 阴国恩．非智力因素及其培养［M］．杭州：浙江人民出版社，1996．

[34] 许苏民．文化哲学［M］．上海：上海人民出版社，1990．

[35] 鲁迅全集（第6~8卷）［M］．北京：人民文学出版社，1981．

[36] 林斐．中国农民大分流［M］．合肥：黄山书社，2008．

[37] 高兆明．幸福论［M］．北京：中国青年出版社，2001．

[38] 高兆明．存在与自由：伦理学引论［M］．南京：南京师范大学出版社，2004．

[39] 张书琛．体制转轨时期珠江三角洲人的价值观［M］．北京：人民出版社，2002．

[40] 石岩，吕妍．农民工问题研究［M］．哈尔滨：黑龙江人民出版社，2007．

[41] 爱因斯坦文集（第三卷）［M］．北京：商务印书馆，1979．

[42] 骆郁延. 精神动力论 [M]. 武汉: 武汉大学出版社, 2003.

[43] 刘放桐. 新编现代西方哲学 [M]. 北京: 人民出版社, 2000.

[44] 王亚南. 中国官僚政治研究 [M]. 北京: 中国社会科学出版社, 1981.

[45] 王岳川. 后现代主义文化研究 [M]. 北京: 北京大学出版社, 1992.

[46] 郑素侠. 媒介化社会中的农民工: 利益表达与媒介素养教育 [M]. 北京: 中国社会科学出版社, 2013.

[47] 刘祖云. 从传统到现代——当代中国社会转型研究 [M]. 武汉: 湖北人民出版社, 2000.

[48] 刘济良. 青少年价值观教育研究 [M]. 广州: 广东教育出版社, 2003.

[49] 刘济良. 价值观教育 [M]. 北京: 教育科学出版社, 2007.

[50] 黄凯锋. 审美价值论 [M]. 昆明: 云南人民出版社, 2005.

[51] 韩震. 社会主义核心价值观五讲 [M]. 北京: 人民出版社, 2012.

[52] 孟建伟. 论科学的人文价值 [M]. 北京: 中国社会科学出版社, 2000.

[53] 宋希仁. 西方伦理思想史 [M]. 北京: 中国人民大学出版社, 2004.

[54] 孙津. 中国农民与中国现代化 [M]. 北京: 中国编译出版社, 2004.

[55] 汤泽林. 观念的变革——传统人意识到现代人意识 [M]. 北京: 职工教育出版社, 1989.

[56] 王智慧. 价值与体验 [M]. 桂林: 广西师范大学出版社, 2008.

[57] 万俊人. 现代西方伦理学史（上下卷）[M]. 北京: 北京大学出版社, 1990.

[58] 顾海良, 梅荣政. 马克思主义发展史 [M]. 武汉: 武汉大学出版社, 2006.

[59] 王德军. 生存价值观探析 [M]. 北京: 社会科学文献出版社, 2008.

[60] 张德. 组织行为学 [M]. 北京: 清华大学出版社, 2005.

[61] 王易. 当代大学生价值观调查报告 [M]. 北京: 中央党史出版社, 2008.

[62] 王玉梁. 21世纪价值哲学: 从自发到自觉 [M]. 北京: 人民出版社, 2006.

[63] 罗丹. 罗丹艺术论 [M]. 沈琪, 译. 北京: 人民美术出版社, 1978.

[64] 文军. 西方社会学理论: 经典传统与现代转向 [M]. 上海: 上海人民出版社, 2006.

[65] 吴向东. 重构现代性——社会主义价值观研究 [M]. 北京: 北京师范大学出版社, 2006.

[66] 刘祖云. 从传统到现代: 当代中国社会转型研究 [M]. 武汉: 湖北人民出版社, 2000.

[67] 杜维明. 人性与自我修养 [M]. 北京: 中国和平出版社, 1988.

[68] 吴亚林. 价值与教育 [M]. 北京: 北京师范大学出版社, 2009.

[69] 张澍军. 德育哲学引论 [M]. 北京: 人民出版社, 2002.

[70] 薛晓明. 转型时期的弱势群体问题 [M]. 北京: 中国经济出版社, 2005.

[71] 谢建社. 新产业工人阶级: 社会转型中的"农民工" [M]. 北京: 社会科学文献出

版社，2005.

[72] 杨德广. 中国当代大学生价值观研究［M］. 上海：上海教育出版社，1997.

[73] 杨国荣. 理性与价值［M］. 上海：上海三联书店，1998.

[74] 杨国荣. 现代化过程中的人文向度［M］. 上海：上海古籍出版社，2006.

[75] 严书翰. 中国城市化进程［M］. 北京：水利水电出版社，2006.

[76] 檀传宝. 大众传媒的价值影响与青少年德育［M］. 福州：福建教育出版社，2005.

[77] 俞可平，王卫平. 全球化的悖论［M］. 北京：中央编译出版社，1998.

[78] 俞吾金. 寻找新的价值坐标——世纪之交的哲学文化反思［M］. 上海：复旦大学出版社，1995.

[79] 张岱年. 文化与价值［M］. 北京：新华出版社，2004.

[80] 赵敦华. 西方哲学简史［M］. 北京：北京大学出版社，2001.

[81] 宋国恺. 农民工体制改革：以自雇佣的个体农民工城市社会融合为视角［M］. 北京：社会科学文献出版社，2014.

[82] 竹立家. 道德价值论［M］. 北京：中国人民出版社，1998.

[83] 王颖. 中国民工潮：关于打工族生存状况的调查报告［M］. 北京：长征出版社，2005.

[84] ［苏］B. A. 苏霍姆林斯基. 怎样培养真正的人［M］. 蔡汀，译. 北京：教育科学出版社，1992.

[85] ［英］戴维·赫尔德. 民主的模式［M］. 上海：上海译文出版社，1987.

[86] ［美］阿历克斯·英格尔斯等. 人的现代化［M］. 成都：四川人民出版社，1985.

[87] ［美］杜威. 新旧个人主义——杜威文选［M］. 上海：上海社会科学出版社，1997.

[88] ［美］罗伯特·K. 默顿. 社会理论与社会结构［M］. 南京：译林出版社，2006.

[89] ［美］内尔·诺丁斯. 学会关怀——教育的另一种模式［M］. 于天龙，译. 北京：教育科学出版社，2003.

[90] ［美］马斯洛. 人的潜能与价值［M］. 北京：华夏出版社，1987.

[91] ［美］乔纳森·H. 特纳. 社会学理论的结构［M］. 北京：华夏出版社，2006.

[92] ［美］埃弗里·M. 罗吉斯，拉伯尔·J. 伯拉格. 乡村社会变迁［M］. 杭州：浙江人民出版社，1988.

[93] ［法］埃米尔·涂尔干. 社会分工论［M］. 北京：生活·读书·新知 三联书店，2000.

[94] ［德］哈贝马斯. 公共领域的结构转型［M］. 上海：学林出版社，1999.

[95] ［德］鲁道夫·奥伊肯. 生活的意义与价值［M］. 上海：上海译文出版社，1997.

[96] ［德］舍勒. 价值的颠覆［M］. 北京：生活·读书·新知三联书店，1997.

[97] M. H. Bond. The hand book of Chinese psychology［M］. Hong Kong：O xford University Press，1996.

[98] Sarah Cook and Margaret Maurer – Fazio. The Workers' State Meets the Market：Labour in china's Transition ［M］. London：Frank Cass, 1999.

[99] N. Rescher. Introduction to Value Theory ［M］. Englewood Cliffs, N. J.：Prentice – Hall, 1969.

[100] Seyla Benhabib. Situating Lhe Sell ［M］. Polity Press, 1992.

[101] Coleman, J. S. Foundation of Social Theory ［M］. Cambridge：Harvard University Press, 1990.

[102] Steven M. Cahn, Peter Markie. Ethics：history, theory, and contemporary issues ［M］. New York：Oxford University press, Inc., 1998.

[103] RiChard Norman. Free and Equal：A Philosophical Examination of Political Values ［M］. New York：Oxford University Press, 1987.

[104] Berry, J. W., Pooringa, Y. Cross – cultural Psychology：Researchand Applications ［M］. Camblige University Press, 1992.

[105] Harrison, D. The Sociology of Modernization and Development ［M］. London：Unwin Hyman, Ltd., 1988.

C. 论文类

[1] 陈成文. 社会学视野中的社会弱者［J］. 湖南师范大学社会科学学报, 1999（2）：12 – 16.

[2] 傅慧芳. 青年农民工价值观的矛盾透析［J］. 福建师范大学学报（哲学社会科学版）, 2006（2）：44 – 49.

[3] 何虎生. 中国化马克思主义宗教价值观研究［J］. 宗教学研究, 2007（1）：134 – 140.

[4] 彭金平. 让社会主义核心价值体系在基层落地［J］. 思想政治工作研究, 2012（1）.

[5] 傅守祥. 全球化挑战下的中国文化现代化［J］. 内蒙古社会科学（汉文版）, 2004（2）：1 – 6.

[6] 郭冬梅, 康红波. 提升农民工社会主义核心价值观的思考［J］. 实践, 2008（10）：19 – 20.

[7] 韩丽丽. 大学生急需补上"诚信"课［J］. 思想政治工作研究, 2004（2）.

[8] 郝宏桂. "文化价值"重建与新加坡的现代化［J］. 学术论坛, 2006（6）：167 – 171.

[9] 郝琦. 毛泽东邓小平社会价值观之比较［J］. 延安大学学报（社会科学版）, 2006（1）：33 – 36.

[10] 何瑞鑫, 傅慧芳. 新生代农民工的价值观变迁［J］. 中国青年研究, 2006（4）：10 – 12.

[11] 锐生. 论人的全面发展：历史与现实［J］. 马克思主义研究, 2001（6）.

[12] 谭明，方翰青. 新生代农民工职业价值观调查研究［J］. 教育与职业，2013（3）：166-168.

[13] 贾英健. 多样价值观态势与主导价值观的确立［J］. 山东社会科学，2002（1）.

[14] 刘翠. 文化现代化转型的基本原则［J］. 学术交流，2003（6）：113-117.

[15] 刘建荣. 社会转型时期农民价值观念的冲突［J］. 湖南师范大学社会科学学报，2005（3）：28-31.

[16] 庞卫国. 价值多元与主导价值观［J］. 求索，2003（1）.

[17] 金盛华，辛志勇. 中国人价值观研究的现状及发展趋势［J］. 北京师范大学学报（社会科学版），2003（3）.

[18] 鲜开林，刘晓亮. 新生代农民工的精神生活问题研究［J］. 2011（1）：81-89.

[19] 秦维宪. 苏联社会价值观演变的历史教训［J］. 浙江社会科学，2001（4）：154-158.

[20] 秦永州. 传统农民价值观念的内省［J］. 中国农村观察，2002（5）：55-60.

[21] 盛春晖. 新时期主导价值观教育的内容［J］. 教育研究，2003（1）：83-84.

[22] 纪亚光. 新生代农民工价值观的困惑［J］. 探索与争鸣，2013（9）：21-22.

[23] 杨鲁慧. 论马克思主义主体价值观本质［J］. 社会主义研究，2007（4）：1-5.

[24] 田珍. 农民群体分化与农民工市民化［J］. 宁夏社会科学，2009（5）：66-70.

[25] 王伯军. 美国社会价值观的再解读［J］. 探索与争鸣，2002（7）：38-41.

[26] 王桂芬. 以科学发展观构建转型期公民社会价值观［J］. 安徽大学学报（哲学社会科学版），2005（1）：44-46.

[27] 曹锐. 新生代农民工婚恋模式初探［J］. 南方人口，2010（5）：53-59.

[28] 袁久红等. 社会主义核心价值观与"中国精神"的新生［J］. 东南大学学报（哲学社会科学版），2013（3）.

[29] 刘志明. 论大学生价值观念的现代化［J］. 思想教育研究，2001（3）：31.

[30] 王义芳，李伦. 农民价值观念变迁与新农村社会价值规范建设——以湖北农民和湖北农村为例［J］. 道德与文明，2008（3）：13-16.

[31] 吴宝善. 农民工的心理特征与思想政治教育［J］. 经济与社会发展，2006（12）：37-39.

[32] 陈昌兴，李俊奎. 培养和造就高素质创新型人才［J］. 现代教育科学（高教研究），2010（2）：114.

[33] 吴碧君. 价值观对农民收入影响的实证研究——以四川简阳与新都为例［J］. 云南行政学院学报，2004（1）：111-114.

[34] 吴业苗. 农民工市民化的观念障碍与调适［J］. 理论与改革，2008（1）：49-53.

[35] 辛志勇，金盛华. 新时期大学生价值取向与价值观教育［J］. 教育研究，2005（10）：22-24.

[36] 邢华. 新形势下农民工思想政治教育现状及对策思考［J］. 中国成人教育，2007

(7): 189-190.

[37] 徐贵权. 改革开放以来中国社会价值观变化之研究透视 [J]. 毛泽东邓小平理论研究, 2007 (6): 22-28.

[38] 于海. 价值观和多元化与道德教育的多层次 [J]. 复旦教育论坛, 2005 (3): 14.

[39] 于伟, 张力跃, 李伯玲. 我国农村职业教育发展困境与对策 [J]. 东北师范大学学报 (哲学社会科学版), 2006 (4): 124.

[40] 张铁山. 科学的社会价值观问题研究 [J]. 学术研究, 2006 (2): 41-45.

[41] 史娜. 当代我国社会经济价值观嬗变的报告 [J]. 河南大学学报 (社会科学版), 2010 (3): 81-85.

[42] 朴金波. 现代化的实现与价值观的转变 [J]. 社会科学战线, 2000 (6): 77-81.

[43] 如斌, 徐荣祥. 外出流动对农村青年生活方式的影响——以C村若干青年农民为例 [J]. 青年研究, 2003 (11): 4-10.

[44] 周莉. 国内经济价值观研究述评 [J]. 理论月刊, 2005 (12).

[45] 张泉. 农民工的身份焦虑: 两种文明的冲突 [J]. 探索与争鸣, 2013 (9): 22-24.

[46] 李志军, 邓鹏. 从文化冲突对青年学生信仰的影响看信仰教育 [J]. 毛泽东邓小平理论研究, 2010 (9): 48-52.

[47] 张军. 中国经济的改革和发展: 价值观的影响 [J]. 江苏社会科学, 2004 (3): 1-4.

[48] 赵永萍, 张进辅. 青少年审美价值观调查与分析 [J]. 西南师范大学学报 (人文社会科学版), 2004 (5): 31-35.

[49] 刘程, 黄春桥. 流动: 农村家庭消费观念现代化的动力——基于中西部五省的实证研究 [J]. 社会, 2008, 28 (1): 118—225.

[50] 戈玲. 试析当代青年价值观念变化对其政治倾向形成的影响 [J]. 中国青年政治学院学报, 2000 (2): 10-15.

[51] 陈明. 论农民公民意识教育对新农村文化建设的贡献 [J]. 2010 (2): 105-109.

[52] 李德顺. 21世纪人类思维方式的变革趋势 [J]. 社会科学辑刊, 2003 (1).

[53] 罗石. 转型期理想、信念、信仰弱化现象分析 [J]. 理论探索, 2004 (1): 16-18.

[54] 彭绪琴. 遵循理想信念生成规律 开展理想信念教育 [J]. 高校理论战线, 2007 (7).

[55] 单培勇. 马克思主义人学中的人的素质思想探析 [J]. 河南师范大学学报 (哲学社会科学版), 2010 (3): 9-11.

[56] 张庆黎. 善行河北——社会主义核心价值体系建设的河北实践 [J]. 求是, 2012 (24).

[57] 赵岚. 新生代农民工的教育价值观及其对子女教育的影响 [J]. 东北师范大学学报 (哲学社会科学版), 2007 (6).

[58] 曾长秋, 杨增崇. 城市农民工的困境与思想政治教育的定位 [J]. 中州学刊, 2006

（2）：90 – 93.

[59] 徐道稳. 论我国社会救助制度的价值转变和价值建设［J］. 社会科学辑刊，2001（4）：62.

[60] 张荆. 当代青年的道德价值观［J］. 青年研究，1990（Z1）：2 – 8.

[61] 郑钢. 当前青少年价值观的研究及其发展趋势［J］. 心理学动态，1996（1）.

[62] 谢敏. 农民工非正规就业影响因素分析［D］. 华中科技大学，2006.

[63] 江畅. 培育和践行社会主义核心价值观与中国价值观构建［N］. 中国社会科学报，2014 – 1 – 13.

[64] 张贺. 让社会主义核心价值观成为全社会共识［N］. 光明日报，2014 – 1 – 22.

[65] 黄蓉芳. 老一代农民工辛苦都为家人 新生代农民工流汗多为自己［N］. 广州日报，2009 – 10 – 7.

[66] 周锦尉. 新理念、新要求、新任务［N］. 解放日报，2007 – 11 – 05.

[67] Laczko, Frank（ed.），2003, Understanding Migration Between China and Europe, International［J］. Migration, Vol. 41, Special issue.

[68] Gilligan. C. In a Different Voice：Psychological Theory and Woman's Development［J］. Cambridge, Mass, Harvard University Press, 1982.

[69] Yaohui, Zhao. The Role of Mirant Networks in Labor Migrant：The Case of China［J］. Contemporary Economic Policy, 2003（4）：500 – 511.

[70] Cody S. Ding. Applications of multidimensional scaling profile analysis in developmental research：An example using adolescent irritability patterns［J］. International Journal of Behavioral Development；2005, 29（3）：185 – 196.

[71] Lin, Nan. Building a Network Theory of Social Capital［J］. Connection, 1999, 22（1）：28 – 51.

[72] V. S. Shen. A comparison of the personal values of Chinese and Americans. Dissertation Abst racts – International：Sect ion – B：The – Sciences – and – Engineering［J］. 1995, Nov; Vol. 56（5 – B）.

[73] Todaro, M. P. A Model of Labor Migration and Urban Unemployment in Less Developed Countries［J］. American Economic Review, 1969, 59（1）：105 – 133.

附　录

调查问卷：

一、基本情况（在□里打"√"）

您的性别：□男　□女　籍贯：_____省（自治区、直辖市）_____县（市、区）

您参加党派组织情况：

□群众　□中共党员　□民主党派　□共青团员

您目前的婚姻状况：

□已婚　□未婚　□离异　□丧偶　□同居

文化程度：

□小学及以下　□初中　□高中及以上

您出生于：

□1970年前　□1970–1979年

□1980–1989年　□1990–1999年

您外出打工多少年了？

□不到1年　□1~4年　□5~9年　□10年以上

您的月收入状况：

□1000元以下　□1001~2000元

□2001~3000元　□3000元以上

您现在从事哪方面的工作：

□技术工人　□建筑工人　□生产工人　□个体从业人员

□服务员　□一般职员、办事员　□专业技术人员

□家政服务　□管理人员　□清洁工人

□保安人员　□销售员、售货员　□交通运输

□其他职业____　□失业

二、以下观点您是否赞同，请选择您的看法（打"√"）

	非常赞同	比较赞同	说不清楚	不太赞同	不赞同
做事情跟着感觉走					
有钱能搞定一切					
人生就是一场游戏，不必太认真，玩玩就行					
生死有命，富贵在天					
金窝银窝不如自己的草窝					
知足常乐					
多子多福					
民不与官斗					
用明天的钱圆今天的梦					
"男主外，女主内"的家庭模式					

三、请选择一个您赞同的答案，将其填在题号前面的（　　）里。

（　　）1. 您现在觉得最苦恼的问题是：

A. 孤独、空虚，不被理解　　　B. 孩子教育问题

C. 收入问题　　　　　　　　　D. 住宿和饮食问题

E. 家庭分居　　　　　　　　　F. 自己事业发展前景

G. 医疗保障问题　　　　　　　H. 生活开支大

I. 其他

（　　）2. 对于参加农村或者工会组织的选举，您的态度是：

A. 会参加，但觉得自己这一票也起不到什么作用

B. 积极参加选举，认真行使这一权利

C. 没什么意义，参不参加无所谓

（　　）3. 您是否关注每年"两会"（全国人民代表大会和政协全国委员会）这些重大时政热点问题：

A. 关注了也没多大帮助

B. 听说过，但不清楚怎么回事

C. 很关心，很多问题都关涉到自己，了解后对自己有很大帮助

D. 不知道

（　　）4. 在打工的地方是否急需一定的组织或机构来代表和维护外来务工人员的利益？

A. 也许有了这些组织或机构也不一定能维护我们的利益，但有总比没有好

B. 非常需要这样的组织或机构来替我们说话

C. 无所谓，反正成立了也是摆设

（ ）5. 您觉得现在的国家政策：

A. 政策很不错，但有一些贯彻落实得不是很好，有待进一步加强执行力度

B. 越来越完善了，自己的利益也受到了越来越好的保护

C. 没有用，不能解决实际问题

D. 不了解，说不清楚

（ ）6. 您觉得影响一个人贫富的最主要因素是：

A. 家庭出身　　　　　　　　B. 学历

C. 能力　　　　　　　　　　D. 机遇

E. 勤劳还是懒惰　　　　　　F. 其他

（ ）7. 您如果碰到拖欠工资等权益受到侵害或者自己无法解决的困难时最先想到找谁帮忙？

A. 找老乡　　　　　　　　　B. 找同学、好友

C. 找工头、老板、上司　　　D. 社会、媒体

E. 找一起打工的同事　　　　F. 相关服务部门或政府机构

G. 其他

（ ）8. 对于抗震救灾捐款，您会捐款吗？

A. 想捐，但自己也没多少钱，心有余而力不足

B. 不会捐，自己也是需要关注的弱势一方，自己还管不过来呢

C. 会捐，量力而行，表达自己的一点心意

D. 会捐，尽自己的最大努力

（ ）9. 看到踩草坪、随意吐痰、破坏公物等行为，您会：

A. 虽然知道这样也不好，但如果别人也做了，而且比较方便，自己也就跟着做了

B. 觉得这是非常不道德的行为，应该受到谴责

C. 看到特别过分的行为，会上去制止

D. 觉得这些都很正常，做了就做了

E. 这些跟我没关系，不想管

（　　）10. 对于请求帮助的陌生人，您的态度是：

A. 多一事不如少一事，以免给自己带来不必要的麻烦

B. 人心难测，以防被骗

C. 先弄清情况，看看事情是否麻烦，举手之劳就帮一下，如果比较麻烦就算了

D. 会尽量去帮助他

E. 看看是否真的需要帮忙，在确信需要帮忙时会帮忙

（　　）11. 您大概有多少当地（台州本地人）的好朋友？

A. 几乎没有　　　　　　　　B. 不多，5 人以内

C. 6~10 人　　　　　　　　　D. 10 人以上

（　　）12. 对于竞争，您比较赞同以下哪个看法：

A. 没有竞争，人们会变得松懈，参与竞争会使人积极向上

B. 竞争会使人们为了取胜而不择手段，导致道德滑坡

C. 人与人之间会因为有竞争而导致人际关系紧张，使人与人之间缺少人情味

D. 不清楚怎么一回事

（　　）13. 如果您有结余的钱，您会：

A. 存起来，以后养老、看病用

B. 存起来，买房和车

C. 存起来，结婚或给子女结婚用

D. 想办法把钱用于投资，以赚更多的钱

E. 用掉

（　　）14. 您觉得家庭生活的主要困扰在于：

A. 子女问题　　　　　　　　B. 经济收入问题

C. 老人没人照顾　　　　　　D. 不能过正常的性生活

E. 理解信任问题　　　　　　F. 家庭地位问题

G. 感情问题　　　　　　　　H. 健康问题

I. 其他

（　　）15. 您认为以下哪个品质是家庭生活中最迫切需要的：

A. 信任　　　　　　　　　　B. 责任

C. 关爱　　　　　　　　　　D. 牵挂

E. 温暖　　　　　　　　　　F. 孝顺

G. 其他

（　　）16. 你觉得哪类影视节目最好看？

A. 有思想、有见解、有哲理的节目　　B. 好看的武打动作片

C. 休闲娱乐方面的节目　　D. 新闻时政类节目

E. 饮食、健康等生活类节目　　F. 考古、探索宇宙奥秘这类的节目

G. 经济财经类节目　　H. 体育类节目

I. 科学文化类节目　　J. 与自己所从事的工作有关的节目

（　　）17. 您是否阅读过佛经、《圣经》、《古兰经》、道经等宗教经典或者其他有关宗教的书籍？

A. 基本上不阅读　　B. 经常阅读

C. 有时阅读

（　　）18. 对于马克思主义理论您是否了解？

A. 很了解　　B. 基本了解

C. 了解一点　　D. 不了解

（　　）19. 对于马克思主义理论，您觉得：

A. 不了解，没法说

B. 跟我实际生活没多大关联，或者在当今社会已经不大适用了

C. 在当前还是比较适用、有一些指导意义的

D. 在当前还是很适用、有很大指导意义的

（　　）20. 您是否有宗教信仰？有的话请选择信仰什么教，没有就选择H. 无宗教信仰。

A. 佛教　　B. 基督教

C. 天主教　　D. 伊斯兰教

E. 道教　　F. 其他教

G. 不论对佛教、基督教有时都信，不论鬼神上帝、菩萨圣母都可叩拜

H. 无宗教信仰

（　　）21. 如果有宗教信仰，请选择最主要的信教原因：

A. 受家庭环境的影响

B. 受他人和社会的影响

C. 为消灾免祸，祈求全家人顺畅、发达，出门在外能平安，发展顺利

D. "佛""主"是倾诉隐私的最佳对象，可以排忧解闷，摆脱孤独的生活和心理

E. 因为崇拜神、赞美神，它是那样的伟大、永恒与圣洁

F. 为获得精神上的慰藉和心理上的平衡

G. 很多东西现实社会也不能给出合理的解释，宗教很多东西说得很有道理

H. 其他

（　　）22. 您是否有过看相、算命、卜卦、抽签、看风水？

A. 经常去　　　　　　B. 偶尔去过几次　　　　　C. 没有过

（　　）23. 您看相、算命、卜卦、抽签、看风水最主要的原因是：

A. 消灾祈福

B. 现在这个很流行，很多人去，我也去

C. 有时觉得对自己不了解，感觉无助与困惑，想多了解下自己命相这些，知道接下来怎么做更好

D. 很多说法灵验得很，不得不让人信服啊

E. 很好奇，觉得有些挺有趣的，可以娱乐下

F. 亲朋好友或其他人让我去，我就去了

（　　）24. 您认为看相、算命、卜卦、抽签、看风水和宗教是怎么样的关系？

A. 这些就是宗教信仰活动　　　　　B. 总的来说和宗教信仰差不多

C. 还是有很大不同的　　　　　　　D. 说不清楚

（　　）25. 你是否上网？

A. 基本没有　　　　　　B. 有，但很少　　　　　C. 经常上网

（　　）26. 您上网主要是为了：

A. 交友、聊天这些

B. 打打游戏、看看电影、听听音乐

C. 学习各种知识和技能

D. 浏览各类网页，什么都看，像一些时政新闻、文化风俗习惯、小道消息、奇闻异事、小说

E. 获取信息，了解就业、政策，以及其他有关自身的信息

F. 其他

（　　）27. 您对自己在今后的发展中可能会遇哪些困难、风险与危机是否有所考虑？

A. 眼前的很多事情都忙不过来，未来的这些事情不想去思考

B. 现在这个社会变化太快、太复杂，将来这些东西不好把握，现在思考太多也没有什么意义，遇到了再说

C. 对自己将来可能会遇到的一些大的困难、风险与危机还是有所思考的，对于有些担心会出现的困难与风险已经在积极的防备，努力加以化解

（　　）28. 对于您打工所在地，您觉得自己是：

A. 其中一员，想办法长期在这边生活

B. 不属于这边，迟早要回去的

C. 不想回去，但感到想长期住下来也很困难

D. 说不清楚

（　　）29. 您认为自己现在是：

A. 农民　　　　　　　　　　B. 工人

C. 其他　　　　　　　　　　D. 说不清楚

（　　）30. 您觉得出来务工之后，在人际关系处理、工作技术能力、对各类问题的认识、理解与应变能力是否有提高？

A. 还是老样子

B. 很明显，现在各方面能力都有了很大的提高

C. 在一些方面有进步

D. 说不清楚

（　　）31. 如果能力有提高主要是哪方面请选择一下：

A. 人际关系处理　　　　　　B. 工作技术能力

C. 对各类问题的认识与理解　D. 应变能力

E. 其他

（　　）32. 来这边务工，在这样一个全新的环境中工作、生活，您觉得自己：

A. 不适应，但还是原来怎么生活现在也怎么生活，没必要为适应这边而改变

B. 一开始不适应，但慢慢的就适应在新环境中工作与生活了

C. 虽然努力去适应，但是还是适应不了，很烦恼

D. 很适应，这边的工作与生活环境很适合我

（　　）33. 您对当地居民（指台州人）的态度是：

A. 会积极和他们交往，处理好跟他们的关系

B. 各管各的，井水不犯河水

C. 一般不愿和他们多打交道

D. 其他

（　　）34. 您对于当地（台州）的政治、经济、文化、风土人情各方面了解得如何？

A. 基本了解　　　　　　　　　　B. 很了解

C. 不了解

（　　）35. 您最佩服当地（台州）什么？

A. 经济发达　　　　　　　　　　B. 群众生活富裕

C. 当地人的价值观念、创新意识与精神勇气

D. 历史文化　　　　　　　　　　E. 政治文明

F. 城市建设　　　　　　　　　　G. 教育、医疗等社会事业发展

H. 其他

（　　）36. 您最敬佩什么人？

A. 科学家　　　　　　　　　　　B. 教师

C. 政治家　　　　　　　　　　　D. 著名演员或歌星

E. 专家学者　　　　　　　　　　F. 英雄模范

G. 成功企业家　　　　　　　　　H. 成功商人

I. 思想家　　　　　　　　　　　J. 医生

K. 工人　　　　　　　　　　　　L. 农民

M. 其他

（　　）37. 如果在台州没有找到合适的工作，您会：

A. 不知道怎么办才好

B. 会继续留在这边，随便找些活先干

C. 会继续留在这边，直到找到合适的工作

D. 回去，种种庄稼

E. 回去，不想种庄稼了，也不知道干什么

F. 回去，创业

（　　）38. 您为什么外出务工？

A. 跟着家人出来务工

B. 跟着老乡、朋友外出务工

C. 看别人出来赚钱了，我也出来务工

D. 村里年轻人都出来务工了，我也就出来务工

E. 反正务农没前途，出来再说

F. 出来见见世面，增长见识

G. 为寻求更大的发展空间

H. 农村太落后，希望到城市生活

I. 城市收入高，挣钱机会多

J. 待在家里没事干

（   ）39. 您外出务工时对于可能会碰到的就业困难、子女教育、拖欠工资、生产安全、权益保障等问题是否有过思考？

A. 当时没考虑这么多

B. 大多数问题都经过了比较细致的考虑

C. 只考虑过当时面临的一些主要问题

（   ）40. 如果碰到以上就业困难、子女教育、拖欠工资、生产安全、权益得不到保障等问题时您会：

A. 非常愤怒，对当前社会不满或想要发泄一下

B. 难以接受，找相关机构或负责人理论

C. 接受事实，寻求合理的解决方案

D. 默默承受，自认倒霉

（   ）41. 对于婚前性行为、有婚外情人，您的看法是：

A. 在当前社会很常见，很正常

B. 这些都是别人的私事，跟旁人无关

C. 很羡慕

D. 这样是不对的，应当要受到批评与谴责

E. 这个很难说，需要具体情况具体分析

F. 说不清楚

（   ）42. 如果相关部门、企业业余时间组织有关外来务工人员的法律、法规的学习、培训，您会：

A. 不参与，没有时间

B. 参不参与无所谓，只要不做违法的事情就可以了

C. 看其他人参不参加，如果大多数人参加我也参加

D. 积极参与，了解相关法律知识，使自己能以合法的方式致富

E. 积极参与，学习如何维护自己权益

（   ）43. 您对待生活态度是：

A. 很没信心，觉得努力了也没什么意义

B. 只要能够养家糊口，过安稳日子就行

C. 只要认真、努力过就行了

D. 努力打拼，使自己的人生更加绚丽多彩

E. 人生苦短，及时行乐

（　　）44. 您觉得当地人（台州人）对待外来务工人员的态度：

A. 大多比较公正、友好

B. 多数人有歧视，看不起外来务工者

C. 说不清楚

四、根据要求选择

1. 您认为以下道德品质中最有价值的为（限选5个）：

①（　　）　②（　　）　③（　　）　④（　　）　⑤（　　）

A. 爱岗敬业　　　　B. 热爱公物　　　　C. 勇敢

D. 诚信　　　　　　E. 爱国　　　　　　F. 勤劳

G. 孝顺　　　　　　H. 有集体主义精神　I. 真诚

J. 有责任心　　　　K. 热爱科学　　　　L. 团结

M. 乐于奉献　　　　N. 聪明　　　　　　O. 有进取心

P. 自律　　　　　　Q. 自强　　　　　　R. 有自尊心

S. 谦虚　　　　　　T. 公平　　　　　　U. 有自信心

V. 有礼貌　　　　　W. 节俭　　　　　　X. 清廉

Y. 大方　　　　　　Z. 服务人民

2. 如果可以，您最希望多结交以下哪类朋友（限选3类）：

①（　　）　②（　　）　③（　　）

A. 有权势地位、有钱　　　　B. 志趣相投

C. 性格相近　　　　　　　　D. 互相理解、关心

E. 聪明有见解　　　　　　　F. 为人真诚

G. 比自己强，值得自己学习　H. 讲交情

I. 外貌长相好　　　　　　　J. 听从自己

K. 其他

3. 您认为多花些钱在什么方面比较值得（限选3个）：

①（　　）　②（　　）　③（　　）

A. 子女教育

B. 提高自身业务知识水平与专业技术能力

C. 提高自身思想文化修养

D. 个人享受

E. 寄回家里

F. 改善与提高家庭居住环境

G. 为灾区、他人捐助

H. 休闲娱乐

I. 吃得更好、穿得更好

J. 其他

4. 您觉得以下哪种感觉最为美好（限选 3 个）：

① （　　）　② （　　）　③ （　　）

A. 生活上的富裕感

B. 办成事情、获得成功后的成就感

C. 情感生活上的温暖感

D. 家庭、人际关系和睦带来的和谐感

E. 获得别人的尊重与理解后的欣慰感

F. 学到知识、弄清道理后的喜悦感

G. 美味佳肴的可口感

H. 旅游、音乐、游戏等休闲娱乐活动让人快乐、放松的愉悦感

5. 您觉得以下哪种美是最美的（限选 3 个）：

① （　　）　② （　　）　③ （　　）

A. 大自然绚丽风光的美

B. 人的形体容貌美

C. 助人为乐、为国争光的美举

D. 善良、热诚的心地美

E. 机智、聪明的智慧美

F. 当前流行的时尚美

G. 美食的口感美

6. 下面哪个渠道是您获取各类信息、新想法、新见解的主要渠道（限选 3 个）：

① （　　）　② （　　）　③ （　　）

A. 书籍、报刊　　　　　　B. 广播电视

C. 老乡　　　　　　　　D. 家人
E. 同事　　　　　　　　F. 领导、上司
G. 上网　　　　　　　　H. 同学、朋友
I. 其他

7. 您觉得选择结婚对象时主要看（限选3个）：
①（　　）　②（　　）　③（　　）

A. 家庭情况　　　　　　B. 经济条件
C. 职业　　　　　　　　D. 人品
E. 仪表相貌　　　　　　F. 修养
G. 感情　　　　　　　　H. 性格
I. 能力　　　　　　　　J. 其他

后 记

本书的构思、写作，以及修改等都得到了李俊奎教授的悉心指导，本书的顺利完成离不开他的关心、帮助、殷切期望和不断鼓励。期间，许多专家也提出了许多宝贵的修改意见，使得本研究能在修改中得以不断的丰富与完善，最终完成本书的写作。

本书能最终完成，要十分感谢在其中对于所涉及的调查研究工作给予帮助的单位和个人。特别是浙江正奥汽配有限公司、浙江利福德机械有限公司、浙江环方汽车电器有限公司等单位和台州椒江区府办的曹海兵、路桥区府办的管敏海、临海市派出所的罗小华和天台县府办的季维军等个人，他们对于笔者开展农民工价值观调查给予了很大的帮助和支持。浙江正奥汽配有限公司组织企业中的农民工接受笔者的调查，让他们认真填写问卷；台州玉环县的龙溪乡政府为我们的调查研究给予了很大的支持，他们向我介绍了他们在一线的工作经验，给我提供了很多资料，同时还帮助我们对龙溪乡蕲春党建工作站流动党支部的农民工党员进行了调查；正是在他们的帮助之下，使我的调查研究开展得较为顺利，并获得了较为详实的第一手资料；而胡立华老师为我调查数据的处理提供了很多意见与指导。本书能够最终顺利完成，离不开他们的支持与帮助，在此表示感谢。

本书的顺利完成，也离不开刘魁教授、季芳桐教授、叶美霞教授、陈橹教授等的关心，他们以自己渊博的学识，清晰的思路，以及对许多问题的独到见解，常常能给我以不少启迪，并且在我的写作过程中给予了很多无私的帮助和宝贵的建议，使我受益匪浅。还要十分感谢蒋民、朱国芬、王永益、黄爱华等老师的关怀和照顾。我的同窗好友庞波、张学浪、郑航、吴頔、黄振宇等给我带来了许多快乐，在我们一起学习、共同成长的日子里，他们给予我很多的帮助，也使我在写作之路上不会感到孤独。特别是梁德友博士，他常常给我提出十分宝贵的修改意见。在此，我深表感谢。

同时，我要感谢我的家人对我的支持和鼓励。父母为我付出了很多，他们也是我亏欠最多的人，他们在背后的默默支持是我不断前进的动力。也很感谢我的妻子骆汉婧女士对我学业的理解与支持，在我写作期间，她在家庭中承担的责任也更重。我会怀着一颗感恩的心，带着大家对我的期盼，继续不懈努力。

此外，本文在研究过程中参考了学界许多同仁的有关研究成果，对此本人尽力作注，并深表谢意！对于转型期中国农民工价值观的研究，虽然已经尽了很大的努力，但是时间与水平有限，不足之处还望各位专家、老师不吝赐教，本人不胜感激。